2025 박문각 자격증

단숨에 끝
SERIES
단끝

# CS리더스관리사

## 기출기반 문제집

기획 : KnJ스마트경영연구소
저자 : 강정민 · 조윤진 · 강종혁

- 국가공인 학점인정 자격증
- CS전문가 집필
- 최신유형 기출
- 제2판

CS교육 전문기관의 합격보장형 문제은행
전체 20개 Chapter 기출문제 완전 분석
전체 문항별 핵심 내용으로 답안 해설
문제풀이(문항별 보기와 해설)만으로 Wrap Up

# PREFACE
## 이 책의 **머리말**

서비스 산업현장에서 최고의 서비스 맨이 되기 위하여 기본서를 통한 충분한 학습을 한 수험생들에게는 시험 전 메타인지를 통하여 초 단기간에 알고 있는 사항은 되짚어보고 잊고 있는 부분은 문제풀이 및 해설을 통해 핵심이론을 학습하는 Wrap Up이 필요합니다.

적중률 높은 기본서의 이론 학습을 완료한 수험생 또는 현업 종사자 중 학습시간이 부족하여 최단기간 학습을 통해 자격증 취득을 희망하는 수험생들의 학습효율성과 효과성 제고를 위해 기출유형 문제를 분석하고 핵심 내용을 이해할 수 있는 해설만으로도 충실한 수험 준비가 될 수 있도록 사용자 중심의 문제은행이 필요함을 깊이 인식하였습니다.

CS교육전문기관으로서 한국정보평가협회와의 산학협력기관인 KnJ스마트경영 연구소가 발간한 기출유형 중심의 문제은행으로 학습 내용을 정리한다면 수험생 여러분의 손으로 반드시 합격증을 거머쥐게 될 것임을 확신합니다.

지속적이고 깊이 있는 CS 연구를 통해 취업, 창업은 물론 자기개발을 통한 자아실현을 목적으로 하는 서비스 맨들에게 높은 학습 만족도를 드릴 수 있도록 연구개발에 정성을 다하겠습니다.

수험생 여러분들의 합격을 기원합니다.

## ㎥ 국가공인 CS Leaders(관리사)

고객의 입장에서 고품질의 서비스의 필요성과 역할에 부합되도록 직무를 정의하고 비즈니스 경쟁력 향상을 위한 서비스체계 기반 마련에 기여할 수 있는 인재를 위한 자격증이다.

## ㎥ CS Leaders(관리사)의 필요성과 역할

오늘날 국제화시대와 정보산업의 발달은 기업경영 환경의 급변과 더불어 경제수요의 중심인 고객의 요구와 니즈가 다양해지는 가운데, 고객의 요구를 만족시키기 위해 고객만족 교육과 운영의 중요성이 더욱더 증가되고 있다. 이러한 고객만족을 위한 기업경영은 해외 직접투자의 성장과 더불어 국내 경쟁으로부터 국경을 초월한 글로벌 경쟁의 상황에 직면하게 되었으며 결국 세계 초일류기업만이 심화되는 글로벌 경쟁에서 살아남을 수 있게 된 것이다. 이와 같이 중요한 고객만족 경영은 고객이 고령화, 편협화됨에 따라 훨씬 더 많은 요구를 갖게 되었다. 따라서 고객만족이라는 부문이 점차 기업경영에 있어 재무, 마케팅, 인사 등과 같이 하나의 기능(Function)으로 자리 잡아가고 있는 현 추세에 비추어보아 고객만족에 대한 전문성을 가지고 있는 체계적인 교육과 경영인이 절대적으로 필요하게 되었다. CS Leaders(관리사)는 다양한 고객의 입장에서 고품질 서비스의 필요성과 역할에 부합되도록 직무를 정의하고, 비즈니스 경쟁력 향상을 위한 서비스체계 구축 기반 마련에 기여함으로써 고객 중심의 산업화 시대에 부응하는 고객만족 서비스의 기반이 될 것이다.

## ㎥ 응시자격

| 자격종목 | 응시자격 |
|---|---|
| 국가공인 CS Leaders(관리사) | 제한없음 |

## ㎥ 접수방법

온라인 접수만 가능(방문접수 불가)

홈페이지 방문 → 온라인 원서접수 → 응시료 결제 → 수험표 출력

## 검정기준(목표) 및 검정방법, 합격기준

CS(Customer Satisfaction)의 이론 및 실무를 숙지하고 실생활 및 Business의 효율성과 실용성을 달성하기 위해 CS기획, 인사·마케팅, 고객관리 등의 업무를 응용하여 다양한 직무분야를 바탕으로 서비스 경영환경에서의 자문과 지원, 기업 이미지 관리 및 제고의 역할을 수행함으로 개인과 조직의 서비스 혁신과 성공을 달성하기 위한 직무

| 자격종목명 | 국가공인 CS Leaders(관리사) | |
|---|---|---|
| 검정기준 | 고객만족과 서비스관련 종목에 관한 실무 이론 지식을 통해 교육학, 인사관리학, 마케팅학 등 기타 유사 학문과의 관련 지식을 이용하여 고객 만족을 관리, 교육하고 업무에 활용할 수 있는 능력을 갖추었는지 평가 | |
| 검정방법 | 필기시험 (객관식 90문항 / 90분 / 5지선다형) | |
| 합격결정기준 | 합격 | 전 과목 평균 100점 만점에 60점 이상 |
| | 불합격 | 전 과목 평균 100점 만점에 60점 미만 |
| | 과락으로 인한 불합격 | 3과목 중 단일 과목 획득점수 40점 미만 |

## 검정내용

| 시험종목 | 주요 과목<br>(배점비율) | 세부 항목 | 내용 |
|---|---|---|---|
| CS개론<br>(30문항) | 고객만족<br>(60%) | CS관리개론 | ① CS 관리의 개념<br>② CS 관리의 역사<br>③ CS 관리의 프로세스 구조 |
| | | CS경영 | ① CS 경영 기본 개념<br>② CS 경영 사례 연구<br>③ CS 경영 발전 가능성 |
| | | CS의식 | ① 고객의 정의<br>② 고객의 범주<br>③ 고객의 특성<br>④ 고객의 성격유형(MBTI)<br>⑤ 고객관점<br>⑥ 고객지향성 |
| | | 고객관계관리 | ① 고객관계 관리 개념<br>② 인간관계 개선 기술<br>③ CRM 성공 분석<br>④ CRM 실패 분석<br>⑤ 교류분석 |

| | | | |
|---|---|---|---|
| **CS전략론**<br>**(30문항)** | 서비스 이론<br>(40%) | 서비스 정의 | ① 서비스의 어원과 정의<br>② 서비스의 3단계<br>③ 서비스의 특징<br>④ 관광(여행 · 항공 · 호텔 · 외식) 서비스 |
| | | 서비스 리더십 | ① 서비스 리더십의 핵심요소<br>② 서비스 리더십의 유형<br>③ 서비스 리더의 역할<br>④ 서비스 경영 패러다임에 따른 경쟁전략 |
| | 서비스 분야<br>(50%) | 서비스 기법 | ① 서비스 청사진<br>② 서비스 모니터링<br>③ MOT 사이클 차트 |
| | | 서비스 차별화 | ① 서비스 마케팅 전략<br>② 서비스 패러독스<br>③ 서비스 회복<br>④ After-Sales Service의 중요성 |
| | | 서비스 차별화<br>사례연구 | ① 고객인지 프로그램<br>② 서비스 수익 체인<br>③ 토털 서비스<br>④ 고객위주의 제품 차별화<br>⑤ 미래 지향적 서비스<br>⑥ 항공여객운송서비스<br>⑦ 병원 안내 서비스 관리 |
| | | 서비스 품질 | ① 서비스 품질의 개념<br>② 서비스 품질 결정 요인<br>③ 서비스 품질 향상방안<br>④ 서비스 품질과 종사원 |
| | CS 활용<br>(50%) | CS 평가 조사 | ① 고객 만족도 측정 방법<br>② CS 평가 시스템 구축<br>③ CS 평가 결과의 활용<br>④ 고객 충성도 향상 전략 |
| | | CS 컨설팅 | ① 서비스 품질관리 컨설팅<br>② CS 트렌드<br>③ CS 플래닝<br>④ CS 우수사례 벤치마킹 |
| | | CS 혁신 전략 | ① 고객 분석 및 기획<br>② 고객 경험 이해 및 관리<br>③ 고객 가치 체인 전략<br>④ 서비스 유통관리<br>⑤ 서비스 세일즈의 개념과 전략 분석<br>⑥ CS 성과관리 |

| 고객관리 실무론 (30문항) | CS 실무 (50%) | 전화서비스 | ① 상황별 전화응대<br>② 바람직한 경어 사용법<br>③ 콜센터 조직 및 운영 사이클<br>④ 매뉴얼 작성 체계<br>⑤ TMR 성과 관리 |
|---|---|---|---|
| | | 고객 상담 | ① 상황별 응대기법<br>② 접객 · 안내 · 환송<br>③ 클레임과 컴플레인 분석 및 응대<br>④ Power coaching |
| | | 예절과 에티켓 | ① 이미지 컨설팅<br>② 표정 연출법<br>③ 인사 매너<br>④ 패션이미지 연출법<br>⑤ 전통예절 |
| | | 비즈니스 응대 | ① 비즈니스 매너<br>② 다른 문화 이해<br>③ 국제 비즈니스 매너<br>④ 비즈니스 응대 모범 사례<br>⑤ 컨벤션 기획 |
| | 고객관리 (30%) | 고객 감동 | ① 소비자 기본법에 따른 고객지원<br>② 소비자 기본법에 따른 고객필요 정보 제공<br>③ 소비자 피해 구제 사례 |
| | | 고객 만족 | ① 개인정보보호법에 따른 고객데이터 수집<br>② 개인정보보호법에 따른 고객데이터 관리 |
| | | 고품위 서비스 | ① 보고업무 · 회의 · 의전 실무<br>② 사무행정 실무 |
| | 컴퓨터 활용 (20%) | 프레젠테이션 | ① 강의 기법<br>② 스피치와 호흡기법<br>③ 기초 파워포인트 사용법 |
| | | 인터넷 활용 | ① e-비즈니스<br>② 통신판매 |
| 문제유형 | | | 5지선다형 |

# CONTENTS
## 이 책의 **차례**

# CONTENTS
이 책의 **차례**

CS리더스
관리사

**기출기반
모의고사**

CS리더스
관리사

**기출유형
정답 및 해설**

CS리더스
관리사

**기출기반 모의고사
정답 및 해설**

# 제 01 과목

# 고객만족(CS) 개론

CS리더스
관리사

# 01 고객만족(CS) 기출유형

**01** '고객만족'이란 고객이 비즈니스와 기대에 부응한 결과이며, 상품 및 서비스의 재구입이 이루어지면서 고객의 신뢰감이 연속되는 상태로서 고객이 상품 및 서비스를 구매 또는 사용할 때 느끼는 포괄적인 감정이며 이는 구매 전 상황 또는 구매 후 상황을 모두 포함한다고 정의한 학자는?

① 굿맨                ② 코틀러
③ 뉴먼                ④ 웨스트브룩
⑤ 올리버

**02** 고객만족은 고객의 포괄적인 감정을 프로세스로 설명한 것이라고 정의한 학자는?

① 하워드와 쉬드         ② 앤더슨
③ 헌트                ④ 웨스트브룩
⑤ 올리버

**03** 다음은 1980년대의 고객만족 개념에 대한 설명이다. 〈보기〉의 고객만족 개념의 관점은?

> 보기
>
> 소비자 만족이란 소비자가 소비 경험 이전에 갖는 감정과 기대에 대한 불일치를 경험한 경우의 감정이 복합적으로 초래된 전체적인 심리적 상태이다.

① 만족을 본질적으로 접근하고 해석함
② 만족을 심리적 관점에서 파악
③ 만족을 대상이나 목적에 대한 판단의 결과로 봄
④ 만족을 제품의 소비 경험 전체에 대한 평가
⑤ 기대 － 불일치 패러다임에 기초한 관점

**04** 1990년대 고객만족 연구 경향에 해당하지 않는 것은?

① 판단 메커니즘에서 만족의 의미를 부여하려는 견해이다.
② 심리적 관점에서 만족은 흥미, 기쁨, 유쾌 등 긍정적 정서요인이다.
③ 기대와 불일치 관점에서 만족은 선택된 대안이 기대에 합치하는지를 보는 소비 후 평가이다.
④ 만족을 고객의 입장에서 해석하고자 하였다.
⑤ 본질적 접근에 의한 개념으로 만족은 충족상태가 유쾌한 수준으로 제공되었는지에 관한 판단이다.

**05** 다음 중 고객만족의 효과에 해당하지 않는 것은?

① 고객의 재구매에 영향을 미친다.
② 긍정적 구전의 전파로 이어진다.
③ 기업의 매출이 증가하고 시장 점유율이 향상된다.
④ 구전효과를 통해 신규 고객을 창출한다.
⑤ 서비스 가격에 더 민감하게 만든다.

**06** 다음 고객만족(CS)의 역사에 대한 내용 중 1990년대에 해당하는 것은?

① 스칸디나비아 항공사의 MOT 도입
② 일본 SONY사의 고객만족경영 도입
③ 삼성의 신 경영 도입
④ 미국 리서치 회사 J.D. Power사의 CS경영 도입
⑤ 업종 불문하고 CS경영 도입

**07** 만족을 지각한 품질에 대한 지각판단으로 보는 관점에서 고객만족의 의미를 〈보기〉와 같이 설명한 학자는?

> 보기
>
> 지각 품질은 몇 가지 점에 대한 제품의 전체적인 태도와 유사한 개념이며 일시적이 아닌 보다 종합적이고 영속적인 의미를 가진다.

① 파라수라만, 자이다믈, 베리
② 올슨과 도버
③ 올리버
④ 올스하브스키
⑤ 웨스트브룩

**08** 고객만족의 결정요소 중 제품 또는 서비스 특징에 대한 설명에 해당하는 것은?

① 가격수준, 품질, 개인적 친분, 고객화 수준 간의 상관관계가 있다.

② 서비스가 시작되기 이전의 감정에서 시작해 소비 체험으로부터 얻은 긍정적, 부정적 감정이 서비스의 지각에 영향을 미친다.

③ 고객은 기대한 것보다 서비스에 만족이나 불만족하였을 경우 그 이유를 분석하고 평가하는데, 이는 고객만족에 영향을 미친다.

④ 다른 고객들과 비교하여 공평한 서비스를 받았는가는 고객만족에 영향을 미친다.

⑤ 고객만족은 가족, 동료, 친구, 다른 고객의 평가에 대한 구전에 구체적 영향을 받는다.

**09** 다음 중 고객만족 관련 이론에 대한 설명으로 옳지 않은 것은?

① 고객만족이란 비즈니스와 기대에 부응한 결과로서 고객의 재구매가 이어지고 기업에 대한 신뢰감이 연속되는 상태를 말한다.

② 올리버는 고객의 기대와 제품 또는 서비스의 성과에 따라 고객만족이 결정된다고 하였다.

③ 귀인 이론은 자신이 지출하는 원가나 투자액에 비해 얼마만큼의 보상과 가치가 돌아오는지를 따져야 한다는 이론이다.

④ 애덤스는 미국의 페스팅거의 인지부조화 이론과 호만스의 교환이론을 기초로 공정성 이론을 정립하였다.

⑤ 귀인 이론은 하이더에 의해 처음 제기되었으며, 캘리의 귀인 과정 분석으로 시작되었다.

**10** 기대불일치 이론 중 〈보기〉의 대화에 해당하는 것은?

> 보기
>
> 철수 : 삼성 노트북 사용해보니 어때?
> 영희 : 그 가격에 기대한 만큼의 성능인 것 같아.

① 단순 일치　　　　　　　　　② 부정적 불일치

③ 긍정적 불일치　　　　　　　④ 긍정적 일치

⑤ 부정적 일치

**11** 다음 중 공정성 이론과 관련된 것이 아닌 것은?

① 애덤스의 보상의 공정성 이론
② 페스팅거의 인지 부조화 이론
③ 호만스의 교환 이론
④ 이솝우화의 여우와 신 포도
⑤ 메이요의 호손효과

**12** 다음 중 '공정성 이론'의 3가지 분류를 올바르게 나열한 것은?

① 절차상의 공정성 – 행위 유지의 공정성 – 상호작용의 공정성
② 절차상의 공정성 – 상호작용의 공정성 – 도출 결과의 공정성
③ 절차상의 공정성 – 갈등 해결의 공정성 – 도출 결과의 공정성
④ 행위 유지의 공정성 – 상호작용의 공정성 – 도출 결과의 공정성
⑤ 행위 유지의 공정성 – 갈등 해결의 공정성 – 도출 결과의 공정성

**13** 공정성 이론과 관련해 다음에 해당하는 공정성의 분류는?

- 도출 결과에 영향을 미치는 영향력과 정보의 공유 정도를 의미
- 객관적이고 소비자를 대표할 수 있는 정보의 수집, 의사결정자의 정보사용, 사람들이 의사결정에 영향력을 가지고 있다고 믿는 신념의 정도

① 변화 적응의 공정성
② 행위 유지의 공정성
③ 도출 결과의 공정성
④ 상호작용의 공정성
⑤ 절차상의 공정성

**14** 고객만족 관리 이론 중 다음 〈보기〉에 해당하는 이론은?

보기

사람들이 왜 특정한 행동을 했는가에 대해 이해하고 설명한 것으로, 사람들이 행동하는 동기는 자신을 둘러싼 환경을 이해하고 통제하기 위함이며 사람들은 옳고 그름의 여부보다는 자신의 신념에 따라 행동한다고 본다.

① 공정성 이론
② 귀인 이론
③ 교환 이론
④ 기대 – 불일치 이론
⑤ 인지 부조화 이론

**15** 위너의 귀인 이론의 범주화 체계 중 어떤 원인이 일시적인지, 영원한 것인지, 실수에 의한 것인지 또는 반복적인 것인지를 추론하는 것은 무엇인가?

① 공정성
② 인과성의 위치 차원
③ 절차성
④ 안정성
⑤ 통제성

**16** 귀인 이론에서 내적귀인요인에 해당하지 않는 것은?

① 잘못된 서비스 시스템 설계
② 서비스 제공자의 불친절한 태도
③ 사회적 규범
④ 서비스 제공자의 기질
⑤ 서비스 제공자의 성격특성

**17** 서비스 프로세스에 대해 다음과 같이 정의한 학자는?

> 고객을 위한 결과물 또는 고객을 위해 가치를 창출하는 모든 관련 활동들의 집합

① 올리버
② 올슨과 도버
③ 웨스트브룩
④ 위너
⑤ 마이클 해머

**18** 영국의 에드워드 교수의 비즈니스 프로세스의 분류 중 기반 프로세스에 대한 설명으로 올바른 것은?

① 미래 지향적이며 사람과 기술, 프로세스를 결합해 조직의 역량을 개발해 나가는 과정이다.
② 프로세스의 초점이 고객만족에 있으며 경쟁자보다 뛰어나게 고객가치를 제공하는 프로세스이다.
③ 신제품 개발이나 학습 조직 구축 등이 해당된다.
④ 변화하는 고객의 니즈와 기술적 변화에 맞추어 조직의 지속적인 경쟁 우위 확보에 초점이 있다.
⑤ 경쟁자와의 경쟁여부에 상관없이 고객에게 최소한의 가치를 제공하기만 하면 되는 프로세스이다.

**19** 다음 중 서비스 프로세스의 중요성에 대한 설명으로 가장 거리가 먼 것은?

① 고객이 체험하는 서비스 전달 시스템은 서비스 판단의 증거가 된다.
② 서비스 상품 자체임과 동시에 서비스 전달 시스템인 유통의 성격을 가진다.
③ 서비스 프로세스의 단계와 전달자의 처리능력은 고객에게 보이지 않는다.
④ 프로세스에 따라 제공 절차가 복잡하여 고객에게 다양한 행동이 요구되기도 한다.
⑤ 서비스 프로세스는 상호작용 과정에서 고객의 태도에 영향을 주고 향후 거래여부를 결정하는 중요한 변수가 된다.

**20** 슈메너의 서비스 프로세스 매트릭스의 분류 중 낮은 노동집중도와 낮은 상호작용의 특징으로 표준화된 서비스를 대량으로 공급하는 항공사, 화물 운송업, 호텔 등의 산업이 해당하는 유형은?

① 서비스 팩토리
② 서비스 샵
③ 대중 서비스
④ 전문 서비스
⑤ 상호 서비스

**21** 대기관리의 방안 중 수요와 공급이 일정한 경우에 적용할 수 있는 대기관리 전략은?

① 커뮤니케이션의 활용
② 예약 시스템의 활용
③ 공정한 대기 시스템의 활용
④ 프리미엄 가격 시스템
⑤ 고객이 선택할 수 있는 정보 제공

**22** 다음 중 대기에 대한 수용 가능성에 영향을 미치는 요인이 아닌 것은?

① 지각된 대기시간
② 기대불일치
③ 거래의 중요도
④ 기회비용
⑤ 생산기술

**23** 다음 중 기업이 실시하는 대기관리 기법 중 생산관리에 해당하는 것은?

① 서비스가 시작되었다는 느낌 주기   ② 예상 대기시간 안내

③ 유형별 고객 대응   ④ 이용되지 않는 자원 숨기기

⑤ 예약의 활용

**24** 다음과 같이 주장한 학자의 이름은?

> 진실의 순간(MOT : Moment Of Truth)이란 고객이 조직과 접촉하여 그 제공된 서비스에 대하여 느낌을 갖는 순간을 뜻하며, 이 용어는 투우의 결정적인 순간에 비유하여 '서비스 제공자와 고객 간의 접촉 순간'을 의미한다.

① 린 쇼스탁   ② 리처드 노먼

③ 웨스트브룩   ④ 위너

⑤ 마이클 해머

**25** 다음 중 솔로몬과 구트만의 서비스 접점의 특징에 해당하지 않는 것은?

① 서비스 제공자와 고객이 모두 참여할 때 성립한다.

② 커뮤니케이션에 있어 인간적인 상호작용이 중요하다.

③ 목표 지향적인 역할 수행이 되어야 한다.

④ 서비즈 접점의 목적은 정보교환에 있다.

⑤ 제공되는 서비스에 따른 제한이 없다.

**26** 다음 중 피시본 다이어그램(Fishbone Diagram)에 대한 설명으로 올바른 것은?

① 프로세스 설계의 문제점을 찾고 이를 보완하기 위해 고안된 기법이다.

② 중심체로부터 사방으로 뻗어 나간다는 의미를 지닌다.

③ 현상과 결과에 대한 원인과 이유를 수직적으로 분석하는 기법이다.

④ 일본의 품질 전문가인 '다구찌 겐이치' 박사에 의해 개발되었다.

⑤ 여러 가지 품질 특성 간의 상관관계를 평가하기 위한 것이다.

**27** 피쉬본 다이어그램의 단계별 흐름(Flow)에 대한 설명으로 올바르지 않은 것은?

① 1단계 : 문제의 명확한 정의　　　② 2단계 : 문제의 주요원인 범주화
③ 3단계 : 잠재원인 브레인스토밍　　④ 4단계 : 데이터의 수집
⑤ 5단계 : 근본원인 확인

**28** 다음 중 품질기능전개의 장점에 대한 설명이 아닌 것은?

① 기업의 요구사항에 대한 이해를 돕는다.
② 제품 개발 기간을 단축시킬 수 있다.
③ 품질목표와 사업목표 결정에 도움을 준다.
④ 팀의 공통된 의견을 도출할 수 있는 체계적인 시스템을 제공한다.
⑤ 제안된 신제품 및 신서비스의 우선순위 결정을 위한 체계적인 도구이다.

**29** 다음 중 '품질기능전개(QFD)'를 도입한 기업이 얻는 효과와 장점이 아닌 것은?

① 개발 기간 단축　　　　　② 마켓 쉐어 축소
③ 초기 품질 트러블 절감　　④ 설계 과정의 문서화
⑤ 품질 보증 비용 감소

**30** 다음이 설명하는 서비스 프로세스 용어는?

> 고객의 요구와 서비스 계획과 관리방법, 계획 목표, 고객의 요구 품질, 설계특성, 설계특성 간 상관관계, 설계품질을 담고 있는 품질기능전개의 전 과정을 분석하는 도구

① 품질의 집(HOQ)　　　　② 서비스 프로세스 매트릭스
③ MOT사이클　　　　　　④ 품질기능전개(QFD)
⑤ 피쉬본 다이어그램(Fishbone Diagram)

**31** 대기행렬 모형 중 다음 도식에 해당하는 유형은?

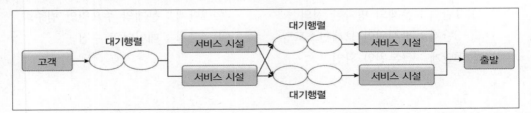

① 단일경로 단일단계 시스템     ② 단일경로 복수단계 시스템
③ 복수경로 단일단계 시스템     ④ 복수경로 복수단계 시스템
⑤ 혼합경로 연속단계 시스템

**32** 다음과 같이 항공기 출발지연 분석을 위해 피쉬본 다이어그램을 자성할 경우 기내 청소 지연에 해당하는 요인은?

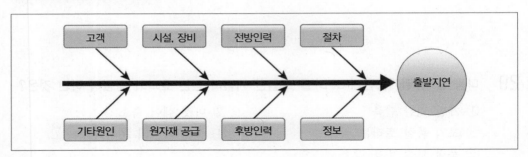

① 정보                       ② 절차
③ 전방 인력              ④ 후방 인력
⑤ 기타 원인

**01** 다음 중 고객만족경영의 중요성으로 적절하지 않은 것은?

① 상품과 서비스에 만족한 고객은 그 기업의 고정고객이 된다.
② 마케팅의 효율성을 제고해준다.
③ 구전효과를 통한 광고효과가 발생한다.
④ 가격우위효과를 가져와 장기적인 관점에서 높은 이윤을 창출한다.
⑤ 생산자보다 소비자가 더 중요한 요소로 부각되었다.

**02** 고객만족 3요소 중 '소프트웨어'에 해당하는 것은?

① 다양한 상품이 구비되어 선택의 폭이 넓다.
② 고객이 주문 서비스 절차를 쉽게 따라할 수 있다.
③ 건물의 청결 상태가 매우 우수하다.
④ 주차장이 넓고 편리하다.
⑤ 고객의 문의에 직원들이 친절하고 성의 있게 응대해 준다.

**03** 우리나라 고객만족경영의 흐름에 대한 설명 중 1990년대 성장기에 해당하는 것은?

① 전사적 고객만족경영체제로의 도입
② 고객관계관리(CRM) 경영기법 활용 확대
③ 내부고객과 외부고객 나아가 글로벌 고객에게 관심
④ 고객생애가치(LTV) 창출을 통한 고객기여도 극대화
⑤ 상품 판매 증진을 위해 고객만족을 보조적으로 활용하기 시작

**04** 다음 중 우리나라 고객만족경영의 시기별 변화 중 1980년대 도입기에 해당하는 내용이 아닌 것은?

① 고객생애가치의 창출을 통한 고객기여도 극대화
② 제품 특장점 중심의 제품설명과 기초적인 친절서비스
③ 판매 증진을 위한 보조적인 측면에서 고객만족을 활용
④ 타율적이고 소극적인 고객만족경영의 도입
⑤ 호텔, 항공사 등 인적 서비스를 중시하는 업체에서 판매증진을 위해 활용하기 시작

**05** 다음 중 노드스트롬이 고객에게 제공하는 기본 경영원칙에 해당하지 않는 것은?

① 최고의 서비스(Service)  ② 최고의 품질(Quality)
③ 최고의 가치(Value)  ④ 최고의 구색(Selection)
⑤ 최고의 시스템(System)

**06** '가장 뛰어난 아이디어는 점원과 창고 직원으로부터 나온다'는 생각으로 경영자가 직접 작업현장을 다니며 종업원들과 직접적인 의사소통을 통해 정보를 수집하고 경영자에게 현장감을 갖게 하는 관리방법으로 1980년대 톰 피터스가 주장한 이 경영방식은?

① MBWA  ② CRM
③ TQM  ④ QFD
⑤ MOT

**07** 다음 노드스트롬의 다양한 경영방식 중 내부고객 만족을 위해 실시한 제도가 아닌 것은?

① 내부승진 원칙  ② 판매 수수료 제도 도입
③ Pace Setter  ④ 종업원 지주제도
⑤ 개인별 고객 수첩

**08** 노드스트롬이 외부고객의 만족을 위해 실시한 제도가 아닌 것은?

① 조건 없는 반품 수용 정책  ② 개인별 고객수첩
③ 권한위임  ④ 다양한 제품 구색
⑤ 가격 경쟁력

**09** 다음 중 구전(Word of Mouth)에 관한 설명으로 가장 적절한 것은?

① 구전은 언어적 커뮤니케이션에 제한된다.
② 구전은 공식적인 정보 교환의 활동으로 이해관계와 상관이 있다.
③ 구전은 부정적인 내용 위주로 정보를 교환한다.
④ 구전은 개인들의 경험에 기초한 대면 커뮤니케이션 활동이다.
⑤ 구전은 일방적인 의사소통이 이루어진다는 특징이 있다.

**10** 다음 중 구전의 중요성에 대한 설명으로 틀린 것은?

① 구전은 기업에 의해 창출된 것이 아니기 때문에 고객은 더욱더 신뢰성 있는 정보로 인식한다.

② 부정적 구전은 천천히 많은 사람들에게 전파되는 특성을 가지고 있다.

③ 구전은 일대일 커뮤니케이션으로 문서 또는 일반 매체들보다 더 큰 효과가 있다.

④ 구전은 고객의 경험에 의해 창출된 것이므로 확실한 정보를 얻게 해 준다.

⑤ 고객준거집단에서의 추천 의도는 고객의 재방문으로 확산되는 과정에서 긍정적 구전 커뮤니케이션으로 작용한다.

**11** 다음이 설명하는 용어는?

---

- 재구매 행동과는 다른 고객이 브랜드에 대해 갖는 충성도를 말한다.
- 높은 고객만족은 높은 고객충성도로 이어지며, 고객충성도가 높아지면 가격민감도는 낮아진다.
- 기업에 대한 호의적인 평판을 기대할 수 있다.

---

① 프레스티지                      ② 브랜드 로열티
③ 매스티지                        ④ 브랜드 애퀴티
⑤ 브랜드 이미지

**12** 올리버가 구분한 4단계 충성도 모델에 해당되지 않는 것은?

① 인지적 충성도                   ② 감정적 충성도
③ 충동적 충성도                   ④ 능동적 충성도
⑤ 행동적 충성도

**13** Landon의 불만족에 대한 소비자의 반응 중 사적 반응에 해당하는 것은?

① 교환 및 환불 요구               ② 불만 시정 요구
③ 소비자단체에 고발               ④ 법적 피해구제 및 소송
⑤ 구매 중단

**14** 다음 중 마이클 해머 교수가 제시한 3C를 올바르게 나열한 것은?

① Customer − Change − Competition  ② Customer − Change − Confidence
③ Customer − Change − Cost  ④ Customer − Cost − Confidence
⑤ Customer − Cost − Competition

**15** 마이클 포터 교수의 산업경쟁을 촉진하는 5대 세력에 대한 설명 중 다음 내용에 해당하는
요소는?

| |
|---|
| 초기투자와 대체비용, 기술 장벽 및 정부의 규제에 대해 검토한다. |

① 구매자  ② 공급자
③ 경쟁자  ④ 신규 진입자
⑤ 대체재

**16** 포드주의가 도입한 생산성 운동의 하나인 3S를 모두 선택한 것은?

| | |
|---|---|
| 가. 단순화 | 나. 표준화 |
| 다. 전문화 | 라. 지식화 |
| 마. 정보화 | |

① 가, 나, 라  ② 가, 나, 다
③ 나, 다, 마  ④ 나, 다, 라
⑤ 가, 라, 마

**17** 총체적인 고객만족경영(TCS)의 혁신 요소 중 시장 경쟁력 강화를 위한 요소로 보기 어려
운 것은?

① 신상품 개발  ② 브랜드 이미지 관리
③ 고객 관리  ④ 가격 경쟁력
⑤ 프로세스 혁신

**18** 고객만족경영 혁신의 성공요인으로 적절하지 않은 것은?

① 최고경영자의 리더십      ② 조직문화
③ 자원의 지원      ④ 프로세스 기법
⑤ 기업 중심 마인드

**19** 인간은 이성에 호소하는 데 한계가 있고, 합리주의를 뛰어넘는 감성, 감정에 호소해야 변할 수 있다고 주장하며, 감성 경영(Emotional Management)이라는 개념을 도입한 심리학자는?

① 린 쇼스탁      ② 리처드 노먼
③ 얀 칼슨      ④ 로젠탈
⑤ 데니얼 골먼

**20** 다음 〈보기〉는 감성 경영의 효과에 대한 설명이다. 괄호 안에 들어갈 말로 가장 적합한 것은?

> 보기
>
> 감성 경영은 대외적인 측면으로 ( ㉠ )을 통해 기업의 매출액 증대와 브랜드 가치상승의 효과를 가져 오고, 대내적인 측면에서는 ( ㉡ )을 통해 구성원들의 직무 만족도를 높이고 나아가 기업에 대한 충성도 강화와 핵심 인재양성을 촉진시키는 효과가 있다.

① ㉠ 고객만족   ㉡ 고객충성도      ② ㉠ 고객만족   ㉡ 조직문화
③ ㉠ 감성마케팅 ㉡ 고객충성도      ④ ㉠ 감성마케팅 ㉡ 감성리더십
⑤ ㉠ 고객만족   ㉡ 감성리더십

**21** 고객만족 경영 혁신의 실패요인으로 거리가 먼 것은?

① 고객접점 종사자의 인식변화
② 기회 포착 시기 부적절
③ 기업의 지나친 비용절감 강조
④ 전사적으로 합의점 미도출
⑤ 혁신에 필요한 인적, 물적자원이 부족

**01** 다음 중 고객의 정의에 대한 내용으로 올바르지 않은 것은?

① 기업의 상품을 습관적으로 구매하는 소비자로부터 기업과 거래와 관계를 맺는 모든 주
변인을 의미한다.
② 사전적 의미로는 '상점 따위에 물건을 사러 오는 사람'이다.
③ 여러 번의 구매와 상호작용을 통해 형성된다.
④ 접촉이나 반복구매를 한 적이 없는 사람은 고객이 아니라 구매자에 불과하다.
⑤ 단골 고객은 기업과의 높은 친밀감과 애용가치를 지니며 해당 기업을 적극적으로 추천
하는 로열티 고객이라 할 수 있다.

**02** 다음 중 고객(Customer)의 일반적 개념에 대한 설명으로 올바르지 않은 것은?

① 여러 번의 구매와 상호작용을 통해 형성된다.
② 사전적 의미로는 '상점 따위에 물건을 사러 오는 사람' 또는 '단골로 오는 사람'이다.
③ 단골 고객은 기업과의 높은 친밀감과 애용가치를 지니지만 로열티 고객과는 다른 개념
이라 할 수 있다.
④ 일정기간 동안 반복구매를 하고 기업이나 조직에 고객생애가치의 실현으로 수익을 창
출해 줄 수 있는 사람이다.
⑤ 접촉이나 반복구매를 한 적이 없는 사람이라 할지라도 고객이다.

**03** 다음 중 프로세스적 관점에서 본 고객 분류를 모두 선택한 것은?

| | | |
|---|---|---|
| 가. 외부고객 | 나. 중간고객 | 다. 최종고객 |
| 라. 내부고객 | 마. 최초고객 | 바. 사내고객 |

① 가, 나, 라            ② 가, 나, 다
③ 가, 다, 라            ④ 가, 라, 마
⑤ 다, 마, 바

**04** 다음 중 프로세스적 관점에 따른 고객의 분류에서 '내부고객'에 해당하는 것은?

① 최종 제품의 구매자와 소비자
② 도매상과 소매상
③ 동료 및 부하직원
④ 구매자와 사용자
⑤ 기업과 유통업체

**05** 다음 중 가치체계를 기준으로 한 고객의 분류에서 가치구매고객, 즉 최종고객에 해당하는 것은?

① 도매상과 소매상
② 상사와 부하직원
③ 부서와 부서
④ 기업과 유통업체
⑤ 구매자와 사용자

**06** 다음 중 그레고리 스톤(Gregory Stone, 1945)의 고객 분류에 해당하지 않는 것은?

① 경제적 고객
② 윤리적 고객
③ 개인적 고객
④ 문화적 고객
⑤ 편의적 고객

**07** 그레고리 스톤의 고객 분류 중 다음이 설명하는 고객의 유형은?

> • 서비스를 제공받을 때의 편의성을 중시하는 고객으로 이 유형의 고객은 자신의 편의를 위해서는 추가로 비용을 더 지불하는 데에 거리낌이 없다.
> • 유상의 선물용 포장서비스나 배달서비스를 선호하는 고객의 유형이다.

① 경제적 고객
② 윤리적 고객
③ 개인적 고객
④ 문화적 고객
⑤ 편의적 고객

**08** 참여 관점에 따른 고객의 분류 중 다음에 해당하는 고객의 유형은?

> 고객의 선택에 영향을 끼치는 개인 또는 집단을 말하며, 직접적으로 돈을 지불하지는 않지
> 만 1차 고객의 선택에 커다란 영향을 미치므로 고객의 범주에 포함된다.

① 의견선도고객      ② 의사결정고객
③ 한계고객      ④ 체리피커
⑤ 프리터족

**09** 다음에서 설명하는 고객의 유형은?

> • 미국 사회학자 에버릿 로저스의 저서 '디퓨전 오브 이노베이션'에서 처음 사용한 용어
> • 남들보다 먼저 제품에 관한 정보를 접하고 제품이 출시될 때 가장 먼저 구입해 평가를
> 내린 뒤 다른 사람들에게 제품의 정보를 알려주는 고객 유형

① 프로슈머      ② 블랙 컨슈머
③ 얼리어답터      ④ 체리피커
⑤ 프리터족

**10** 다음 중 인터넷을 활용해 육아, 쇼핑, 여가생활 등과 관련된 정보를 얻거나 여가를 즐기는
20대 후반 ~ 30대 초반의 젊은 주부층을 일컫는 용어는?

① 프로슈머      ② 블랙 컨슈머
③ 웹시족      ④ 호모 에코노미쿠스
⑤ 프리터족

**11** 다음 중 고객 행동의 영향요인 3가지를 모두 찾아 나열한 것은?

| 가. 문화적 요인 | 나. 사회적 요인 | 다. 기업적 요인 |
|---|---|---|
| 라. 개인적 요인 | 마. 환경적 요인 | 바. 복합적 요인 |

① 가, 나, 라      ② 가, 나, 다
③ 가, 다, 라      ④ 가, 라, 마
⑤ 다, 마, 바

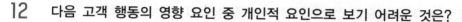

**12** 다음 고객 행동의 영향 요인 중 개인적 요인으로 보기 어려운 것은?

① 가치관
② 나이
③ 직업과 경제적 상황
④ 라이프스타일
⑤ 준거 집단

**13** 고객 행동의 영향요인 중 문화의 특성에 대한 설명이 아닌 것은?

① 문화는 태어날 때부터 타고나는 본능적인 것이다.
② 문화는 규범성과 연대성을 지닌다.
③ 신념이나 가치 등이 대다수의 구성원에 의해 공유되어야 문화로 인정받을 수 있다.
④ 문화는 학습된 욕구와 생리적 욕구를 동시에 만족시킨다.
⑤ 문화는 점진적으로 변화하는 동태성의 특징을 갖고 있다.

**14** 고객의사결정단계를 순서대로 나열한 것은?

① 욕구인식 - 구매 후 행동 - 구매 - 대안평가 - 정보탐색
② 욕구인식 - 정보탐색 - 구매 - 대안평가 - 구매 후 행동
③ 욕구인식 - 정보탐색 - 대안평가 - 구매 - 구매 후 행동
④ 정보탐색 - 욕구인식 - 구매 - 대안평가 - 구매 후 행동
⑤ 정보탐색 - 욕구인식 - 대안평가 - 구매 - 구매 후 행동

**15** 고객의사결정의 2단계인 정보탐색에 대한 설명으로 적절하지 않은 것은?

① 욕구를 인식하면 욕구를 충족시키기 위해 정보탐색을 한다.
② 고관여의 제품일수록 많은 정보를 탐색한다.
③ 정보원천의 영향력은 고객의 특성에 상관없이 고르게 나타난다.
④ 서비스를 구입할 때에는 인적 정보원에 더 높은 의존성을 보인다.
⑤ 정보탐색은 구매 시 위험을 줄이는 방법으로 의사결정에 영향을 준다.

**16** 고객의사결정을 위해 필요한 정보원천의 분류 중 상업적 원천에 해당되지 않는 것은?

① 포장      ② 광고

③ 판매사원      ④ 대중매체

⑤ 웹사이트

**17** 고객의 정보원천 4가지 중 시험조작, 제품 검사 및 사용에 해당하는 것은?

① 개인적 원천      ② 공공적 원천

③ 재무적 원천      ④ 경험적 원천

⑤ 상업적 원천

**18** 다음 중 기업이나 제품을 선택할 때 고객이 느낄 수 있는 위험 요인이 아닌 것은?

① 심리적 위험      ② 사회적 위험

③ 신체적 위험      ④ 의존적 위험

⑤ 재무적 위험

**19** 다음 중 기업 및 제품 선택에 영향을 미치는 고객 불안의 유형에 해당하지 않는 것은?

① 신체적 위험 – 선택의 결과로 고객이 해를 입을 가능성에 대한 불안

② 재무적 위험 – 구매 실패로 얻어지는 금전적 손실

③ 성능적 위험 – 기대한 만큼의 성능이 좋지 않을 경우에 대한 위험

④ 사회적 위험 – 사회 또는 준거집단으로부터 부정적 평가를 받게 될 위험

⑤ 정신적 위험 – 자기 정체성과 부합하지 않을 가능성에 대한 불안

**20** 고객 특성 파악을 위한 인구 통계적 정보 중 관계 정보에 해당하는 것은?

① 가족      ② 이름

③ 직장명      ④ 기념일

⑤ 출신학교

21  고객 특성을 파악하는 데 있어 인구 통계적 정보 중 고객 프로필 정보에 해당하는 것을
모두 나열한 것은?

① 전화번호, 이메일, 주소   ② 가족, 친구
③ 취미, 특기, 기호, 성격   ④ 소득 수준, 소득의 원천
⑤ 구입 상품명, 시기, 구입 빈도


22  고객의 역할과 관련해 다음 〈보기〉의 사례와 관련 있는 역할은?

> 보기
>
> 의료 서비스의 경우 의사가 적절한 처방과 치료법을 안내했더라도 환자가 이를 적극적으로
> 적용하려는 노력이 없다면 환자의 건강회복은 어려울 수 있다.

① 품질에 기여하는 공헌자   ② 잠재적 경쟁자
③ 생산 자원       ④ 가치 부과 행위자
⑤ 부분 직원


23  MBTI의 4가지 선호경향에 대한 설명 중 다음에 해당하는 것은?

> • 오감을 통한 현실과 구체적인 사실이나 사건에 주의를 기울이고, 지금 현재에 초점을
>   맞추고 정확한 일처리를 한다.
> • 직감을 통한 가능성과 사실 이면의 관계나 패턴에 주의를 기울이고, 육감 또는 영감에
>   의존한다.

① 사고형 대 감정형    ② 감각형 대 직관형
③ 이성형 대 감성형    ④ 판단형 대 인식형
⑤ 외향형 대 내향형

**24** 소비자의 인성유형별 행동연구에서 나타난 내용 중 〈보기〉와 같은 행동 단서를 보이는 소비자의 성격 유형은?

보기

- 판매원과의 상호접촉에서 판매원의 태도가 의사결정에 영향을 미친다.
- 의사결정단계에서 동료의 의견을 잘 수용한다.

① 사고형 ② 감정형
③ 외향형 ④ 감각형
⑤ 직관형

**25** 마이어스와 브릭스의 성격유형지표(MBTI)의 4가지 선호경향에 대한 내용 중 다음 〈보기〉의 설명에 해당하는 것은?

보기

- 체계적이고 계획에 따른 생활양식을 선호한다.
- 철저한 사전 계획으로 체계적, 기한 엄수, 뚜렷한 기준과 자기 의사가 있다.

① 사고형 ② 감각형
③ 외향형 ④ 판단형
⑤ 인식형

**01** 다음 중 고객관계관리(CRM)의 장점으로 올바르지 않은 것은?

① 제품 개발과 출시에 소비되는 시간을 절약할 수 있다.
② 자사의 요구에 초점을 맞춤으로써 표준화가 용이하다.
③ 특정 캠페인의 효과 측정이 용이하다.
④ 가격이 아닌 서비스를 통해 기업경쟁력을 확보할 수 있다.
⑤ 광고비를 절감할 수 있다.

**02** 다음 중 고객관계관리(CRM) 사이클을 순서대로 바르게 나열한 것은?

| | |
|---|---|
| 가. 신규고객 획득 | 나. 우수고객 유지 |
| 다. 고객가치 증진 | 라. 평생 고객화 |
| 마. 잠재고객 활성화 | |

① 가 – 나 – 다 – 라 – 마　　　② 가 – 나 – 다 – 마 – 라
③ 가 – 다 – 나 – 라 – 마　　　④ 가 – 다 – 라 – 나 – 마
⑤ 가 – 마 – 나 – 다 – 라

**03** 다음 중 CRM의 등장배경에 대한 설명으로 적절하지 않은 것은?

① 인터넷의 등장으로 인한 유통 채널의 다양화
② 고객의 기대 및 요구의 다양화
③ 일정한 틀에 묶여져 있는 정형화된 생활방식
④ 기업의 경영 패러다임의 변화
⑤ 컴퓨터와 IT의 발전

**04** 메타 그룹이 분류한 CRM의 종류 중 다음 〈보기〉의 설명에 해당하는 것은?

보기

운영비용의 절감을 목적으로 프론트 오피스 고객 접점을 연계한 업무 지원과 백오피스의 통합, 자동화된 비즈니스 프로세스를 의미한다.

① 협업 CRM　　　　　　　　　② 혁신 CRM
③ 운영 CRM　　　　　　　　　④ 집단 CRM
⑤ 분석 CRM

**05** 다음 〈보기〉 중 협업 CRM에 적용되는 솔루션을 모두 선택한 것은?

보기

| 가. Fax on Demand | 나. ODS | 다. e - mail |
| 라. Web - log Solution | 마. 콜센터(전화) | 바. 우편 |

① 가, 나, 다, 라　　　　　　　② 가, 나, 다, 마
③ 가, 다, 라, 마　　　　　　　④ 가, 다, 라, 바
⑤ 가, 다, 마, 바

**06** 다음 중 CRM(고객관계관리)에 대한 설명으로 가장 적절한 것은?

① 기업지향적이다.
② 특정 생애주기를 구분하여 거래를 유지한다.
③ 고객과의 간접적인 접촉을 통한 일방향 커뮤니케이션을 지속한다.
④ 기업의 모든 프로세스에서 마케팅에 가장 역점을 둔다.
⑤ 정보기술에 기초를 둔 과학적인 제반 환경의 효율적 활용을 요구한다.

**07** 고객평생가치 제고를 위한 핵심 활동 중 기존의 상품계열에 고객이 관심을 가질 만한 다른 상품을 접목시켜 판매하는 활동은?

① 교차 판매　　　　　　　　　② 추가 판매
③ 대량 판매　　　　　　　　　④ 고객 유지
⑤ 할인 판매

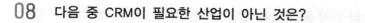

다음 중 CRM이 필요한 산업이 아닌 것은?

① 고객생애가치를 실행할 수 있는 산업
② 고객과의 접촉빈도가 큰 산업
③ e - 비즈니스가 불가능한 산업
④ 제품 차별화가 어려운 산업
⑤ 영업인의 이동이 많은 산업

**09** 다음은 CRM과 DBM에 대한 설명이다. 바르지 않은 것은?

① CRM은 기업의 업무 프로세스 혁신을 추구한다.
② DBM은 단기적인 관점에서 신규고객 창출을 목적으로 한다.
③ CRM은 고객과 접하는 프로세스 전체의 효과와 효율성을 추구한다.
④ CRM은 DM의 반응률 향상과 같은 미세한 목표들을 중심으로 관리한다.
⑤ CRM은 고객 세분화를 통해 신규고객을 창출하고, 기존고객을 확보, 유지한다.

**10** 고객관계관리(CRM) 시스템 구축 5단계에 대한 내용 중 3단계에 해당하는 것은?

① 정보 분석 지원 환경 구축
② 구축한 인프라를 통해 개별고객 분석
③ 데이터웨어하우스
④ 새로운 커뮤니케이션 채널 확립
⑤ 데이터 마이닝을 통한 고객 분석과 마케팅 실시

**11** CRM 전략 수립과 관련해 고객 분석에 있어 고객을 평가하는 방법 중 '최근성, 거래빈도, 구매금액에 따라 측정된 고객의 점수'에 해당하는 것은?

① 서비스(Service) 점수　　　　② 위험성(Risk) 점수
③ 커버리지(Coverage) 점수　　④ 수익성(Profitability) 점수
⑤ RFM 점수

PART 01 고객만족(CS) 기출유형 **33**

**12** 고객관계관리(CRM) 전략 수립 단계 중 고객에 대한 마케팅 제안 결정과 관련하여 '사후적 보상'에 해당하는 것은?

① 할인 쿠폰을 지급하여 고객의 구매 유인
② 유통업체에서 활용하는 저가상품을 무료로 제공하여 매장으로 유인
③ 같은 상품이라도 고객에 따라 가격을 달리 적용하는 것
④ 무형의 서비스 상품에서 맞춤 상품을 제공하는 것
⑤ 유통업체나 인터넷 쇼핑몰에서 매출액에 따른 마일리지 제공

**13** 고객관계관리의 전략 수립에서 고객과의 관계를 유지하고 강화하기 위해 무엇과 함께 '어떻게' 제공해야 하는지를 파악하는 단계로 '우편, 전화, 인적접촉, 매스미디어, e-mail' 등의 다양한 채널을 활용하는 단계는?

① 환경 분석                           ② 고객 분석
③ 고객 마케팅 제안 결정              ④ 개인화 설계
⑤ 대화 설계

**14** 다음 중 e-CRM의 특징에 대한 설명으로 가장 적절하지 않은 것은?

① 실시간 반응으로 실시간 가격정책 및 프로모션 등 반영
② 복수 채널의 운영으로 인한 추가 관리비용의 증가
③ 모델의 구축 초기에 대규모 투자 요구
④ 투자에 비해 신규고객의 진입과 관리에 소모되는 비용은 거의 제로에 가까움
⑤ e-mail, 음성서비스, 동영상 등의 멀티미디어 수단의 통합 구축 가능

**15** e-CRM의 고객만족전략으로 관심품목 및 찜 상품 기능 등을 추가하여 상품 정보를 개인 홈페이지에 기록한 개별 고객이 원하는 사양을 가진 제품을 제공해 주는 서비스 전략은?

① 서스펜션 서비스                    ② 어드바이스 서비스
③ 매스 커스터마이즈 서비스          ④ 저스트 인 타임 서비스
⑤ 리마인드 서비스

16　매슬로우(Maslow)는 인간의 욕구가 동시에 나타나 상호 경쟁하는 것이 아니라 욕구 단계의 순서에 따라 질서를 가질 수 있다고 하였다. 다음 중 가장 먼저 충족되어야 하는 욕구 단계로 기본적인 욕구에 해당하는 것은?

① 안전 욕구　　　　　　　　　　② 생리적 욕구
③ 사회적 욕구　　　　　　　　　　④ 존경의 욕구
⑤ 자아실현의 욕구

17　1920년대 후반 근로자들의 작업환경과 생산성에 미치는 효과를 연구하는 호손실험을 통해 조직의 생산성 향상을 위한 인간의 정서적 요인에 초점을 맞춘 인간관계기술을 제시한 사람은?

① 엘튼 메이요　　　　　　　　　　② 스키너
③ 로버트 오웬　　　　　　　　　　④ 프레드릭 테일러
⑤ 넬슨 존슨

18　'휴스턴'과 '레빙거'가 제시한 인간관계 형성단계 중 두 사람 사이의 크고 작은 상호의존이 나타나는 단계로 상호 교류가 개인적 수준까지 발전하여 호혜성의 원칙을 초월하는 단계는?

① 상호의존 단계　　　　　　　　　② 면식 단계
③ 피상적 역할 단계　　　　　　　　④ 평가 단계
⑤ 접촉 단계

19　다음 중 '사회적 지위가 서로 다른 사람들 사이의 상호작용이며 형식적이고 수단적인 속성이 강한' 인간관계의 유형은?

① 공유적 관계　　　　　　　　　　② 교환적 관계
③ 종적 관계　　　　　　　　　　　④ 횡적 관계
⑤ 피상적 관계

**20** 머튼이 주장한 아노미 이론에 대한 설명으로 적절하지 않은 것은?

① 동조형은 문화적 목표와 제도적 수단을 모두 수용하는 적응방식이다.
② 혁신형은 문화적 목표는 수용하지만 제도적 수단은 포기하는 유형이다.
③ 의례주의형은 문화적 목표를 거부하지만 제도적 수단은 수용하는 유형이다.
④ 패배주의형은 사기, 횡령, 강도를 저지르는 사람들을 말한다.
⑤ 반역형은 여성해방운동가, 급진적 사회운동가, 히피 등이 해당한다.


**21** 다음 중 대인지각 왜곡유형에 대한 설명으로 잘못된 것은?

① 최근 효과 – 판단을 함에 있어 최근에 주어진 정보와 비교하여 판단하는 경향
② 후광 효과 – 한 대상의 두드러진 특성이 그 대상의 다른 세부 특성을 평가하는 데에도 영향을 미치는 현상
③ 초두 효과 – 처음 제시된 정보가 나중에 제시된 정보보다 더 큰 영향력을 행사하는 현상
④ 스테레오 타입 – 집단 특성에 근거하여 판단하는 경향 및 고정관념
⑤ 관대화 경향 – 다른 사람을 매우 좋게 평가하고자 하는 경향


**22** 대인지각의 왜곡유형 중 다음 〈보기〉에 해당하는 유형은?

> 보기
>
> 미지근한 물은 손을 담그기 전에 뜨거운 물을 만졌는지 차가운 물을 만졌는지에 따라 차갑게 여겨지거나 뜨겁게 여겨질 수 있다.

① 대조효과                    ② 방사효과
③ 고정관념                    ④ 악마효과
⑤ 최신효과


**23** 자아의식모델 '조하리의 창(Johari window)'에서 자기주장형이며 거침없이 이야기를 하므로 타인의 말에 귀를 기울일 줄 알아야 하는 영역은?

① 공개된 영역                  ② 맹목 영역
③ 숨겨진 영역                  ④ 미지 영역
⑤ 자기공개 영역

**24** 존 포웰의 자아개방의 5단계 중 아직 자아개방이 이루어지지 않은 상태로 '전공이 뭐예요?, 아침식사는 무엇을 드셨나요?' 등과 같이 짧은 대화 수준의 단계에 해당하는 것은?

① 일상적인 회화수준
② 사실 정보들을 교환하는 단계
③ 생각을 표현하고 판단하는 단계
④ 자신의 감정과 느낌을 표현하는 단계
⑤ 최고의 의사소통 수준

**25** 다음 중 의사소통 과정을 순서대로 바르게 나열한 것은?

① Sender − Encoding − Channel − Decoding − Receiver
② Sender − Decoding − Channel − Encoding − Receiver
③ Sender − Encoding − Decoding − Channel − Receiver
④ Sender − Decoding − Encoding − Channel − Receiver
⑤ Sender − Encoding − Channel − Receiver − Decoding

**26** 다음 중 비공식적 의사소통의 유형으로 친화관계, 학연, 지연 등 인간적 접촉에 의해 자생적으로 형성되는 의사소통체계로, 전달속도가 빠르며 전달 과정에서 왜곡될 가능성이 높은 의사소통 유형은?

① 뜬소문
② 포도넝쿨 유형
③ 루머
④ 상의하달
⑤ 하의상달

**27** '에드워드 홀'이 제시한 근접학에 대한 내용 중 다음 〈보기〉에 해당하는 것은?

> 보기
> • 신뢰감을 가지고 마주보고 대화할 수 있는 친한 친구 또는 동료
> • 오랜 기간 친근한 관계를 맺어온 고객 사이에서 형성되는 적당한 간격
> • 격식과 비격식의 경계지점

① 친밀한 거리
② 개인적 거리
③ 사회적 거리
④ 대중적 거리
⑤ 경쟁적 거리

**28** 의사소통 장애요인 중 수신자가 더욱 선호하도록 발신자가 정보를 조작하는 현상은?

① 정보의 여과　　　　　　② 집단 응집력
③ 지나치게 많은 정보　　　④ 준거틀의 차이
⑤ 정보원의 신뢰도

**29** 효과적인 부탁의 기술 중 상대방이 충분히 들어줄 수 있는 작은 요청을 한 후 일단 수용이
되면 조금씩 요청을 증가시켜 나가는 기술은?

① 그랬구나 기법　　　　　　② 얼굴 부딪히기 기법
③ 한 발 들여놓기 기법　　　④ 자기 표현하기 기법
⑤ Ⅰ - Message기법

**30** 다음 중 에릭 번이 제시한 시간의 구조화 영역에 포함되지 않는 것은?

① 폐쇄　　　　　　② 의식
③ 활동　　　　　　④ 개방
⑤ 친교

# PART 02 서비스 이론 기출유형

## Chapter 01 서비스의 개념

정답 및 해설 : 276

**01 다음 중 서비스를 정의한 학자와 내용이 서로 다른 것은?**

① 코틀러 : 서비스는 본질적으로 무형적이다. 서비스 제공과 관련된 어떠한 소유권도 발생시키지 않는 일방이 타인에게 판매를 위해 제공하는 활동이나 혜택이다.

② 레티넨 : 서비스는 시장에서 판매하는 무형의 상품(시장)이다.

③ 러브락 앤 비츠 : 한쪽에 의해 다른 한쪽에게 제공되는 경제적 활동이다.

④ 베리 : 제품과 달리 서비스는 무형 활동이나 노력으로, 구매제품이 유형적인지 무형적인지 여부로 판단된다.

⑤ 자이다믈 : 행위, 과정, 그리고 그 결과물인 성과가 결합된 것이다.

**02 〈보기〉와 같은 학자들은 경영학적 관점 중 무엇을 기준으로 서비스를 정의하였는가?**

> 보기
>
> • 스탠틴 : 소비자나 이용자에게 판매될 경우 욕구에 대한 만족을 가져오는 무형의 활동
> • 블루아 : 한 재화의 형태에서 물리적 변화가 없이 편익과 만족을 낳는 판매에 제공되는 활동

① 속성론적 정의  　　　　② 경제학적 정의

③ 활동론적 정의  　　　　④ 봉사론적 정의

⑤ 인간 상호관계론적 정의

**03 고객 서비스의 3단계 중 거래 후 서비스에 해당하는 것은?**

① 고객 컴플레인, 불만  　　　② 주문의 편리성

③ 명시된 회사의 정책  　　　　④ 회사에 대한 고객의 평가

⑤ 기술적 서비스

**04** 다음 중 거래 전 서비스에 대한 설명에 해당하는 것은?

① 고객이 서비스 접점에 들어온 순간부터 현장 서비스가 시작
② 고객과 직접적으로 거래가 이루어지는 서비스 본질임
③ 충성고객 확보를 위해 중요
④ 서비스맨의 역량이 발휘되고 크게 평가되는 단계
⑤ 우수한 고객서비스를 제공할 수 있는 환경 조성

**05** 미국 통계청이 5가지 기능성에 의해 서비스를 분류한 내용 중 소비자 서비스에 해당하는 것은?

① 운송, 통신, 무역 서비스
② 금융, 부동산, 법률, 재무, 기업 서비스
③ 의료, 교육, 레저, 여행, 정비, 가사, 숙박, 용역 서비스
④ 군대, 소방서, 우편, 학교, 주민행정
⑤ 도, 소매업

**06** 다음 중 미국 통계청에 의한 서비스 분류에 대한 설명을 바르게 연결한 것은?

① 유통 서비스 : 한 기업의 산출물이 다른 기업의 투입물로서 판매될 수 있는 서비스
② 도·소매업 서비스 : 생활의 질을 높이기 위해 개인에게 제공하는 서비스
③ 비영리 서비스 : 생산자와 소비자를 연결하여 장소적 혹은 시간적 편리성을 제공하는 서비스
④ 생산자 서비스 : 재무, 보험, 부동산, 사업 서비스, 법률 및 기타 전문가 서비스
⑤ 소비자 서비스 : 물건이나 인적 이동을 담당하는 수송 서비스나 정보통신 또는 정보처리 산업이 제공하는 서비스

**07** 상품체계에 의한 분류에 대하여 잘못 설명한 것은?

① 순수제품은 제조업체에서 생산하는 유형재로 서비스가 수반되지 않으며 칫솔, 치약 등의 소비재와 철강 등 산업재가 해당된다.
② 숙박업, 운수업, 헬스 센터 등은 유통편익 서비스에 해당된다.
③ 제품위주는 공장에서 대량생산되어 유통과정을 거쳐 소비자에게 전달된 후 사후 서비스가 부가된다.
④ 순수 서비스에는 시설편익, 인적편익, 지식/정보편익, 유통편익, 기타편익 서비스가 있다.
⑤ 의료, 미용, 여행사, 가사 돌보미 등은 인적편익 서비스에 해당된다.

**08** 필립 코틀러의 서비스 분류 중 다음 〈보기〉의 설명에 맞는 서비스 유형은?

> 보기
> 어떤 재화에 추가적 서비스에 따라 지원되는 재화에 수반되는 서비스

① 유형재와 추가적 서비스가 수반된 서비스가 주요 제품인 경우
② 유형재와 혼합된 서비스
③ 서비스 수반의 유형 재화
④ 순수유형 재화
⑤ 순수 서비스

**09** 러브락은 서비스 대상과 서비스의 제공형태에 기반하여 서비스를 4가지 범주로 분류하였다. 이에 대한 설명이 바르지 않은 것은?

① 사람의 신체에 대한 유형적 서비스는 신체를 대상으로 물리적 접촉을 통한 가장 전형적인 서비스 유형이다.
② 유형물에 대한 유형적 서비스는 고객의 소유물에 한정된 서비스로서 Door to Door 서비스로 표현할 수 있다.
③ 정신에 대한 무형적 서비스는 전문적인 서비스가 대부분이며 사후평가가 곤란한 특성상 신뢰 이미지가 중요하다.
④ 현장직원의 업무능력, 태도가 중요한 서비스는 정신에 대한 무형적 서비스이다.
⑤ 서비스 결과물은 대부분 무형의 형태로 가장 무형적인 형태의 서비스는 정보에 대한 무형적 서비스이다.

**10** 러브락은 서비스 대상과 서비스의 제공형태에 기반하여 서비스를 4가지 범주로 분류하였다. 이에 대한 연결이 바르지 않은 것은?

① 사람의 신체에 대한 유형적 서비스 : 병원, 미용실
② 유형물에 대한 유형적 서비스 : 화물운송, 청소, 세탁
③ 정신에 대한 무형적 서비스 : 뉴스, 정보, 공연
④ 정보에 대한 무형적 서비스 : 회계, 은행, 법률, 보험 등
⑤ 정보에 대한 무형적 서비스 : 전문적 조언, 종교

**11** 러브락의 다차원적 서비스 분류 중 다음 〈보기〉의 내용에 해당하는 것은?

보기

서비스 대상이 사람 또는 사물인가, 서비스가 유형적 또는 무형적 여부에 따라 분류하였으며 서비스 대상이 받는 편익과 서비스 상품의 본질의 이해가 가능한 분류이다.

① 서비스 제공방식에 따른 분류
② 수요과 공급의 관계에 따른 분류
③ 고객과의 관계유형에 따른 분류
④ 서비스 상품의 특성에 따른 분류
⑤ 서비스 행위의 특성(성격)에 따른 분류

**12** 러브락의 다차원적 서비스 분류 중 서비스 상품의 특성에 따른 분류표이다. 〈보기〉의 빈칸에 들어갈 업종으로 바르게 연결되지 않은 것은?

보기

| 구분 | | 서비스 설비 또는 시설에 근거한 정도 | |
|---|---|---|---|
| | | 높음 | 낮음 |
| 서비스가 사람에 근거한 정도 | 높음 | (가) | (나) |
| | 낮음 | (다) | (라) |

① (가) : 일류호텔
② (나) : 경영컨설팅
③ (다) : 회계
④ (라) : 전화
⑤ (가) : 병원

**13** 쇼스택의 유형성 스펙트럼에서 유형성이 가장 높은 업종은?

① 음료
② 세제
③ 소금
④ 항공업
⑤ 패스트푸드점

**14** 다음 중 서비스의 특징을 올바르게 설명한 것은?

① 무형성 : 저장이 불가능하고 쉽게 특허를 낼 수 없다.
② 이질성 : 서비스는 고객이 거래에 참여하거나 영향을 미친다.
③ 비분리성 : 수요와 공급을 맞추기 어렵다.
④ 소멸성 : 제공된 서비스가 계획과 일치하는지를 알기 어렵다.
⑤ 비분리성 : 반품되거나 재판매될 수 없다.

**15** 서비스의 특징 중 이질성에 대한 설명이 올바르지 않은 것은?

① 문제점에 대한 해결방안으로 제공자의 신중한 선발 및 교육이 필요하다.
② 동일한 제공자가 동일한 서비스를 제공함에도 불구하고 고객은 서비스의 내용과 질을 다르게 평가할 수 있다.
③ 동일한 서비스 업체에서 동일한 서비스를 제공하더라도 종업원에 따라 서비스의 내용과 질이 달라진다.
④ 서비스는 변동성으로 인해 규격화, 표준화가 불가능하다.
⑤ 문제점에 대한 해결방안으로 서비스의 개별화 및 고객만족도 조사 실시가 필요하다.

**16** 서비스의 특징에 따른 해결방안이 바르게 연결된 것은?

① 무형성 : 서비스망의 구축
② 이질성 : 서비스 제공을 위한 다양한 입지 제공
③ 비분리성 : 제공자의 신중한 선발 및 교육
④ 이질성 : 서비스 사용자에 대한 관리
⑤ 소멸성 : 판매 후 커뮤니케이션 강화

**17** 서비스스케이프에 대한 설명으로 맞지 않는 것은?

① 인간이 창조한 환경을 의미한다.
② 비트너는 서비스스케이프를 서비스 접점에서의 서비스 환경으로 정의하고 이론적 모델을 제시하였다.
③ 서비스스케이프의 요소로서 주위환경, 공간배치와 기능성, 사인 및 심볼 등 상징물, 사람 등이 있다.
④ 병원에서의 서비스스케이프로서는 의료장비, 간호사 유니폼 등이 해당된다.
⑤ 호텔의 서비스스케이프로서는 건물외관, 주차장 등이 해당된다.

**18** 관광서비스의 정의 중 다음 〈보기〉의 내용에 해당하는 것은?

> 보기
>
> 수입증대에 이바지하기 위한 종사원의 헌신, 봉사하는 자세와 업무에 대해 최선을 다한다는 태도, 즉 "세심한 봉사정신"

① 기능적 정의　　　　　　　　　② 비즈니스적 정의
③ 구조적 정의　　　　　　　　　④ 기술적 정의
⑤ 사회적 정의

**19** 관광서비스의 특성에 대한 설명 중 맞지 않는 것은?

① 관광서비스는 서비스의 기본적인 특성인 무형성을 가지고 있다.
② 물리적 환경의 고급화를 지향한다.
③ 관광수요는 계절에 대한 탄력성을 갖는다.
④ 지역 관광자원 및 환경과의 연계성이 높다.
⑤ 관광서비스의 가장 중요한 요인은 서비스 관광시설 및 유형재를 제공하는 물적 서비스이다.

**20** 관광서비스에 대한 요구사항과 관련한 설명 중 맞지 않는 것은?

① 고급서비스의 이미지로 인해 최고급의 숙련되고 전문화된 서비스를 요구한다.
② 경쟁사에 대하여 특화, 차별화된 고품위 서비스가 요구된다.
③ 서비스의 만족과 감동도 중요하지만 서비스가 제공하는 물리적 서비스를 선호한다.
④ 고객은 관광을 통해 자아실현욕구를 충족하고자 하며 충족을 위한 완벽한 준비가 요구된다.
⑤ 유형의 제품 대비 무형의 관광서비스는 모방이 쉽지 않다.

21  다음 쇼스택이 제시한 서비스의 유형성 스펙트럼에서 (가)~(마)에 들어갈 내용으로 가장
거리가 먼 것은?

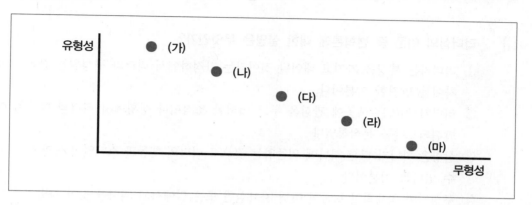

①  (가) 소금
②  (나) 세제
③  (다) 자동차
④  (라) 항공사
⑤  (마) 패스트푸드

22  관광종사원의 태도와 행동에 미치는 요인이 아닌 것은?
①  지식
②  기술
③  학력
④  인성
⑤  신체적 특성

정답 및 해설 : 278

## Chapter 02 서비스 리더십

**01** 리더십의 이론 중 변혁론에 대한 설명은 무엇인가?

① 리더라는 특성을 가지고 태어날 것이라는 가정하에서 리더와 구성원들 간의 특성상의 차이를 발견한 이론이다.

② 리더가 취하는 행동에 관심을 두고 어떠한 조직이나 상황에서 리더의 행동이 어떻게 발휘되느냐를 분석하였다.

③ 상황은 하나가 다른 하나에 의존하는 것으로 리더의 행동과 스타일이 상황에 따라 바뀔 수 있다는 이론이다.

④ 구성원이 외재적인 보상이 아닌 자아실현 또는 일에서의 의미를 찾아 자발적으로 일하게 되도록 리더십을 발휘한다.

⑤ 리더의 특성은 능력, 성취, 책임감, 참여, 지위라는 다섯 가지의 일반적인 개별적 요인으로 분류된다.

**02** '알더퍼'가 제시한 ERG이론 중 개인의 자아실현과 관련된 욕구로 매슬로의 욕구 5단계에서 존경욕구와 자아실현 욕구에 해당하는 것은?

① 관계욕구               ② 존재욕구

③ 성장욕구               ④ 완성욕구

⑤ 태도욕구

**03** 매슬로의 5단계 욕구 중 음식, 수면, 갈증, 성욕구 등 인간의 가장 기초적인 욕구에 해당하는 것은?

① 안전의 욕구          ② 생리적 욕구

③ 애정과 소속감에 대한 욕구     ④ 자아실현의 욕구

⑤ 자아 존중의 욕구

**04** 서비스 리더십을 구성하는 요소 중 다음 〈보기〉의 내용에 해당하는 것은?

> 보기
>
> 서비스 리더십의 핵심요소 중의 하나로 파트너십을 형성하고 만족을 주고 싶은 자세나 마음 상태를 말한다. 이것을 바탕으로 리더의 행동은 자연스럽게 고객의 만족을 이끌어 낼 수 있다.

① 서비스 신념　　　　　　　　　　② 서비스 만족
③ 서비스 창조　　　　　　　　　　④ 서비스 능력
⑤ 서비스 태도

**05** 서비스 리더십에서 C, M, S가 의미하는 것을 바르게 선택한 것은?

| ㉠ 진리 | ㉡ 능력 | ㉢ 태도 |
| --- | --- | --- |
| ㉣ 신념 | ㉤ 공평 | |

① ㉡, ㉢, ㉣　　　　　　　　　　② ㉠, ㉡, ㉢
③ ㉡, ㉢, ㉤　　　　　　　　　　④ ㉢, ㉣, ㉤
⑤ ㉠, ㉣, ㉤

**06** 커트 라이맨(Curt Reimann)의 우수한 리더십의 특성에 대한 설명으로 알맞지 않은 것은?

① 다소 달성하기 어려운 도전적 목표를 설정한다.
② 고객을 생각하는 리더십을 발휘한다.
③ 무엇을 어떻게 해야 하는지를 잘 알고 솔선수범한다.
④ 강력하게 일을 밀고 나가는 추진력이 있다.
⑤ 구성원에게 리더의 의견을 맹목적, 무조건적으로 추종하거나 자발적으로 수용하게 만든다.

**07** 카리스마 리더십과 부하의 관계형성에 따른 특성을 설명한 것으로 잘못된 것은?

① 신뢰　　　　　　　　　　　　② 애정
③ 수용　　　　　　　　　　　　④ 복종
⑤ 타협

**08** 참여적 리더십에 대한 설명으로 바르지 않은 것은?

① 리더의 역할은 조직 학습 기회를 창출하고 혁신을 장려한다.

② 조직 내 상호간의 정서적 신뢰를 구축한다.

③ 집단의 지식과 기술 활용이 용이하다는 장점이 있다.

④ 책임분산으로 인해 무기력해질 수 있는 단점이 있다.

⑤ 리더는 구성원의 감성을 이해하고 배려하는 행동으로 구성원을 이끈다.


**09** 참여적 리더십의 단점에 해당하는 것은?

① 구성원들의 자격이 서로 비슷한 상황에서만 제한적으로 효과성이 발휘된다.

② 조직 활동에 더욱 헌신한다.

③ 참여를 통해 경영에 대한 사고와 기술을 익힌다.

④ 자유로운 의사소통을 장려할 수 있다.

⑤ 조직에서는 다양한 견해가 직접적으로 표현되고 문제 해결에 사용된다.


**10** 다음의 설명에서 (   ) 안에 들어갈 용어로 알맞은 것은?

> 감성지능이란 자신의 한계와 가능성을 객관적으로 판단해 자신의 (   )을(를) 잘 다스리며, 상대방의 입장에서 그 사람을 진정으로 이해하고 타인과 좋은 관계를 유지할 수 있는 능력을 말한다.

① 행동             ② 사고

③ 느낌             ④ 감정

⑤ 입장


**11** 감성 리더십을 구성하는 요소 중 타인의 감정을 이해하고, 문화적 감수성, 고객의 요구에 부응하는 서비스 등과 관련성이 높은 능력은 무엇인가?

① 자아인식          ② 자기통제

③ 동기부여          ④ 감정이입

⑤ 대인관계기술

**12** 서비스 경제가 성장하는 이유에 대해 바르게 설명하지 않은 것은?

① 소비자의 욕구가 다양화되고 있다.
② 기술의 발달을 통한 차별화된 방식으로 추가적인 가치 창출이 가능하다.
③ 다양한 산업 분야에 대한 규제가 완화되면서 관련 산업 분야의 마케팅활동이 각 기업의 역량에 따라 전개될 수 있다.
④ 현대사회에서 소비자의 욕구가 단순한 생존을 위한 욕구를 추구하고 있다.
⑤ 국제화로 인해 서비스범위가 확대되어 직원들의 역량과 서비스의 품질이 높아지고 있다.

**13** 서비스기업의 경쟁 환경이 제조기업과 다른 점을 모두 선택한 것은?

> ㉠ 낮은 진입장벽　　㉡ 내부고객 만족도 향상　　㉢ 고객충성도 확보
> ㉣ 수요변동의 심화　　㉤ 규모 경제의 어려움

① ㉠, ㉡, ㉢, ㉣, ㉤　　　　　　② ㉠, ㉡, ㉢
③ ㉠, ㉡, ㉣, ㉤　　　　　　　④ ㉡, ㉢, ㉣, ㉤
⑤ ㉡, ㉢, ㉣

**14** 기존 고객 유지를 위한 시장방어 전략 중 '적응 전략'에 해당하는 것은 무엇인가?

① 전환비용　　　　　　② 집중 광고
③ 장기간 계약기간　　　④ 경쟁우위 개발
⑤ 서비스 보증

**15** 서비스기업의 경쟁전략 중 원가우위 전략을 실행하기 위한 방안으로 잘못 설명한 것은?

① 높은 가격대를 찾는 고객을 목표로 한다.
② 고객 서비스를 표준화한다.
③ 서비스전달에서 개인적 요소를 줄인다.
④ 네트워크 비용을 감소시킨다.
⑤ 고객이 참여하지 않아도 되는 오프라인 서비스운영을 활용한다.

**16** 서비스기업의 경쟁전략 중 차별화 전략을 실행하기 위한 방안으로 잘못 설명한 것은?

① 일관성 있는 서비스 품질을 유지하기 위해 품질을 통제한다.
② 무형적인 요소를 유형화한다.
③ 서비스 및 제품에 대한 고객의 인식된 위험을 감소시킨다.
④ 서비스 품질을 향상시키기 위해 서비스 직원의 훈련에 관심을 기울인다.
⑤ 고객 서비스를 표준화한다.

**17** 시장 방어 전략 중 경쟁사가 그들이 예상하거나 원하는 수준의 수익을 확보할 기회를 막는 데 목표를 두는 전략은 무엇인가?

① 보복 전략                          ② 적응 전략
③ 대응 전략                          ④ 저지 전략
⑤ 제한 전략

**18** 체험마케팅의 5가지 구성요소 중 잘못된 것은?

① 감각                              ② 감성
③ 인지                              ④ 행동
⑤ 문화

**19** 〈보기〉에서 설명한 마케팅으로 알맞은 것은?

> **보기**
>
> 고객에게 정서적인 체험을 제공하는 데 목적이 있으며 기업은 다양한 감성적 체험을 창출하기 위해 노력해야 한다.

① 감각마케팅                        ② 바이럴마케팅
③ 행동마케팅                        ④ 관계마케팅
⑤ 감성마케팅

**20** 다음 중 〈보기〉의 내용에 해당하는 마케팅은 무엇인가?

네티즌이 블로그나 카페 등 전파가 가능한 매체를 통해 자발적으로 어떤 기업이나 제품의 홍보가 가능하도록 제작하여 널리 퍼지는 마케팅 기법이다.

① 바이럴마케팅
② 체험마케팅
③ 관계마케팅
④ 니치마케팅
⑤ 역발상마케팅

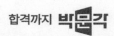
합격까지 박문각

# 서비스 기출유형

**01**  다음 중 서비스 청사진에 대하여 잘못 설명한 것은?

① 여타 활동에 대한 서비스 프로세스를 시각화하고 서비스 프로세스에 포함된 각 활동 간의 연결을 명확히 하는 것이 목적이다.

② 서비스 청사진은 서비스의 가장 큰 문제점인 무형성, 이질성, 동시성 등의 한계를 극복할 수 있게 해준다.

③ 서비스 프로세스 설계에 도움을 주는 기법으로 잠재고객을 대상으로 하는 설문 조사를 근간으로 하는 분석 도구이다.

④ 구성요소 중 고객의 행동은 서비스를 구매하여 소비, 평가하는 프로세스에서 고객이 행하는 단계, 선택, 활동, 상호작용 등을 포함한다.

⑤ 지원 프로세스는 서비스를 제공하는 접점 종업원들을 지원하기 위한 내부적 서비스를 의미한다.

**02**  서비스 청사진의 구성요소를 모두 선택한 것은?

| ㉠ 가시선 | ㉡ 대기행렬선 | ㉢ 내부 상호작용선 |
|---|---|---|
| ㉣ 고객과 종업원의 상호작용 | ㉤ 지원 프로세스 | |

① ㉠, ㉢                              ② ㉠, ㉢, ㉤
③ ㉢, ㉣, ㉤                          ④ ㉠, ㉡, ㉢
⑤ ㉠, ㉡, ㉢, ㉤

**03** 서비스 청사진의 구성요소 중 다음의 설명에 해당하는 것은?

> 고객과 서비스 접점 종업원의 직접적인 상호작용의 발생을 구분하는 선으로 서비스접점을 의미한다.

① 상호작용선　　　　　　　　　② 고객의 행동
③ 물리적 증거　　　　　　　　　④ 종업원의 행동
⑤ 지원 프로세스


**04** 서비스 청사진의 구성요소 중 전화예약 및 상담 담당 직원, 진료를 준비하는 의사, 주사약을 준비하는 간호사 등에 해당하는 것은?

① 상호작용선　　　　　　　　　② 고객의 행동
③ 물리적 증거　　　　　　　　　④ 수평선
⑤ 후방 종업원의 행동


**05** 서비스 청사진의 장점으로 적합하지 않은 것은?

① 종업원 본인 직무에 대한 전체 과정을 연계하게 함으로써 전체 서비스 관계 파악을 통해 고객 지향적 사고를 취할 수 있다.
② 서비스 제공자에게 서비스 실수 가능점을 파악하게 하지만 품질 개선에 도움을 줄 수는 없다.
③ 서비스 관리자는 고객과 종업원 사이의 상호작용선과 가시선을 통해 고객역할을 인식할 수 있다.
④ 서비스 관리에 투입되는 비용, 원가, 이익, 자본 등을 확인하고 분석하는 데 기초적 자료를 제공해준다.
⑤ 서비스 기업의 내·외부 마케팅 전략 수립에 합리적인 근거를 제공한다.

**06** 서비스 청사진의 목적이 재설계일 경우 고려할 사항이 아닌 것은?

① 프로세스의 복잡성을 평가하기 위해 청사진을 전체적인 시각에서 본다.
② 서비스 프로세스의 실패점이나 병목점을 분석한다.
③ 실패점이나 병목점 발견 시 다시 고객의 관점에서 청사진을 수정한다.
④ 접점 종업원과 내부과정에 어떠한 영향을 미칠 것인지 파악한다.
⑤ 서비스 시스템의 전반적인 경제성과 응답성을 평가한다.

**07** 서비스 모니터링을 실시하는 목적으로 보기 어려운 것은?

① 서비스담당직원의 서비스 품질과 서비스 내용에 대한 객관적 평가
② 고객접점의 서비스 품질수준 향상과 수익 증대를 위한 중요한 정보 획득의 수단
③ 고객만족과 고객 로열티 제고를 통한 수익성 향상을 위한 관리 수단
④ 종업원의 잠재능력 개발을 통한 전문적 서비스 응대 및 상담기술 향상
⑤ 생산성 향상 목적을 위한 종업원 통제 및 관리 수단

**08** 다음의 설명에 해당되는 것은?

> 서비스기업에서 정한 서비스 표준대로 고객접점에서 서비스가 이루어지고 있는지 전문가를 통하여 과학적으로 평가하는 활동이다.

① 고객만족도 조사 　　　　　　② 고객관계관리
③ 서비스성과관리 　　　　　　④ 서비스 모니터링
⑤ 고객경험관리

**09** 서비스 모니터링의 측정요소가 아닌 것은?

① 고객서비스의 전반적인 운영 부분 　　② 서비스 제공 환경관리
③ 고객 접점 직원의 서비스 수준 　　　④ 고객 접근 프로세스
⑤ 일원적 품질 요소

10 다음은 서비스 모니터링의 여섯 가지 요소 중 무엇에 관한 설명인가?

> • 한 대상을 유사한 척도로 여러 번 측정하거나 한 가지 척도로 반복 측정했을 때 일관성 있는 결과가 나와야 한다.
> • 누구를 모니터링 하더라도 일관되고 확고하며 객관적인 기준이 있어야 한다.

① 신뢰성
② 객관성
③ 차별성
④ 대표성
⑤ 타당성

11 다음의 설명에 해당하는 서비스 모니터링 조사 기법은?

> • 서비스나 상품을 제공하는 회사와 계약을 맺고 지속적으로 모니터링 자료를 제공하는 고객 집단이다.
> • 일정기간동안 서비스나 제품에 대한 고객의 태도와 지각을 기업에 알려주기 위해 모집된 지속적인 모집 집단이다.

① 고객패널
② 얼리어답터
③ 블랙컨슈머
④ 체리피커
⑤ 미스터리 쇼퍼

12 VOC관리에서 굿맨(Goodman)이 제시한 고객 피드백을 훼손하는 여덟 가지 중 잘못 설명한 것은?

① 일관성이 없는 자료의 분류
② 사용되지 않는 오래된 자료
③ 비능률적인 자료 수집
④ 결론이 일관성 있는 분석
⑤ 행동을 수반하지 않는 분석

**13** 기업이 VOC를 성공적으로 관리하기 위해 충족해야 할 방안으로 잘못된 것은?

① 자료를 코딩으로 분류하여 체계적으로 관리한다.
② VOC와 보상제도를 연계할 방안을 모색한다.
③ 고객의 문의, 건의, 불평, 신고, 칭찬 등의 접수를 기록한다.
④ 통계보고서를 작성해 트렌드를 분석하고 변화를 파악한다.
⑤ 제품 및 서비스의 전 수명과 주기에 걸쳐 VOC를 추구하지 않아도 된다.

**14** 미스터리 쇼퍼(Mystery Shopper)의 자격 요건 중 아래의 설명에 해당하는 것은?

> 매장 마감시간을 고려한 계획적인 동선 이동 및 활동이 요구된다.

① 계획성      ② 객관성
③ 정직성      ④ 융통성
⑤ 신뢰성

**15** 고객패널의 활동사항으로 옳지 않은 것은?

① 시장조사      ② 모니터링
③ 설문조사      ④ 현장비교 체험
⑤ 현장 교육

**16** 다음은 무엇을 설명한 것인가?

> 서비스 프로세스상에 나타나는 시계모양의 도표로서 '서비스 사이클 차트'라고도 하며, 서비스 전달 시스템을 고객의 입장에서 이해하기 위한 방법으로 사용된다.

① 서비스 모니터링      ② MOT 사이클 차트
③ 설문조사      ④ 마인드맵핑
⑤ 고객만족도 조사

**17** 다음 중 MOT와 관련이 없는 것은 무엇인가?

① 얀 칼슨
② 100 – 1 = 0의 법칙
③ 통나무 물통의 법칙
④ 롱테일의 법칙
⑤ 고객접점

**18** MOT 사이클 차트의 분석 5단계 중 3단계에 해당하는 것은?

① 고객 접점 사이클 세분화
② 서비스 접점 진단
③ 서비스 접점 설계
④ 고객접점 시나리오 만들기
⑤ 구체적 서비스 표준안으로 행동하기

**19** MOT 사이클 차트의 분석 단계 중 다음의 (   ) 안에 들어갈 내용은 무엇인가?

- 1단계 : 서비스 접점 진단
- 2단계 : (                                      )
- 3단계 : 고객 접점 사이클 세분화
- 4단계 : 고객 접점 시나리오 만들기
- 5단계 : 구체적인 서비스 표준안으로 행동하기

① 서비스 접점 설계
② 수익성 예측지표 작성
③ 구체적 포지셔닝 전개
④ 경쟁시장의 포지셔닝 분석
⑤ 고객 접점 진단

**20** 서비스 표준안 작성 시 고려해야 할 사항이 아닌 것은?

① 업무 명세와 수행 개요로 명문화한다.
② 제공자가 원하는 것을 바탕으로 작성되어야 한다.
③ 서비스 제공자에게 필요한 명백하고 정확한 지침을 제공해야 한다.
④ 표준안은 최상위 경영층을 포함한 모든 조직 구성원들이 받아들여야 한다.
⑤ 서비스 표준은 관찰이 가능하고 주관적인 측정이 가능해야 한다.

## Chapter 02 마케팅 전략과 서비스 차별화

정답 및 해설 : 282

**01** 마케팅 개념의 발전과정 중 제품개념에 대한 설명으로 맞는 것은?

① 만들면 팔린다는 방식이다.

② 잘 만들어야 팔린다는 품질지상주의 방식이다.

③ 소비자의 수요와 욕구충족을 위해 생산성의 향상과 원가절감, 광범위한 유통 범위에 초점을 맞추어야 한다는 개념이다.

④ 소비자가 요구하는 것을 제조하는 것보다는 기업에서 만든 것을 판매하는 것이다.

⑤ 소비자는 원가가 낮은 제품을 선호하거나 이용범위가 넓을 경우에 선호할 것이라 주장한다.

**02** 다음 중 복합적 마케팅의 4가지 구성요소가 아닌 것은?

① 관계 마케팅　　　　　　　　② 통합적 마케팅

③ 내적 마케팅　　　　　　　　④ 사회적 마케팅

⑤ 외적 마케팅

**03** 시장세분화를 통하여 표적시장을 선정한 다음 경쟁자와 자사를 구분할 수 있는 시장으로서 자리매김하는 것을 일컫는 용어는 무엇인가?

① 환경분석　　　　　　　　　② SWOT분석

③ 고객분석　　　　　　　　　④ 시장분석

⑤ STP전략

**04** 마케팅 믹스(4P's)의 구성요소 중 '촉진활동'에 해당하지 않는 것은?

① 인적판매　　　　　　　　　② 광고

③ 홍보　　　　　　　　　　　④ 재고관리

⑤ 공중관계

**05** 서비스 마케팅과 관련하여 '칼 알브레히트'가 제시한 '서비스 삼각형'의 요소 중 다음의 ⓒ 에 들어갈 내용은 무엇인가?

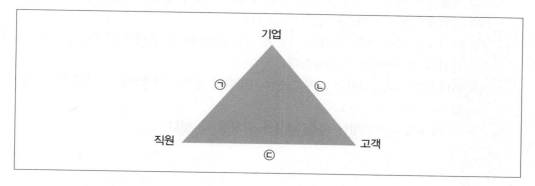

① 품질 마케팅      ② 상호작용 마케팅
③ 차별화 마케팅      ④ 외부마케팅
⑤ 복합마케팅

**06** SWOT분석에 의한 마케팅 전략 중 조직 외부의 위협을 회피하거나 최소화하기 위해 강점 을 사용하는 전략의 유형은?

① W-O 전략      ② S-O 전략
③ S-T 전략      ④ S-W 전략
⑤ W-T 전략

**07** 다음 중 STP분석 전략 단계를 골라 순서대로 나열한 것은?

| ⊙ 잠재고객 선정 | ⓒ 시장 세분화 | ⓒ 표적 선정 |
|---|---|---|
| ⓒ 시장 분석 | ⑩ 포지셔닝 | |

① ⊙ - ⓒ - ⑩      ② ⓒ - ⓒ - ⓒ
③ ⊙ - ⓒ - ⓒ      ④ ⓒ - ⓒ - ⑩
⑤ ⊙ - ⓒ - ⓒ

**08** 안켈로비치(Yankelovich)가 제시한 시장 세분화의 장점이 아닌 것은?

① 세분화된 시장의 요구에 적합하게 제품의 계열을 결정할 수 있다.

② 광고매체를 합리적으로 선택할 수 있다.

③ 이익 가능성이 높은 몇 개의 세분화 시장에 대해서만 판매 촉진비를 설정할 수 있도록 범위를 지정하기는 불가능하다.

④ 판매저항이 최소화되고 판매호응이 최대화될 것으로 예측되는 기간에 판촉활동을 집중할 수 있다.

⑤ 각 매체별로 효과성에 따라 예산을 할당할 수 있다.

**09** 산업재 시장에의 주요세분화 변수 중 인구 통계적 세분화 변수에 해당되지 않는 것은?

① 산업의 종류　　　　　　　　② 기업의 규모

③ 산업의 규모　　　　　　　　④ 입지

⑤ 가족의 라이프 스타일

**10** 표적세분시장 선정 시 고려해야 할 사항과 거리가 먼 것은?

① 세분시장의 크기와 예상매출　② 기업의 물리적 증거

③ 기존사업과의 연관성　　　　　④ 경쟁자의 전략

⑤ 제품수명주기

**11** 세분시장 유형과 관련하여 〈보기〉에 해당하는 부분시장 도달 전략 유형은 무엇인가?

보기

특정 고객집단의 다양한 욕구를 충족시키기 위해 다양한 제품을 판매하는 전략이다. 특정 고객집단의 구매가 급격히 감소하는 경우 위험분산이 되지 않는 단점이 있다.

① 선택적 전문화 전략　　　　　② 단일시장 집중 전략

③ 제품 전문화 전략　　　　　　④ 시장 전문화 전략

⑤ 단일제품 전체시장 도달 전략

**12** 마이클 포터가 제시한 세분시장의 장기적인 매력성을 판단하는 데 영향을 미치는 다섯 가지 요인으로 옳지 않은 것은?

① 신규 경쟁자들 간의 자산규모  ② 잠재 경쟁자들로부터의 위협
③ 구매자의 교섭력  ④ 공급자의 교섭력
⑤ 대체재로부터의 위협

**13** 포지셔닝 전략 수행절차의 여섯 단계에 해당하지 않는 것은?

① 경쟁자 인식 및 평가분석을 통한 파악  ② 소비자에 대한 분석
③ 포지셔닝 의사결정 실천  ④ 모니터링 실시
⑤ 세분시장의 분류

**14** 확장된 마케팅 믹스 7P's 중 장비, 환경, 직원의 유니폼 등에 해당하는 것은?

① Process  ② People
③ Promotion  ④ Physical Evidence
⑤ Product

**15** 마케팅 믹스 중 다음은 무엇에 관한 설명인가?

생산자로부터 소비자와 이용자에게 제품과 서비스를 이용하게 하는 과정에서 포함되는 모든 조직의 집합을 말한다.

① 제품  ② 가격
③ 유통  ④ 촉진
⑤ 사람

**16** 피터 드러커가 제시한 4C에 해당되지 않는 것은?

① 고객의 요구  ② 고객과의 소통
③ 고객의 편의성  ④ 고객의 비용
⑤ 고객의 만족

**17** 다음 중 이상적인 틈새시장이 존재하기 위해 필요한 전제조건에 대한 설명으로 거리가 가장 먼 것은?

① 기업은 시장의 욕구를 충족시켜 줄 수 있는 능력과 충분한 자원을 보유하고 있어야 한다.
② 대기업에 비해 중소기업이 높은 매출액을 실현할 수 없지만 수익성을 보장할 수 있는 충분한 시장 규모와 구매력이 있어야 한다.
③ 기업은 자사가 소비자로부터 구축해 놓은 신뢰 관계를 바탕으로 주요 경쟁자들과의 협력과 상생을 통해 시장의 규모를 축소시켜야 한다.
④ 이상적인 틈새시장은 주요 경쟁자들의 관심 밖에 있어야 한다.
⑤ 틈새시장은 장기적인 시장 잠재력이 있어야 한다.

**18** 틈새 마케팅 전략 수립과 관련하여 '파레토 법칙'에 대한 설명으로 거리가 먼 것은?

① 인기 상품이나 주력 상품에 집중하는 획일적 사고에서 벗어나 다양한 가능성에 눈 뜰 수 있는 계기가 된다.
② 선택과 집중이라는 키워드로 기업 전략의 중요한 축을 형성하는 데 영향을 준다.
③ 대부분의 현상이 중요한 소수에 의해 결정된다는 법칙이다.
④ 총 매출의 80%는 20%의 고가 구매 고객으로부터 나온다는 법칙이다.
⑤ 소비자행동론에 기초한 이론인 '파레토 최적'의 개념이다.

**19** 롱테일 법칙에 대해서 바르게 설명한 것은?

① 사소한 상품 80%가 차지하는 판매량이 상위 20%의 매출을 압도한다는 의미이다.
② '파레토 법칙'이라고도 불린다.
③ 인기상품이나 주력상품에 집중하는 법칙이다.
④ 사소한 다수의 상품이나 핵심 소수의 상품이나 창출가치는 동일하다는 법칙이다.
⑤ 사소한 상품 20%가 차지하는 판매량이 80%의 매출을 압도한다는 의미이다.

20 과거에 비해 서비스가 다양하고 좋아졌지만 오히려 고객의 불만의 소리가 높아졌다는 아이러니한 현상을 일컫는 용어는?

① 서비스 회복 패러독스　　② 서비스 회복
③ 이중일탈효과　　④ 서비스 패러독스
⑤ 만족거울

21 서비스 포인트에 대한 설명 중 잘못된 것은?

① 고객은 돈을 제품에 지불하는 것이 아닌 만족에 투자를 한다.
② 종업원의 만족 없이 고객만족은 이루기 불가능하다.
③ 고객은 판매대상이 아닌 만족시켜야 할 대상이다.
④ 눈에 보이는 서비스가 기업의 운명을 좌우한다.
⑤ 친절은 따뜻하고 편안한 미소로부터 나온다.

22 서비스 실패 처리에서 고객이 기대하는 공정성 유형 중 아래의 설명에 해당하는 것은?

> 서비스 실패와 관련된 문제들을 적용할 수 있는 기준으로 회사의 정책, 적시성, 규칙 등이 해당한다.

① 상호작용　　② 표준
③ 전환　　④ 분배
⑤ 절차

23 와이너가 제시한 구전 추천을 통한 소비 후 행동에 영향을 주는 3가지 차원 중 〈보기〉에 해당하는 것은?

보기
> 상황이 단발적으로 일어나는 것인가 혹은 반복적으로 일어나는 것인가와 관련이 있다.

① 책임성　　② 통제성
③ 안정성　　④ 전문성
⑤ 반복성

**24** 애프터서비스 품질차원의 영향요인에 해당하지 않는 것은?

① 전문성과 기술적 품질　　　　　　② 고객의 태도와 행동
③ 서비스 가격　　　　　　　　　　④ 편의성
⑤ 기업 이미지

**25** 브래디(Brady)와 크로닌(Cronin)이 제시한 애프터서비스의 품질차원 중 '결과 품질'에 해당되는 내용을 아래에서 찾아 모두 선택한 것은?

| ㉠ 정책 | ㉡ 편의성 | ㉢ 전문성 |
| ㉣ 태도 및 행동 | ㉤ 기술 | ㉥ 처리시간 |

① ㉠, ㉢, ㉤　　　　　　　　　　② ㉡, ㉢
③ ㉠, ㉡　　　　　　　　　　　　④ ㉢, ㉤
⑤ ㉡, ㉤, ㉥

**26** 아커(Aaker)와 샨비(Shanby)가 제시한 포지셔닝 전략 수행 절차 6단계 중 다음 〈보기〉의 (　　)안에 들어갈 내용으로 가장 올바른 것은?

보기

- 1단계 : (　가　) 확인
- 2단계 : (　나　) 인식 및 평가 분석
- 3단계 : 경쟁 기업과 제품 시장에서의 (　다　) 결정
- 4단계 : (　라　) 분석 수행
- 5단계 : (　마　) 의사 결정
- 6단계 : (　바　) 실시

① (가) : 소비자　　　　　　　　　② (나) : 소비자
③ (다) : SWOT　　　　　　　　　④ (라) : 소비자
⑤ (마) : SWOT

**Chapter 03  서비스 차별화 사례연구**

정답 및 해설 : 284

**01** 고객인지가치와 관련하여 세스와 뉴먼, 그로스가 제시한 5가지 가치 중 〈보기〉에 해당하는 것은?

> 보기
>
> 제품을 소비하는 사회계층집단과 관련된 가치

① 기능적 가치　　　　　　② 사회적 가치
③ 정서적 가치　　　　　　④ 상황적 가치
⑤ 인식된 가치

**02** 페스팅어(Festinger)가 '사람들이 자신의 태도와 행동이 일치하지 않을 때 인간은 불편한 긴장을 경험한다'고 주장한 이론의 명칭은 무엇인가?

① 인격불협화 이론　　　　② 타인불협화 이론
③ 기대불협화 이론　　　　④ 인지불협화 이론
⑤ 신념불협화 이론

**03** 인지부조화에 대한 설명으로 잘못된 것은?

① 다른 조건이 같고 의사결정의 중요도가 낮을수록 부조화의 크기는 커진다.
② 외부의 압력이 아닌 소비자 스스로 자유롭게 의사결정을 한 경우에 발생한다.
③ 사람들의 생각과 드러난 결과 사이의 혼돈으로 인해 발생하는 상황이다.
④ 대안끼리 서로가 동일한 요소들을 많이 포함하고 있을 때 부조화가 커진다.
⑤ 인지부조화는 구매의사결정 상황에서의 관여도나 의사결정의 어려움과 같은 여러 상황적 특성에 따라 크기가 달라진다.

**04** 다음의 괄호 안에 들어갈 적합한 용어는?

> 리츠칼튼 호텔은 방문한 고객에게 획일적인 서비스를 제공하는 것이 아니라 개별적 서비스를 제공한다. 호텔이 제공하는 차별화된 개별적 서비스를 가능하게 관리하는 것은 바로 (        )이라고 불리는 고객정보관리시스템이다.

① 서비스 시스템        ② 토탈 시스템
③ 운영관리 시스템      ④ 고객인지 프로그램
⑤ 고객관계 프로그램

**05** 고객의 정보를 수집하고, 집적을 통해 고객정보시스템을 구축하여 각각의 고객의 요구에 맞는 서비스를 제공하여 고객 충성도를 높이고 기업을 효율적으로 경영할 수 있도록 이끌어주는 고객정보시스템을 일컫는 용어는?

① 데이터베이스마케팅 시스템    ② 고객관계관리
③ 고객인지 프로그램         ④ 고객운영 프로그램
⑤ 고객마케팅 프로그램

**06** 다음 중 리츠칼튼 호텔의 고객인지 프로그램에 대한 설명이 아닌 것은?

① 고객 데이터베이스를 통해 맞춤형 서비스를 제공한다.
② 고객의 재방문에 따른 고객 행동을 예측하여 서비스를 제공한다.
③ 신규고객을 창출시키는 것이 주요 목적이다.
④ 충성고객을 확보하고자 하는 것이 목적이다.
⑤ 고객의 개인정보 보호에 각별한 주의가 필요하다.

**07** 〈보기〉에서 차별화된 개별 맞춤형 서비스를 제공하는 리츠칼튼 호텔의 운영사례를 모두 선택한 것은?

> 보기
> ㉠ 고객인지 프로그램　　㉡ 고객 코디네이터　　㉢ 픽업서비스
> ㉣ 종업원지주제도　　㉤ 고객 취향수첩

① ㉠, ㉢, ㉤
② ㉡, ㉢
③ ㉠, ㉡
④ ㉠, ㉡, ㉤
⑤ ㉡, ㉣, ㉤

**08** 리츠칼튼 호텔의 황금표준에 대한 설명이 바르지 않은 것은?

① 호텔의 모토, 서비스 3단계, 12가지 서비스 가치 등을 제시한 것이다.
② '우리는 신사 숙녀를 모시는 신사 숙녀이다'는 리츠칼튼의 모토이다.
③ 직원은 리츠칼튼의 경험을 혁신하고 개선할 기회를 지속적으로 모색한다.
④ 직원은 고객에게 문제가 발생했을 때 권한이 있는 상사에게 문제에 대해 보고함으로써 책임을 지도록 한다.
⑤ 직원은 팀워크와 탁월한 서비스를 지원하는 업무 환경을 조성해 고객과 동료들의 욕구를 충족시킨다.

**09** 제임스 헤스켓(James J. Heskett)이 제창한 서비스 수익 체인을 형성하는 네 가지 요소에 해당하지 않는 것은?

① 표적시장
② 서비스 전달 시스템
③ 서비스 가치
④ 운영 전략
⑤ 부가서비스

**10** 서비스 수익 체인에 대한 설명으로 잘못된 것은?

① 고객가치는 서비스를 획득하는 데 투입된 총비용과 서비스 결과를 비교하여 측정된다.
② 고객 충성도가 기업의 수익성과 성장을 창출시킨다.
③ 기업의 제품과 서비스를 이용하는 고객을 만족시킬 경우 고객의 재방문 비율이 상승한다.
④ 종업원의 만족은 내적서비스 품질과 연결되어 있다.
⑤ 수익성은 시장 차별화에 의해 좌우된다.

11 서비스 수익 체인에서 종업원의 만족을 가져오는 요소는 무엇인가?

① 서비스의 개념
② 고객의 충성도
③ 직원의 직무 몰입도
④ 내부 서비스 품질
⑤ 기업의 생산성

12 만족거울 이론에 대한 설명으로 잘못된 것은?

① 벤자민 쉬나이더(Benjamin Schneider)와 데이빗 오웬(David Bowen)의 논문에서 사용되었다.
② 병원, 보험회사 및 은행 등에서 조사를 통해 고객과 종업원 만족 수준 사이에 밀접한 관계가 있다는 보고서를 발표하였다.
③ 직원의 서비스가 형편없으면, 고객의 만족도도 같이 하락하여 이익도 감소한다.
④ 직원들이 서비스마인드를 갖고 일에 대한 만족감을 느끼게 되면, 고객만족으로 이어져 기업의 이익이 증가하게 된다.
⑤ 고객의 소리에 주목하여 고객이 원하는 제품이나 서비스를 제공해야 한다는 이론이다.

13 고객관점에서 본 서비스 시스템 중 기능 위주의 서비스 전달 시스템에 해당하는 설명으로 바른 것은?

① 고객이 원하는 요구가 다양하다는 특성에 맞게 서비스 전달 시스템을 설계한다.
② 서비스 종사원의 업무를 전문화하여 고객이 직접 서비스 종사원을 찾아가는 형태로 서비스 과정을 설계한다.
③ 일관성 있는 표준화된 서비스를 제공하기에 어려운 단점이 있다.
④ 일반적으로 사업규모가 크고 기간이 길며, 1회성의 비반복적인 사업에 많이 쓰이는 전달 시스템이다.
⑤ 계획과 관리가 중요하며 PERT/CPM, 간트차트 등과 같은 관리기법을 이용한다.

**14** 필립 코틀러가 제시한 5가지 제품 품질 차원을 모두 선택한 것은?

> ㉠ 대량 제품         ㉡ 기본 제품         ㉢ 기대 제품
> ㉣ 확장 제품         ㉤ 역량 제품

① ㉠, ㉡, ㉢                  ② ㉠, ㉢, ㉣
③ ㉡, ㉢, ㉣                  ④ ㉡, ㉢
⑤ ㉢, ㉣, ㉤

**15** 레빗(Theodore Levitt)이 제시한 세 가지 제품 차원 중 다음은 무엇에 대한 설명인가?

> 소비자가 실물적 차원에서 제품을 인식할 수 있도록 형상화한 것으로 제품의 포장, 디자인, 스타일, 상표 등이 가미된 제품

① 핵심 제품                    ② 실체 제품
③ 확장 제품                    ④ 기대 제품
⑤ 대량 제품

**16** 소비자의 쇼핑습관에 따른 소비재 분류 중 소비자가 제품의 질, 디자인, 포장 등과 같은 제품 특성을 비교한 후 구매하는 제품은?

① 편의품                       ② 전문품
③ 선매품                       ④ 내구재
⑤ 비탐색품

**17** 생산과정에 투입하기 위한 구매의사결정이 이루어지는 제품으로 장기적인 관계거래를 형성하는 제품을 일컫는 용어는?

① 편의품                       ② 전문품
③ 선매품                       ④ 산업재
⑤ 내구재

**18** 제품 품질의 차별화 요소 중 '구매를 자극하게 만드는 제품의 외견이나 특질'을 나타내는 요소는 무엇인가?

① 일관성        ② 스타일
③ 내구성        ④ 디자인
⑤ 특성

**19** 다음 중 〈보기〉에 해당하는 차별화 수단은?

> 보기
>
> • 서서히 구축되며 오래 지속되는 특성
> • 제품의 기능적 차별화 요소를 발견하기 어렵거나 실현의 어려움이 있을 때 효과적

① 감성적 요소 차별화        ② 상징적 요소 차별화
③ 기능요소 차별화        ④ 제품출시의 타이밍
⑤ 기업 내부기능 간의 연계

**20** 의료기관의 특징에 대한 내용으로 잘못 설명한 것은?

① 독점이 형성되어 있어 경쟁이 제한적이다.
② 공공재적 성격을 갖는다.
③ 어떤 종류의 질병이 발생할지 예측이 불가능하다.
④ 치료의 결과가 불확실하다.
⑤ 정보의 대칭성이 있다.

**01** 다음 중 서비스 품질의 특성으로 옳지 않은 것은?

① 고객이 여러 서비스의 우수성을 비교한 후 고·저로 평가하는 것이다.

② 서비스 품질은 실질적으로 이용하는 품질과 같다.

③ 서비스 품질은 추상적인 개념이다.

④ 서비스 품질의 평가는 고객이 여러 서비스들 간의 우수성을 비교하는 개념으로 이루어진다.

⑤ 태도와 유사한 개념으로 서비스의 전반적인 평가이다.

**02** 다음 중 서비스 품질 측정이 어려운 이유에 대한 설명으로 틀린 것은?

① 자원이 서비스 전달과정 중에 고객과 함께 이동하기 때문에 고객이 자원의 변화를 관찰할 수 있어 서비스 품질 측정의 객관성이 저해된다.

② 서비스 품질은 전달 이전에 검증이 어렵다.

③ 고객으로부터 데이터를 수집할 때 비교적 회수율이 높기 때문에 고객의 니즈를 정확히 파악할 수 있다.

④ 고객은 프로세스의 일부이며 변화를 일으킬 수 있기 때문에 측정의 어려움이 있다.

⑤ 서비스 품질의 측정은 주관적 개념으로 일반적·객관적으로 측정하기 어렵다.

**03** 그뢴루스의 6가지 품질 구성요소에 해당되지 않는 것은?

① 전문성과 기술　　　　　　② 태도와 행동

③ 물리적 환경　　　　　　　④ 신뢰성과 믿음

⑤ 서비스 회복

**04** SERVQUAL의 5가지 품질 차원 중 〈보기〉의 설명에 해당하는 것은?

> 보기
>
> 고객에게 제공하는 개별적인 주의와 관심으로 고객이 겪는 어려움에 대해 공감하는 것이다.

① 공감성 ② 응답성
③ 유형성 ④ 확신성
⑤ 신뢰성

**05** SERVQUAL의 5가지 품질의 구성 차원 중 '확신성'에 대한 내용으로 옳은 것은?

① 고객의 문제에 대한 관심을 보이고 즉각적으로 해결하려 한다.
② 약속한 서비스를 시간 내에 정확하게 수행할 수 있는 능력이다.
③ 물리적인 시설 및 장비 등을 정의한 것이다.
④ 종업원의 지식 및 공손함, 신뢰성, 능력을 의미한다.
⑤ 종업원의 외모, 커뮤니케이션 자료의 제공, 시설 내의 다른 고객 등을 의미한다.

**06** '가빈'이 제시한 품질의 8가지 범주에 대한 개념의 설명으로 적절하지 않은 것은?

① 성과 - 제품이 가지고 있는 운영적인 특징
② 적합성 - 고객들의 세분화된 요구를 충족시킬 수 있는 능력
③ 특징 - 특정 제품이 가지고 있는 경쟁적 차별성
④ 심미성 - 사용자 감각에 흥미를 일으킬 수 있는 외관의 미적 기능
⑤ 지속성 - 기업 혹은 브랜드의 명성

**07** '가빈'이 제시한 품질 차원 중 다음 〈보기〉의 설명에 해당하는 것은?

> 보기
>
> 품질을 고유한 탁월성과 동일한 개념으로 보며, 경험을 통해서만 알 수 있다. 제품에 비해 다분히 분석하기 어려운 성질의 개념으로 본다.

① 선험적 접근 ② 제품 중심적 접근
③ 제조 중심적 접근 ④ 가치 중심적 접근
⑤ 사용자 중심적 접근

**08** '카노'의 품질 모형 중 다음 〈보기〉에 해당하는 내용으로 옳은 것은?

> 보기
>
> 스마트폰에서 카메라, 동영상 촬영기능과 같은 기본적인 품질 요소

① 일원적 품질 요소　　　　　　② 역 품질 요소
③ 당연적 품질 요소　　　　　　④ 무관심 품질 요소
⑤ 매력적 품질 요소

**09** '쥬란'의 서비스 품질 구분에 대한 품질 차원에 해당되지 않는 것은?

① 서비스 시간성과 신속성
② 서비스 제공능력
③ 사용자의 눈에 보이지 않는 내부적 품질
④ 사용자의 눈에 보이는 소프트웨어적 품질
⑤ 심리적 품질

**10** '쥬란'이 제시한 서비스 품질 중 설비나 시설 등의 기능을 발휘할 수 있도록 보수가 잘 되고 있는지를 나타내는 품질 요소는 무엇인가?

① 심리적 품질
② 사용자의 눈에 보이지 않는 내부적 품질
③ 사용자의 눈에 보이는 하드웨어적 품질
④ 사용자의 눈에 보이는 소프트웨어적 품질
⑤ 서비스 시간성과 신속성

**11** 다음 〈보기〉 중 KS - SQI 조사 모델의 과정 측면에 해당되는 내용을 모두 선택한 것은?

> 보기
>
> 가. 약속이행　　　　　나. 신뢰감　　　　　다. 고객응대
> 라. 본원적 욕구 충족　　마. 접근 용이성　　　바. 물리적 환경

① 가, 나, 다　　　　　　② 가, 다, 라
③ 나, 라, 마, 바　　　　④ 나, 다, 마, 바
⑤ 다, 라, 마, 바

**12** 'e – service' 품질의 핵심 차원에 해당되지 않는 것은?

① 효율성            ② 실행성
③ 기능성            ④ 신뢰성
⑤ 보안성

**13** 'e – service' 품질의 핵심 차원 중 고객이 원하는 정보에 빠르게 접근하며 거래를 신속하게 완료할 수 있는지의 여부를 나타내는 요소는?

① 효율성            ② 실행성
③ 신뢰성            ④ 이행성
⑤ 보안성

**14** 다음 중 서비스 품질 문제가 발생하는 원인과 거리가 먼 것은?

① 생산과 소비의 비분리성 및 노동집약성
② 커뮤니케이션의 차이
③ 기업의 단기적 시각
④ 고객이 직원에 대한 부적절한 행동 및 과한 반응
⑤ 고객을 단순 수치로 보는 견해

**15** 다음 중 서비스 품질 개선 방안과 가장 거리가 먼 것은?

① 서비스의 유형적 요소 관리
② 고객 기대관리
③ 자동화 실천
④ 서비스 품질 결정 요소 파악
⑤ 고객 자료를 관리

**16** 다음 중 내부 마케팅의 의의에 해당되지 않는 것은?

① 기업과 직원 간에 이루어지는 마케팅이다.
② 직원이 고객 지향적 태도를 지니게 하기 위한 경영철학이다.
③ 고객에게 최상의 서비스 제공을 위해 직원의 재량권을 최소화한다.
④ 서비스 품질관리를 위해 내부 직원을 교육, 훈련하고 동기를 부여하는 활동이다.
⑤ 내부 마케팅은 외부 마케팅보다 우선적으로 수행되어야 한다.

**17** 다음 중 내부 마케팅에서 선행되어야 할 영향요인에 해당되지 않는 것은?

① 공정한 평가 및 보상 시스템
② 독립적인 커뮤니케이션의 활성화
③ 동기유발을 위한 권한위임 제도
④ 교육과 훈련
⑤ 내부 커뮤니케이션 촉진을 위한 방안

**18** 다음 중 내부 커뮤니케이션의 주요기능에 대한 설명으로 가장 옳지 않은 것은?

① 조직 구성원들의 동기 유발을 강화시킨다.
② 의사결정을 하는 데 주요한 정보기능을 담당한다.
③ 조직 구성원들의 감정을 표현하고 사회적 욕구를 충족시키는 수단이다.
④ 조직 구성원들이 따라야 할 공식 지침을 통해 행동을 통제한다.
⑤ 조직 구성원들의 자율성을 부여한다.

**19** 다음 중 서비스 직원의 역할 모호성 발생원인으로 옳지 않은 것은?

① 서비스 표준대로 커뮤니케이션 되지 않을 경우
② 너무 많은 서비스 표준이 존재하지만 우선순위가 없을 경우
③ 상향적 의사소통이 수행될 경우
④ 기준이 되는 서비스 표준이 없는 경우
⑤ 서비스 표준이 성과측정, 평가, 보상 시스템과 연결되지 않을 경우

**20** 다음 중 서비스 직원의 역할 모호성 감소 방안으로 옳은 것은?

① 서비스 표준이 성과 측정, 평가, 보상시스템과 연결되어 있지 않을 경우
② 서비스 표준이 없는 경우
③ 직무 역할과 관련한 정보를 알지 못할 때
④ 하향식 의사소통으로 명확한 역할을 전달
⑤ 성과에 대한 기대를 모를 경우

**21** SERVQUAL모형을 서비스 산업에 적용할 때 제기되었던 문제점이 아닌 것은?

① 차원성 문제
② 기대의 측정문제
③ 기대의 해석과 조작화
④ 차이점수 등식의 신뢰성 및 타당성의 문제
⑤ 관련 집단의 성숙도 및 경험의 정도

# PART 02 고객만족(CS) 활용 기출유형

## Chapter 01

**고객만족(CS) 평가조사** 정답 및 해설 : 288

**01** 고객만족지수(CSI) 측정의 필요성에 대한 설명으로 옳지 않은 것은?

① 고객유지율의 형태로서 투자수익률(ROI)을 예측할 수 있다.
② 경쟁사의 CS 강·약점을 분석할 수 있다.
③ 자사 및 경쟁사의 고객충성도를 분석할 수 있다.
④ 고객 기대가 충족되지 않은 영역 평가가 가능하다.
⑤ 경쟁사의 품질성을 확인할 수 있다.

**02** 고객만족 측정 원칙 중 〈보기〉에 대한 내용으로 옳은 것은?

> 보기
>
> 고객의 니즈는 항상 변하기 때문에 고객만족 조사를 정기적으로 실시하여 만족도를 과거·
> 현재·미래와 비교할 수 있어야 한다.

① 정확성의 원칙      ② 목적성의 원칙
③ 상황성의 원칙      ④ 정량성의 원칙
⑤ 계속성의 원칙

**03** 'ACSI' 고객만족 측정 모형에 대한 설명으로 옳지 않은 것은?

① 고객만족도를 국가 간의 비교 가능한 경제 지표로 활용할 수 있다.
② 아시아 전 지역의 고객만족을 측정할 수 있는 모형이다.
③ 서비스 구매경험 고객의 만족도뿐만 아니라 차후 고객의 충성도를 확인할 수 있다.
④ 스웨덴 고객만족지표를 기초로 미시간대학의 국가품질연구소에서 개발되었다.
⑤ 소비자의 지각된 품질, 고객의 기대와 고객만족, 고객 충성도 증가의 인과 관계를 고려한 모형이다.

**04** 국가고객만족도(NCSI) 설문 구성 내용에 해당되지 않는 것은?

① 고객 기대수준      ② 고객충성도

③ 직원만족지수      ④ 인지가치수준

⑤ 고객불만

**05** 국가고객만족도(NCSI) 설문 구성 내용 중 '가격 대비 품질 수준, 품질 대비 가격 수준'에 해당하는 것은?

① 고객 기대수준      ② 고객충성도

③ 인지제품 품질수준      ④ 인지가치수준

⑤ 고객만족지수

**06** 국가고객만족도(NCSI) 설문 구성 내용 중 〈보기〉에 해당되는 것은?

> 보기
>
> 구입 후 평가로서 전반적 품질수준, 개인적 니즈 충족 정도, 신뢰도에 대한 측정변수이다.

① 고객 기대수준      ② 고객충성도

③ 인지제품 품질수준      ④ 인지가치수준

⑤ 고객만족지수

**07** 다음 중 순 고객 추천지수(NPS)에 대한 설명으로 바르지 않은 것은?

① 고객충성도 측정방법이다.

② 기업성과에서 고객 만족보다 중요한 것은 직원의 만족도이다.

③ 충성도 높은 고객을 얼마나 확보하고 있는지를 측정한다.

④ 친구나 동료에게 추천의향을 묻는 문항을 11점 척도로 측정한다.

⑤ NPS = P(추천고객) − D(비추천고객)

**08** 순 고객 추천지수(NPS)의 내용으로 옳지 않은 것은?

① 친구나 동료에게 해당 제품, 서비스를 추천할 의향이 있는지 질문한다.

② 추천 고객에서 비추천 고객의 비율을 제외하고 지수화한 수치이다.

③ 베인&컴퍼니(Bain and Company)의 프레드릭 라이할에 의해 개발되었다.

④ 고객의 선행변수로 지각된 전반적인 품질, 기대, 지각된 가치가 있다.

⑤ 다른 모델에 비해 쉽고 간단하며 기업의 미래 성장을 예상해 볼 수 있다.

**09** 다음 중 마케팅 자료 수집방법 중 1차 자료 수집을 위한 〈보기〉의 수집방법에 해당하는 것은?

> 보기
>
> 다수의 응답자들 대상으로 설문조사를 하여 자료를 수집하는 방법으로 기술조사를 위해 가장 많이 사용된다.

① 서베이법                          ② 관찰법

③ 패널조사                          ④ 표적집단면접

⑤ 전문가 의견조사

**10** 다음 중 정성조사 기법을 적용해야 하는 경우가 아닌 것은?

① 소비자에 대한 가설검증을 세울 수 없을 때 활용한다.

② 양적 조사의 사전 단계에 사용한다.

③ 소비자의 언어를 발견 및 확인하고자 할 때 활용한다.

④ 소비자를 깊이 이해하려는 시도이다.

⑤ 사전지식이 부족할 때 활용한다.

**11** 다음 중 정성조사의 장점에 해당되지 않는 것은?

① 유연성                            ② 신속성

③ 현장성                            ④ 객관성

⑤ 저비용

**12** 〈보기〉에 해당하는 자료수집 방법은?

> 보기
>
> 문장완성법, 단어연상법 등 다양한 심리적인 동기 유발 기법을 통해 응답자 내면에 있는 동기, 생각, 감정 등을 조사하는 방법을 의미한다.

① 서베이법      ② CLT
③ 설문지법      ④ HUT
⑤ 투사법

**13** 다음 중 정량조사의 장점에 해당되지 않는 것은?

① 유연성      ② 자료의 객관성
③ 자료의 대표성      ④ 다목적성
⑤ 신뢰도 측정

**14** CS 평가 조사 유형 중 탐험조사에 해당되지 않는 것은?

① 심층면접법      ② 서베이법
③ 문헌조사      ④ 표적집단면접
⑤ 전문가 의견조사

**15** 설문지 개발 시 고려해야 할 개별 질문의 내용으로 올바르지 않은 것은?

① 그 질문이 반드시 필요한가?      ② 응답자가 질문에 응답할 것인가?
③ 하나의 질문으로 충분한가?      ④ 민감한 질문을 해야 하는가?
⑤ 응답자가 응답할 수 있는 질문인가?

**16** 설문지 개발 시 질문의 표현에 대한 유의사항으로 올바르지 않은 것은?

① 가급적 쉽게 질문한다.      ② 애매모호한 질문을 피한다.
③ 대안을 묵시적으로 표현한다.      ④ 유도하는 질문을 삼간다.
⑤ 한 번에 두 개 이상의 질문을 하지 않는다.

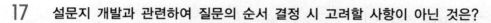

**17** 설문지 개발과 관련하여 질문의 순서 결정 시 고려할 사항이 아닌 것은?

① 중요한 질문은 앞쪽에 위치시킨다.
② 단순하고 흥미로운 질문부터 시작한다.
③ 구체적인 질문을 먼저 한 후 포괄적인 질문을 한다.
④ 논리적이고 자연스러운 흐름에 따라 질문을 위치시킨다.
⑤ 어렵거나 민감한 질문은 뒤에 위치시킨다.

**18** 고객충성도 분류 중 브라운이 제시한 내용으로 옳지 않은 것은?

① 무 충성도　　　　　　　　② 완전한 충성도
③ 분열된 충성도　　　　　　④ 변화하기 쉬운 충성도
⑤ 감정적 충성도

**19** 다음 중 라파엘과 레이피의 고객 충성도 유형 중 제품 및 서비스를 빈번하게 구매하는 계층에 해당하는 것은?

① 예비 고객　　　　　　　　② 고객
③ 단골 고객　　　　　　　　④ 단순 고객
⑤ 충성 고객

**20** '올리버'가 제시한 충성도 4단계 중 〈보기〉에 해당하는 것은?

보기

브랜드에 대한 선호나 태도가 만족스러운 경험이 누적됨에 따라 증가하지만 경쟁사로 이탈하기 쉬운 단계이다.

① 감정적 충성　　　　　　　② 행동적 충성
③ 인지적 충성　　　　　　　④ 의욕적 충성
⑤ 완전한 충성

01 **다음 중 GAP 모형에 대한 설명이 올바르지 않은 것은?**

① 고객의 기대 수준과 실제 제공받은 서비스에 대한 지각된 수준의 차이를 바탕으로 서비스 품질을 측정하는 방법이다.
② GAP1 : 경영자가 고객의 기대를 정확히 인식하지 못해 발생한다.
③ GAP2 : 경영자가 기대하는 서비스 수준을 직원들이 실행하지 못할 때 발생한다.
④ GAP4 : 서비스 전달과 외부 커뮤니케이션의 차이에서 발생한다.
⑤ GAP5 : 고객의 기대된 서비스와 인식된 서비스가 일치하지 않을 때 발생한다.

02 **서비스 품질관리 방법 중 GAP1의 발생원인에 대한 내용으로 올바른 것은?**

① 고객 중심적 서비스 업무 표준화 결여
② 경영자가 고객의 기대를 정확히 파악 실패
③ 업무에 적합하지 않은 직원 배치
④ 통합 서비스 커뮤니케이션의 부족
⑤ 부적합한 물리적 증거

03 **서비스 품질관리 방법 중 GAP2의 발생원인에 대한 내용으로 올바른 것은?**

① 고객 기대를 반영하지 못한 서비스 설계
② 마케팅조사의 중요성에 대한 이해 부족
③ 과잉 약속
④ 서비스에 적합하지 못한 직원 배치
⑤ 통합 서비스 커뮤니케이션의 부족

04 **서비스 품질 관리 방법 중 GAP3의 발생원인에 대한 해결방안으로 올바른 것은?**

① 역할 갈등 및 역할 모호성 감소　② 서비스 업무 표준화
③ 수평적 커뮤니케이션 증대　④ 고객의 기대 조사
⑤ 체계적인 서비스 설계

**05** 서비스 기대 모델 중 고객이 불만 없이 받아들일 만한 서비스 수준, 최소한 허용 가능한 기대수준을 뜻하는 서비스 유형은?

① 일반적 서비스　　　　　　　　　② 이상적 서비스
③ 적정 서비스　　　　　　　　　　④ 희망 서비스
⑤ 허용 영역

**06** 서비스 기대 모델 중 소비자가 기원하는 서비스 수준, 바람직한 서비스 수준을 뜻하는 서비스 유형은?

① 일반적 서비스　　　　　　　　　② 이상적 서비스
③ 적정 서비스　　　　　　　　　　④ 희망 서비스
⑤ 허용 영역

**07** 고객 기대에 대한 영향 요인 중 외적 요인에 해당하는 것은?

① 구전　　　　　　　　　　　　　② 관여수준
③ 과거 경험　　　　　　　　　　　④ 가격
⑤ 개인 욕구

**08** 고객 기대에 대한 영향 요인 중 내적 요인에 해당하는 것은?

① 구전　　　　　　　　　　　　　② 관여도
③ 경쟁대안　　　　　　　　　　　④ 사회적 상황
⑤ 구매 동기

**09** 고객 기대에 대한 영향 요인 중 상황적 요인에 해당하는 것은?

① 개인 욕구　　　　　　　　　　　② 구전
③ 가격　　　　　　　　　　　　　④ 고객의 기분
⑤ 과거 경험

**10** 고객 기대에 대한 영향 요인 중 기업 요인에 해당되지 않는 것은?

① 가격
② 유통
③ 경쟁대안
④ 유형적 단서
⑤ 대기시간

**11** 다음 중 〈보기〉의 설명에 해당되는 것은?

> 보기
>
> 문화전반을 아우르는 광범위하고 보편적인 트렌드이며 자연의 기본법칙이나 영원성을 지닌 진화의 법칙, 사회적으로 일어나는 현상을 의미한다.

① 메타 트렌드
② 메가 트렌드
③ 사회적 트렌드
④ 소비자 트렌드
⑤ 거시적 트렌드

**12** 다음 중 〈보기〉의 설명에 해당되는 것은?

> 보기
>
> 모방심리나 유행과는 달리 어떤 욕구나 심리적 동기가 내재되어 있는 것으로 5~10년 동안 지속되어 소비세계의 변화를 이끌어 내는 것이다.

① 메타 트렌드
② 메가 트렌드
③ 사회적 트렌드
④ 소비자 트렌드
⑤ 거시적 트렌드

**13** 다음 중 메가 트렌드의 내용으로 옳지 않은 것은?

① 자연의 기본법칙이나 영원성을 지닌 트렌드이다.
② 최소한 30~50년간 지속된다.
③ 글로벌한 성격을 지니고 있다.
④ 삶의 모든 영역에서 징후를 찾아볼 수 있다.
⑤ 사회의 거대한 조류를 형성하게 되는 현상이다.

**14** 다음 중 마케팅 플래닝의 장점에 해당되지 않는 것은?

① 직원의 행동지침이 된다.　　　　② 직원의 업무집중도를 높인다.
③ 조직 구성원의 행동을 자유롭게 한다.　④ 조직의 유연성을 향상시킨다.
⑤ 구성원 통제의 근원이 된다.

**15** 다음 중 마케팅 플래닝의 고려사항에 해당되지 않는 것은?

① 측정 가능해야 한다.　　　　　② 구체적으로 진행되어야 한다.
③ 기간이 명시되어야 한다.　　　④ 달성 가능한 것이어야 한다.
⑤ 직원 통제가 용이하여야 한다.

**16** 고객만족 플래닝 절차 6단계 중 〈보기〉의 설명에 해당되는 단계는?

> 보기
>
> 고객 분석 후 선정된 고객의 욕구를 만족시킬 수 있는 마케팅 믹스 전략과 판매 수단을 결정한다.

① 기업 목표의 기술　　　　　② 기업 환경 분석
③ 마케팅 목표 설정　　　　　④ 목표달성을 위한 전략 수립
⑤ 전략수행을 위한 프로그램 작성

**17** 다음 중 고객만족 플래닝의 절차의 순서로 옳은 것은?

| ㉠ 기업환경 분석 | ㉡ 마케팅 목표 설정 |
| --- | --- |
| ㉢ 기업목표 기술 | ㉣ 목표달성을 위한 전략 수립 |
| ㉤ 실행 및 재검토 | ㉥ 전략수행을 위한 프로그램 작성 |

① ㉠ → ㉡ → ㉢ → ㉣ → ㉤ → ㉥
② ㉢ → ㉠ → ㉡ → ㉣ → ㉥ → ㉤
③ ㉢ → ㉡ → ㉠ → ㉣ → ㉥ → ㉤
④ ㉡ → ㉢ → ㉠ → ㉣ → ㉥ → ㉤
⑤ ㉠ → ㉢ → ㉡ → ㉣ → ㉥ → ㉤

**18** 고객만족 플래닝 계획수립 유형 중 다음 〈보기〉에 대한 내용으로 옳은 것은?

> 보기
>
> 계획을 실천하기 위한 구체적인 활동, 계획 수행을 위해 필요한 활동과 자원에 비중을 둔다.

① 단기계획                    ② 중기계획
③ 장기계획                    ④ 운영계획
⑤ 전략적 계획

**19** 벤치마킹의 유형 중 〈보기〉에 해당하는 것으로 옳은 것은?

> 보기
>
> • 서로 다른 위치의 사업장이나 부서, 사업부 사이에서 일어나는 활동이다.
> • 정보수집에 용이하지만, 근시안적인 조사와 분석의 한계가 있다.

① 기능 벤치마킹                ② 경쟁력 벤치마킹
③ 포괄 벤치마킹                ④ 전략적 벤치마킹
⑤ 내부 벤치마킹

**20** 다음 중 벤치마킹의 특징에 해당되지 않은 것은?

① 외부적 관점                  ② 목표 지향적
③ 정보 집약적                  ④ 평가기준에 기초
⑤ 주관적 행동

**21** 계획수립 기법 중 시나리오 계획법에 대한 설명으로 가장 올바르지 않은 것은?

① 미래에 전개될 여러 시나리오를 예측하고 각 시나리오에 대응되는 계획을 수립하는 기업이다.
② 시나리오 계획법이란 명칭 이외에 영어 이름 그대로 시나리오 플래닝이라고도 불린다.
③ 1950년대 미국이 적국의 공격 전략에 대응하기 위한 군사전략용으로 최초 개발되었다.
④ 1970년대부터 기업의 경영 기법에 적용되기 시작하였다.
⑤ 일반적으로 시급한 단기 사업전략을 수립할 경우 많이 사용되는 방법이다.

## Chapter 03 고객만족(CS) 혁신 전략

정답 및 해설 : 292

**01** 고객의 욕구와 심리를 응용한 효과 중 〈보기〉에 해당하는 것은?

> 보기
>
> 값이 오를수록 수요가 오히려 증가하는 현상으로 주로 부유층이나 상류층 소비자들에 의해 이루어지는 소비 형태이다.

① 스놉 효과
② 밴드왜건 효과
③ 베블런 효과
④ 유인 효과
⑤ 프레이밍 효과

**02** 고객의 욕구와 심리를 응용한 효과 중 〈보기〉에 해당하는 것은?

> 보기
>
> • 상품의 인기가 높을수록 판매가 증가하는 경향으로 스놉 효과와 반대된다.
> • 유명한 여성 연예인이 방송에서 착용한 머리핀, 핸드백, 휴대폰 등이 유행하는 현상이다.

① 타협 효과
② 밴드왜건 효과
③ 베블런 효과
④ 유인 효과
⑤ 프레이밍 효과

**03** 고객의 욕구와 심리를 응용한 효과 중 〈보기〉에 해당하는 것은?

> 보기
>
> 소비자는 기업에서 상품을 어떻게 표현하느냐에 따라 의사결정이 달라진다. 따라서 적절한 표현방식은 구매행동으로 옮기게 할 수 있다.

① 스놉 효과
② 밴드왜건 효과
③ 베블런 효과
④ 유인 효과
⑤ 프레이밍 효과

**04** 소비자의 관여수준에 따른 유형 중 고관여에 대한 내용으로 옳지 않은 것은?

① 상품이 소비자의 자아 이미지, 라이프스타일에 영향을 미치지 않는다.
② 강한 브랜드 충성도와 선호도를 형성한다.
③ 명품, 주택과 같이 구매결정을 잘못 내렸을 경우 지각되는 위험이 높다.
④ 값이 비싸고 구매결정 과정이 복잡하여 구매 결정이 소비자에게 중요한 의미를 가진다.
⑤ 구매과정에 많은 시간과 노력을 투입하며 최선의 선택을 위해 깊게 관찰한다.

**05** 소비자의 관여수준에 따른 유형 중 저관여에 대한 내용으로 옳지 않은 것은?

① 개인적 관심도가 적기 때문에 주어지는 대로 정보를 수용한다.
② 강한 브랜드 충성도와 선호도를 형성한다.
③ 친숙한 상표를 근거로 확인하며 소수의 속성만을 검토한다.
④ 상품이 소비자의 자아 이미지, 라이프 스타일에 영향을 미치지 않는다.
⑤ 구매 결정을 잘못 내렸다 할지라도 결과에 대한 불안감이 거의 없다.

**06** 고객 분석 기법 중 〈보기〉에 해당하는 것은?

> 보기
>
> 고객의 라이프스타일을 측정하는 방법으로 활동, 관심, 의견을 의미한다.

① RFM 분석                    ② CLV 분석
③ AIO 분석                    ④ CE 분석
⑤ CRV 분석

**07** 고객 분석 기법 중 〈보기〉에 해당하는 것은?

> 보기
>
> 최근성, 구매빈도, 구매금액의 세 가지 요소를 기초로 하여 고객의 등급을 분석하는 방법이다.

① RFM 분석                    ② CLV 분석
③ AIO 분석                    ④ CE 분석
⑤ CRV 분석

**08** 고객 분석 기법 중 〈보기〉에 해당하는 것은?

> 보기
>
> 고객 한 명이 평생 동안 산출할 수 있는 기대수익으로 경쟁사로 이탈 없이 기업과 장기적인 관계를 유지하여 증가하는 가치를 계산한 것이다.

① RFM 분석　　　　　　② CLV 분석
③ AIO 분석　　　　　　④ CE 분석
⑤ CRV 분석

**09** 다음 중 고객경험관리에 대한 설명으로 옳지 않은 것은?

① 고객 경험이란 구매 전, 후 모든 접점에서 발생하는 상호작용에 대한 고객의 인식 및 지각이다.
② 특징은 구매 및 사용 전후 모든 접점에서 긍정적 경험 전달에 초점한 능동적인 과정을 지향한다는 것이다.
③ 잠재고객을 대상으로 한다.
④ 목적은 만족한 고객의 추천을 통한 신규 고객 획득 및 기존 고객의 재구매에 있다.
⑤ 기존 고객만족경영(CSM)의 잠재 고객 창출, 재구매의 어려움의 한계점에 대한 대안으로 제시되었다.

**10** 다음 중 고객경험관리(CEM)의 특징에 대한 설명으로 옳지 않은 것은?

① 고객과 상호작용의 순간인 접점에서부터 시작된다.
② 고객과 상호작용이 생긴 후에 시작된다.
③ 고객 중심적 프로세스이다.
④ 고객이 기업에 대해 생각하고 느끼는 것을 파악한다.
⑤ 고객경험 향상을 위해 시스템, 기술 및 단순화된 프로세스를 활용한다.

**11** 슈미트의 5가지 경험요인 중 〈보기〉에 해당하는 내용으로 올바른 것은?

보기

고객의 육체적인 경험과 라이프스타일, 상호작용에 영향을 주는 것을 목표로 행동을 유발시킨다.

① 인지적 경험
② 감성적 경험
③ 행동적 경험
④ 감각적 경험
⑤ 관계적 경험

**12** 슈미트의 5가지 경험요인 중 〈보기〉에 해당하는 내용으로 올바른 것은?

보기

고객들이 창조적인 사고, 문제 해결의 경험을 하도록 유도함으로써 기업과 브랜드에 대해 긍정적 인식을 하게 한다. 이러한 창조적인 사고를 통해 놀라움, 호기심, 흥미를 느끼게 한다.

① 인지적 경험
② 감성적 경험
③ 행동적 경험
④ 감각적 경험
⑤ 관계적 경험

**13** 슈미트의 5가지 경험요인 중 〈보기〉에 해당하는 내용으로 올바른 것은?

보기

개인의 감각, 감성, 인지, 행동을 넘어 브랜드와 개인, 개인과 타인, 또는 사회적 연결 요소를 통한 관계 형성을 의미한다.

① 인지적 경험
② 감성적 경험
③ 행동적 경험
④ 감각적 경험
⑤ 관계적 경험

**14** 슈미트의 고객경험관리 5단계를 순서대로 바르게 나열한 것은?

① 경험과정 분석 → 고객 상호접촉 구축 → 경험적 기반 확립 → 상표경험 디자인 → 지속적 혁신

② 경험과정 분석 → 경험적 기반 확립 → 상표경험 디자인 → 고객 상호접촉 구축 → 지속적 혁신

③ 경험과정 분석 → 고객 상호접촉 구축 → 상표경험 디자인 → 경험적 기반 확립 → 지속적 혁신

④ 경험과정 분석 → 경험적 기반 확립 → 고객 상호접촉 구축 → 상표경험 디자인 → 지속적 혁신

⑤ 경험과정 분석 → 경험적 기반 확립 → 지속적 혁신 → 상표경험 디자인 → 고객 상호접촉 구축

**15** 다음 중 고객경험관리의 효과에 해당되지 않는 것은?

① 영업비용의 절감　　　　　　② 고객유지비용 절감
③ 판매수익 증대　　　　　　　④ 가격 프리미엄 축소
⑤ 고객 1인당 매출 증대

**16** 다음 중 고객가치의 특성에 해당되지 않는 것은?

① 동적성　　　　　　　　　　② 상황성
③ 다차원　　　　　　　　　　④ 일관성
⑤ 주관성

**17** 파라수라만과 그루얼이 제시한 고객가치의 구성에 해당되지 않는 것은?

① 거래가치　　　　　　　　　② 사용가치
③ 감성적 가치　　　　　　　　④ 상환가치
⑤ 획득가치

**18** 고객가치 측정의 구성요소 중 〈보기〉의 설명에 해당하는 것은?

보기

고객과 기업의 첫 거래시점부터 현재까지 기여한 총 가치이다.

① 공헌마진　　　　　　　　　　　② 고객추천 가치
③ 고객 구매력　　　　　　　　　　④ 고객 점유율
⑤ 할인율

**19** 다음 중 고객 가치 개선전략으로 옳지 않은 것은?

① 경쟁사보다 개선된 창조적 가치를 추구한다.
② 고객 선순환 사이클을 통해 외부 고객의 가치를 우선적으로 개선한다.
③ 미충족된 고객의 니즈를 찾아 실질적인 가치로 제공한다.
④ 고객 중심으로 문제를 해결한다.
⑤ 기업 관점에서 고객 관점으로의 가치 인식이 이동해야 한다.

**20** 서비스 수요조절 전략에 해당되지 않는 것은?

① 상품의 단순화　　　　　　　　　② 가격 차별화
③ 제공 시간의 조정　　　　　　　　④ 제공 장소의 조정
⑤ 커뮤니케이션 증대

**21** 서비스 수요와 공급을 일치시키기 위한 수요측면 조정 기법 중 성수기 수요 감소 전략으로 옳지 않은 것은?

① 고객과의 지속적 의사소통을 통한 수요 조정
② 영업시간과 장소 조정
③ 성수기 가격전략으로 수요 조정
④ 예약을 통한 수요 평활화
⑤ 서비스 상품의 다변화

**22** 서비스 수요와 공급을 일치시키기 위한 공급측면 조정 기법 중 성수기 공급 증대 전략으로 옳지 않은 것은?

① 아웃소싱 활용
② 노동시간의 증가
③ 시설 및 장비의 보수
④ 직원 교차 훈련
⑤ 파트타임 종업원 활용

**23** 서비스 상품의 분류 중 '선매 서비스 상품'에 대한 설명으로 가장 옳은 것은?

① 최상의 서비스를 얻기 위해 적극 참여하는 등 관여 정도가 매우 높다.
② 편의적으로 선택하기 때문에 단골 고객이 되기 어렵다.
③ 상품 선택에 대한 위험도가 낮다.
④ 대체할 만한 서비스가 존재하지 않기 때문에 브랜드 충성도가 높다.
⑤ 타 업체와 품질, 가격 등을 비교하는 등 관여 정도가 높다.

**24** 다음 중 서비스 상표(brand)의 요건에 대해 옳지 않은 것은?

① 독특하고 간결하게, 단순성을 갖고 만들어야 한다.
② 구체적이며 기업의 특성이 잘 드러나는 표현을 사용해야 한다.
③ 브랜드는 서비스의 속성이나 효익을 갖기보다는 트렌드에 맞추어야 한다.
④ 서비스의 성격과 혜택이 잘 드러나도록 지어야 한다.
⑤ 경쟁사의 것과 명백히 구분되어야 한다.

**25** 서비스 가격 책정에 있어서 심리적 가격전략에 대한 설명 중 〈보기〉에 해당하는 것은?

> 보기
>
> 소비자의 반응을 유도하기 위한 목적으로 정책적으로 특정 품목의 가격을 매우 저렴하게 책정하는 것이다.

① 단수가격
② 유인가격
③ 품위가격
④ 가치가격
⑤ 가격 단계화

제2과목 고객만족(CS) 전략론

**26** 다음 중 슈미트가 제시한 고객에게 경험을 제공하는 수단으로 보기 어려운 것은?

① 플래그십 마케팅　　　　　　　② 시각적, 언어적 아이덴티티

③ 커뮤니케이션　　　　　　　　④ 공동 브랜딩

⑤ 공간적 환경

제 **03** 과목

# 고객관리 실무론

CS리더스
관리사

# PART 01

# 고객만족(CS) 실무 기출유형

Chapter 01 비즈니스 매너와 에티켓         정답 및 해설 : 294

**01** 다음 중 매너 및 에티켓에 대한 설명이 잘못된 것은?

① 매너는 법적 구속력은 없으나 원활한 사회생활을 위해 구성원들이 지켜야 할 사회적 약속이다.

② 에티켓은 생활에서 지켜야 할 규범이며 합리적이고 바람직한 행동기준이다.

③ 에티켓은 객관적 생활양식으로 '있다', '없다'로 표현한다.

④ 매너는 영어의 hand(손)이라는 뜻이 있다.

⑤ 매너는 에티켓을 외적으로 표현한 주관적 생활양식이다.

**02** 다음 중 설명이 잘못된 것은?

① 매너는 타인을 배려하고 존중하는 구체적 행동방식의 외적표현이다.

② 매너는 주관적 표현양식으로 '좋다', '나쁘다'로 표현한다.

③ 네트워크상에서 지켜야 할 기본적인 예절을 네티켓이라 한다.

④ 수신한 비즈니스 메일은 12시간 이내에 답신한다.

⑤ 유머나 경고성 메시지는 발송 전 수신자에게 수신의 의지를 확인 후 발송한다.

**03** 다음 중 네티켓에 대한 설명이 잘못된 것은?

① 네티켓은 네트워크(Network)와 에티켓(Etiquette)의 합성어이다.

② e - mail네티켓 중 수신한 비즈니스 메일은 24시간 이내에 답신한다.

③ 게시판네티켓 중 타인이 올린 내용에 대하여 지나친 반박은 삼간다.

④ 게시판네티켓 중 동일한 내용을 반복적으로 올리지 않는 것도 포함된다.

⑤ e - mail네티켓 중 전달 내용이 길더라도 별도의 문서파일보다는 메시지 창에 자세하게 작성한다.

**04** 다음 중 예의범절의 개념에 대한 설명이 잘못된 것은?

① 예의범절이란 일상생활에서 갖추어야 할 모든 예의와 절차로, 축약하여 예절이라 한다.

② 사서삼경에 근간을 두고 발전한 동양적인 개념으로 상호 간의 편의를 도모한다.

③ 개인이 집안에서 지켜야 할 기본적인 규범에서 유래하였다.

④ 타인을 배려하고 인격을 존중하여 타인을 함부로 하지 않는 마음가짐이나 태도이다.

⑤ 장소와 시기에 맞게 행동하며 자신과 상대방이 속해 있는 조직과 문화에 맞는 격식을 우선시한다.

**05** 다음 중 절에 대한 설명으로 옳지 않은 것은?

① 자기가 절을 해도 답배를 하지 않아도 되는 높은 어른에게 하는 절은 큰절이다.

② 남자가 평절을 할 때는 팔꿈치를 바닥에 붙이며 이마를 손등에 댄 후 잠시 머문다.

③ 큰절일 경우 남자는 오른발이 왼발 위가 되도록 발등을 포갠다.

④ 평절은 자기가 절을 하면 답배 또는 평절로 맞절을 해야 하는 웃어른이나 같은 또래끼리 사이에 하는 절이다.

⑤ 반절은 웃어른이 아랫사람의 절에 대해 답배할 때 하는 절이다.

**06** 다음 중 절의 횟수에 대한 설명으로 옳은 것은?

① 기본횟수는 남자는 양이기 때문에 최소 양수인 두 번을 한다.

② 기본횟수는 여자는 음이기 때문에 최소 음수인 한 번을 한다.

③ 의식행사에서는 기본횟수의 배를 한다.

④ 죽은 사람에게는 기본횟수만 한다.

⑤ 제사 시에는 기본횟수의 배를 한다.

**07** 다음 중 공수에 대한 설명으로 맞지 않는 것은?

① 평상시 기본상황에서는 남자는 오른손이, 여자는 왼손이 위로 가도록 한다.

② 공수는 어른을 모실 때, 의식행사에 참석할 때, 절을 할 때 반드시 취하는 공손한 자세이다.

③ 공수는 배례(절)의 기본동작으로서 모든 행동의 시작이라 할 수 있다.

④ 초상, 영결식에서는 손의 위치를 반대로 한다.

⑤ 제사는 흉사가 아니므로 손의 위치를 평상시와 동일하게 한다.

**08** 다음 중 공수 취하는 방법에 대한 설명으로 옳지 않은 것은?

① 공수는 두 손을 펴고 앞으로 모아서 잡는다.

② 엄지손가락은 포개고 나머지 4손가락은 모두 엇갈려 깍지를 낀다.

③ 평상복을 입었을 경우 엄지가 배꼽에 닿도록 한다.

④ 소매가 긴 한복 또는 예복을 입었을 경우 팔뚝을 수평이 되도록 한다.

⑤ 제사는 흉사가 아니므로 손의 위치를 평상시와 동일하게 한다.

**09** 다음 중 바른 자세에 대한 설명으로 잘못된 것은?

① 앉을 때 스커트를 착용한 여성은 스커트의 뒷자락을 한 손으로 쓸어내리듯이 하며 스커트 하단부분을 잡고 앉는다.

② 자리에 앉을 때는 등은 곧게 펴고 의자 등받이에 닿지 않도록 등받이와 등 사이는 주먹 하나 정도의 간격을 둔다.

③ 바르게 선 자세의 발의 뒤꿈치는 붙이고 내각은 남성은 15도, 여성은 30도를 유지한다.

④ 앉을 때 남성은 발을 11자형으로 어깨넓이 만큼 벌리고 여성은 한쪽 다리를 당겨 다리와 발을 붙여 한쪽 옆으로 비스듬히 놓는다.

⑤ 앉을 때 남성은 주먹을 가볍게 말아 쥐어 무릎 위에 나란히 올려 놓으며 팔은 자연스럽게 굽힌다.

**10** 다음 중 방향안내 자세에 대한 설명으로 옳지 않은 것은?

① 고객 응대 시 미소를 지으며 밝은 표정을 유지하고 상냥한 말씨로 응대한다.

② 방향을 가리킬 때는 우측은 오른손을, 좌측은 왼손을 사용한다.

③ 사람을 가리키는 경우에는 양손으로 안내한다.

④ 사물 또는 장소를 가리키는 경우에는 해당 방향의 한 손으로 안내하며 이때 반대 손은 아랫배에 둔다.

⑤ 시선은 상대방의 눈에 고정한 채 안내한다.

**11** 다음 중 인사매너에 대한 설명으로 옳지 않은 것은?

① 인사는 인간관계의 시작과 끝이라 할 수 있는 가장 기본이 되는 예절이다.
② 인사는 자신의 인격과 교양을 나타낼 수 있는 하나의 수단이 된다.
③ 시간(T), 장소(P), 상황(O)을 고려하여 인사한다.
④ 인사는 윗사람이 먼저 보았다 할지라도 아랫사람이 인사를 할 때까지 기다려준다.
⑤ 상대의 눈을 보고 밝은 미소로 인사한다.

**12** 다음 중 시기에 따른 인사예절에 대한 설명으로 옳지 않은 것은?

① 인사 대상과 방향이 마주칠 때는 6보 이내에서 인사를 한다.
② 인사 대상이 앞에 있을 경우에는 인사 대상의 앞으로 이동하여 기본자세를 취하고 인사한다.
③ 복도에서 상사와 사외인사를 함께 만났을 경우 멈추어 서서 인사한다.
④ 인사 대상과 방향이 다를 경우 20보에서 인사하며 식별 가능 시 먼 거리에서도 한다.
⑤ 인사 대상이 계단 아래에서 있을 경우 신속하게 아래로 이동하여 인사 대상의 앞에서 기본자세를 취하고 인사한다.

**13** 다음 중 인사의 기본자세 대한 설명으로 옳지 않은 것은?

① 상대방의 눈을 보면 부담을 줄 수 있으므로 상대방의 입 또는 턱을 바라본다.
② 턱은 위로 올리지 않고 자연스럽게 안으로 당긴다.
③ 밝은 표정을 유지하고 부드러운 미소를 짓는다.
④ 손은 남자는 차렷 자세, 여자는 공수자세를 취한다.
⑤ 발뒤꿈치는 붙이고 내각은 20 ~ 30도를 유지한다.

**14** 다음 중 인사방법에 대한 설명으로 옳지 않은 것은?

① 상대방의 눈을 본 후 밝고 부드러운 미소를 지으며 인사말을 건넨다.
② 목과 등, 허리선을 일직선으로 유지한 상태에서 상체를 굽힌다.
③ 시선은 상대방의 발끝 또는 인사 종류별 자신의 발끝에서 이격된 위치에 둔다.
④ 허리는 인사 종류별 허리 각도에 맞추어 숙인 채로 잠시 멈춘다.
⑤ 상체를 올릴 때는 굽힐 때보다 조금 더 빨리 들어올린다.

**15** 다음 중 목례를 하는 경우가 아닌 것은?

① 길, 실내, 복도에서 한번 만난 사람을 자주 만날 때
② 출근하여 상사에게 인사할 때
③ 계단이나 엘리베이터 등 좁은 장소
④ 식당이나 화장실 등 불편한 장소
⑤ 직장 내 동료나 친한 사람을 만날 때

**16** 다음 중 보통례를 하는 경우가 아닌 것은?

① 처음 만나는 고객과의 첫 대면을 할 때
② 기존부터 알고 있었던 고객 첫 응대 시
③ 보통 윗사람이나 손님을 만나거나 헤어질 때
④ 창구 또는 장애물이 앞에 있을 경우
⑤ 상사에게 보고 또는 지시를 받기 위해 사무실에 들어갈 때

**17** 다음 중 정중례를 하는 경우가 아닌 것은?

① 처음 만나는 고객과의 첫 대면을 할 때
② 기존부터 알고 있었던 고객 첫 응대 시
③ 면접 또는 공식석상에서 처음 인사할 때
④ VIP 또는 회사의 CEO를 맞이 또는 배웅할 때
⑤ 결혼식장에서 하객에게 감사의 인사를 할 때

**18** 다음 중 인사의 종류에 대한 설명이 잘못된 것은?

① 목례는 눈인사라고도 하며 상체를 굽히지 않고 머리만 15도로 숙이면서 부드럽게 표정을 짓는다.
② 보통례는 일상생활에서 가장 많이 하는 인사이다.
③ 보통례는 상체를 45도로 숙여서 가장 공손하게 하는 인사이다.
④ 보통례로 인사할 경우 윗사람의 진로에 방해가 되지 않도록 2~5m 거리를 둔다.
⑤ 정중례는 정중한 사과 또는 감사, 맞이, 배웅할 때 하는 인사이다.

**19** 다음 중 소개 순서가 잘못된 것은?

① 연소자를 연장자에게
② 지위가 낮은 사람을 지위가 높은 사람에게
③ 남성을 여성에게
④ 고객을 회사 사람에게
⑤ 한 사람을 여러 사람에게

**20** 다음 중 소개 시 매너에 대한 설명이 잘못된 것은?

① 소개받는 사람과 소개되는 사람 모두 일어선다. 단 노령자와 환자는 예외이다.
② 직위와 성별이 혼합되어 있을 때는 각자 소개한다.
③ 남성을 기혼여성에게 소개하는 것이 원칙이나 성직자, 왕족, 대통령은 예외이다.
④ 연장자가 악수 대신 간단히 인사를 하면 연소자도 그에 따른다.
⑤ 남성이 앉아 있는 상태에서 소개를 받을 경우 반드시 일어나지 않아도 된다.

**21** 다음 중 소개 시 유의하여야 할 사항으로 옳지 않은 것은?

① 소개를 할 때 그 사람의 특기나 특징을 담아 소개한다.
② 소개하는 사람의 인상을 좋게 하기 위해 다소 과장된 소개는 실례가 된다.
③ 앉아 있을 때 누군가를 소개받는 경우 반드시 일어서서 소개를 받는다.
④ 상대방의 이름을 잘 듣고 기억하며 잊었을 경우 당사자에게 묻는다.
⑤ 정식으로 소개받을 때까지는 조용히 기다리는 것이 예의이다.

**22** 다음 중 명함교환 시 매너에 대한 설명이 잘못된 것은?

① 명함을 부득이하게 동시에 교환할 때는 왼손으로 주고 오른손으로 받은 후 왼손 바닥으로 받쳐 들고 읽어본 후 인사하며 명함을 명함지갑에 넣는다.
② 명함은 명함지갑에 충분히 여유 있게 준비하여 보관한다.
③ 명함은 일어서서 목례를 하며 양 손으로 받은 후 정중히 명함을 읽어 본다.
④ 이름을 상대방이 읽기 쉽도록 방향을 180도 돌려서 잡고 목례를 하며 상대방의 허리선과 가슴선 사이로 준다.
⑤ 만남이 끝난 후 상대방이 보지 않는 곳에서 명함에 만난 일자, 특이사항 등을 기록하여 기억하도록 한다.

**23** 다음 중 악수 시 매너에 대한 설명이 잘못된 것은?

① 악수는 반드시 오른손으로 하며 미소를 짓고 상대방의 눈을 바라보고 한다.

② 오른손이 부상을 당하여 왼손으로 해야 하는 경우 양해를 구하여 악수를 사양하고 인사로 대신한다.

③ 상사와 악수를 할 경우 고개, 허리를 숙여 악수를 한다.

④ 악수를 할 때 장갑은 벗고 하되 여성의 드레스 코드에 맞춘 장갑은 벗지 않아도 된다.

⑤ 남성이 상사라면 여성 부하 직원에게 악수를 먼저 청해도 된다.

**24** 다음 중 악수의 5대원칙이 아닌 것은?

① 미소                   ② 눈맞춤

③ 가까운 거리        ④ 적당한 힘

⑤ 리듬

**25** 다음 중 자동차 탑승 시 매너에 대한 설명이 잘못된 것은?

① 운전사가 있는 경우 운전석의 대각선이 최상석이다.

② 운전사가 있고 4명이 탑승 시 말석은 가장 불편한 자리인 뒷자리 중앙이다.

③ 차주가 운전하는 경우 2인 이상 탑승 시 운전석 옆자리가 최상석이다.

④ 차주가 운전하는 경우 차주의 배우자와 같이 탑승 시 배우자를 운전사 옆자리에 앉도록 한다.

⑤ 운전사가 있는 경우 운전석 옆자리가 말석이다.

**26** 다음 중 복도에서 접객 안내 시 매너에 대한 설명이 잘못된 것은?

① 복도에서 안내 시 고객을 기준으로 좌측 1보 전방 2~3보 위치에서 안내한다.

② 연장자나 상급자와 나란히 걸을 때는 연장자나 상급자가 우측에 선다.

③ 보행 간 몸을 우측으로 약간 비켜선 자세로 고객을 뒤돌아보며 고객과 떨어지지 않도록 한다.

④ 상급자를 수행할 때는 상급자의 좌측 약간 앞에서 수행한다.

⑤ 모퉁이를 돌 때 가는 방향을 손을 이용하여 방향을 안내하되 손가락을 붙인다.

**27**  다음 중 계단에서 접객 안내 시 매너에 대한 설명이 잘못된 것은?

① 남성직원이 남성고객을 안내하여 올라갈 때는 고객의 좌측 뒤에서 안내한다.
② 계단을 이용 시 일단 멈추어 주의를 환기시킨 후 우측을 이용하여 안내한다.
③ 계단을 오를 경우 고객을 배려하여 속도를 조절한다.
④ 여성직원이 여성 및 남성 고객을 안내 시 고객보다 좌측 아래에서 안내한다.
⑤ 남성직원이 여성고객을 안내하여 올라갈 때는 고객의 좌측 뒤에서 안내한다.

**28**  다음 중 접객 안내 시 매너에 대한 설명이 잘못된 것은?

① 미닫이문에서 안내 시 들어갈 때 안내자가 문을 열고 먼저 통과한 후 옆에 서 있도록 하고 고객이 통과한 후 미닫이문을 닫고 이동한다.
② 의전에 있어서 우측이 상석이며 북쪽이 상석이다.
③ 엘리베이터를 탈 때 승무원이 없는 경우 안내를 위하여 고객, 상급자, 여성보다 먼저 타고 내릴 때에는 먼저 내리도록 한다.
④ 출입구에서 거리가 먼 곳이 상석이다.
⑤ 일반적으로 상사와 가까운 자리가 상석이며 특히 상사의 우측이 상석이다.

**29**  다음 중 비즈니스 상담 시 매너에 대한 설명이 잘못된 것은?

① 상담목적을 명확히 제시하여 상담의 목적과 취지에 맞도록 진행한다.
② 약속한 정시보다 5분 정도 늦게 여유 있는 시간을 두고 상담이 시작되도록 한다.
③ 본론으로 들어가기 전 Small Talk를 통해 라포를 형성한다.
④ 상대방의 말에 적극 경청하며 긍정적인 모습으로 상담에 임한다.
⑤ 용건은 간결하고 명확하게 전하고 상담 결론은 문서로 작성하여 나눠 갖는다.

**30**  다음 중 레스토랑 이용 시 매너에 대한 설명이 잘못된 것은?

① 레스토랑 입구에 도착하면 이름과 예약내용을 확인 후 빈자리 중 마음에 드는 자리를 찾아 앉는다.
② 예약시간을 준수하고 늦을 경우 미리 연락하며 예약시간을 넘기지 않는다.
③ 주문결정은 여성과 초대 손님이 먼저 하며 남성이 여성 동반 시 여성의 메뉴를 도와주고 남성이 직원에게 대신 주문한다.
④ 테이블에서의 상석은 연령 또는 직위를 기준으로 하며 연령보다는 직위가 우선이며 같은 직위에서는 여성이 우선이다.
⑤ 음식이 담긴 식기에 입을 대고 먹지 않으며 식사 중 머리에 손을 대지 않는다.

## Chapter 02 이미지 메이킹

정답 및 해설 : 296

**01 다음 중 이미지에 대한 설명이 잘못된 것은?**

① 프랑스어의 imago에서 유래하였다.
② 사전적 의미로는 형태나 느낌, 모양, 연상, 관념 등을 의미한다.
③ 사람의 경우 특정한 감정을 가지게 하는 외적인 모습, 심상, 상징, 표상이라고 정의된다.
④ 일반적으로 이미지는 개인이 어떠한 대상에 대해 갖게 되는 시각적 표상이나 떠오르는 단어, 감정, 느낌의 총체이며 신념, 선입견 또는 개념이다.
⑤ 정신분석학에서는 '특정 대상의 외적형태에 대한 인조적인 모방이나 재현'으로 정의한다.

**02 다음 중 이미지는 조작되고 단편적인 측면을 강조한다는 가관념을 주장하며 이미지는 가치체계와 관계된 가짜이상이라고 한 학자는 누구인가?**

① 다니엘 부어스틴　　　　　　② 그뤼루스
③ 로젠버그　　　　　　　　　④ 라인
⑤ 카이저

**03 다음 중 이미지 속성에 대한 설명이 잘못된 것은?**

① 개인의 지각적 요소와 감정적 요소의 결합으로 나타나는 주관적인 것이다.
② 주관적 평가이기에 명확히 개념을 정의내려 연구하기 어렵다.
③ 개인이 어떤 대상에 대해 갖는 일련의 신념, 아이디어 및 인상의 특별한 한 부분이다.
④ 무형의 것으로 대상에 대해 직접적인 경험 없이도 형성되어 구체적이기보다 추상적이다.
⑤ 이미지는 학습이나 정보에 의해 변용되고 경험, 커뮤니케이션 행위에 의해 형성, 수정, 변화되어 가며 일시적이기보다 연속적이다.

**04** 다음 중 이미지 분류에 대한 설명이 잘못된 것은?

① 인간 내면의 본질적인 정서로서 심리적, 정신적, 정서적인 특성들이 고유하고 독특하게 형성되어 있는 인성적 부분 또는 상태를 내적 이미지라고 한다.

② 라인은 내적 이미지를 자신에 대해 가지고 있는 개인의 생각과 느낌의 총합이라고 하였다.

③ 용모, 복장, 표정, 자세, 태도, 스피치 등 밖으로 보이는 외형적 요소는 외적 이미지이다.

④ 카이저는 외적 이미지는 외모를 전체적으로 보이는 모습이며 시각적 요소뿐 아니라 비언어적인 제스처, 표정, 자세도 중요하다고 하였다.

⑤ 사회적 이미지는 특정한 사회 속에서 형성되는 이미지로 그 사회의 문화를 반영한다.

**05** 다음 중 〈보기〉 내용은 라인이 무엇에 대하여 제시한 것인가?

보기

자아개념은 자신의 특성, 능력, 결점 및 외모에 대한 지각이며 지각의 객체로서 자아는 특별한 인간의 행동방향 결정 단위이다.

① 지적 이미지          ② 사회적 이미지

③ 자아 이미지          ④ 내적 이미지

⑤ 외적 이미지

**06** 다음 중 이미지 형성과정에 대한 설명으로 맞지 않는 것은?

① 이미지 형성과정은 지각과정, 사고과정, 감정과정으로 나누어진다.

② 어떤 대상에 대한 인식은 주관적이며 선택적으로 기억하게 된다. 따라서 동일한 대상일지라도 다른 이미지를 부여하게 된다.

③ 감정과정은 지각과 사고 이전의 감정에 의해 반응하는 과정이다.

④ 사고과정은 인간이 환경에 대해 인식하고 의미를 부여하는 과정이다.

⑤ 감정과정은 이미지 형성의 확장을 가져온다.

**07** 다음 중 이미지 형성과정에 대하여 바르게 설명한 것은?

① 이미지는 감정보다 이성과 합리성으로 인해 형성된다.

② 이미지는 객관적 평가로서 직접적 경험에 의해서만 평가가 이루어진다.

③ 카이저는 자아개념을 자신의 특성, 능력, 결점 및 외모에 대한 지각이며 지각의 객체로서 자아는 특별한 인간의 행동방향 결정 단위라고 하였다.

④ 이미지는 시각적 형상 또는 모습의 가시적인 요소에 의해서만 형성된다.

⑤ 내현성격이론이란 도식의 일종으로 성격 특성들 간의 관계에 대해 개인이 가지고 있는 이론이다.

**08** 다음 중 이미지 형성과정에 대한 설명이 바르게 연결된 것은?

① 지각과정 : 지각대상에 대한 정보를 획득, 해석하는 것을 말한다.

② 사고과정 : 인간이 환경에 대해 인식하고 의미를 부여하는 과정이다.

③ 내현성격이론 : 일반인이 타인의 성격을 판단하는 데 사용하는 나름대로의 틀이다.

④ 감정과정 : 같은 범주의 사람들은 비슷한 특성을 공유하고 있는 것으로 판단한다.

⑤ 고정관념 : 지각과 사고 이전의 감정에 의해 반응하는 과정이다.

**09** 다음 중 이미지 메이킹의 개념과 거리가 먼 것은?

① 자신의 내적요소와 외적요소의 통합으로 개인이 추구하는 상황에 맞게 신뢰감 있는 최상의 이미지를 만드는 것이다.

② 개인이 추구하는 목표를 이루기 위해 자신의 이미지를 통합적으로 관리하는 행위이다.

③ 자신의 매력을 전달하기 위한 자기향상의 노력을 통칭하며 부분적인 면에서의 자기변화 과정이다.

④ 이미지 메이킹은 열등감을 극복하여 자신감을 회복함으로써 자존감이 향상되고 이를 통해 원만한 대인관계 능력을 향상시킬 수 있다.

⑤ 이미지 메이킹은 주관적 자아와 객관적 자아의 인식 차이를 제거하고 축소하여 객관적 자아상을 확보하는 것이다.

**10** 다음 중 이미지 메이킹의 개념에 대한 설명으로 맞지 않는 것은?

① 자신이 가진 이미지를 개선 및 향상시킴으로써 신뢰감 있는 최상의 이미지를 만드는 것이다.

② 개인이 추구하는 목표를 이루기 위해 자신의 이미지를 통합적으로 관리하는 행위이다.

③ 자신의 매력을 전달하기 위한 자기향상의 노력을 통칭하며 총체적 자기변화과정이다.

④ 이미지 메이킹은 주관적 자아와 객관적 자아의 인식 차이를 제거하고 축소하여 주관적 자아상을 확보하는 것이다.

⑤ 이미지 메이킹은 열등감을 극복하여 자신감을 회복함으로써 원만한 대인관계 능력을 향상시킬 수 있다.

**11** 다음 중 첫인상에 대한 설명으로 옳지 않은 것은?

① 첫인상은 처음 대면하는 3초의 짧은 시간에 바로 나타나는 지각의 효과이다.

② 인사를 나누는 짧은 순간 자신도 모르게 호감과 비호감이 이미 결정된다.

③ 사람의 첫인상은 머릿속에 짧은 시간 동안 기억된다.

④ 안 좋은 첫인상의 회복을 위해 7~40시간을 투자하고 노력해야 한다.

⑤ 첫인상은 타인에게 자신을 보여 주는 첫 단계이다.

**12** 다음 중 첫인상의 특징에 포함되지 않는 것은?

① 신속성                    ② 일회성
③ 일방성                    ④ 연관성
⑤ 총합성

**13** 다음 중 첫인상 형성에 영향을 미치는 효과가 잘못 연결된 것은?

① 초두효과 : 처음 제시된 정보가 나중에 제시된 정보보다 인상 형성에 더욱 강력한 영향을 미치는 현상을 말한다.

② 후광효과 : 어떤 사람이 가지고 있는 한 가지 장점이나 매력으로 인해 다른 특성들도 좋게 평가되는 현상을 말한다.

③ 맥락효과 : 처음에 인지된 정보가 이후의 접수된 정보들의 맥이 되어 인상을 형성하는 현상을 말한다.

④ 방사효과 : 매력 있는 사람과 함께 있을 때 사회적 지위나 가치를 더 높게 평가하는 현상을 말한다.

⑤ 인지적 구두쇠 : 한번 판단되고 형성된 인상은 상황이 달라지더라도 그 판단을 지속하려는 욕구를 가지고 있다.

**14** 다음 중 〈보기〉에 대한 설명에 해당되는 것은?

> 보기
>
> 어떤 사람이 가지고 있는 한 가지 장점이나 매력으로 인해 다른 특성들도 좋게 평가되는 현상을 말한다.

① 최신효과　　　　　　　　② 후광효과
③ 맥락효과　　　　　　　　④ 초두효과
⑤ 빈발효과

**15** 다음 중 〈보기〉에 대한 설명에 해당되는 것은?

> 보기
>
> 한번 판단되고 형성된 인상은 상황이 달라지더라도 그 판단을 지속하려는 욕구를 가지고 있다.

① 최신효과　　　　　　　　② 부정성효과
③ 맥락효과　　　　　　　　④ 일관성 오류
⑤ 빈발효과

**16** 다음 중 〈보기〉에 대한 설명에 해당되는 것은?

> 보기
>
> 인상 형성 과정에서 상대를 판단할 때 가능하면 노력을 최소화하면서 결론에 도달한다.

① 최신효과
② 맥락효과
③ 빈발효과
④ 악마효과
⑤ 인지적 구두쇠

**17** 다음 중 〈보기〉에 대한 설명에 해당되는 것은?

> 보기
>
> 매력있는 사람과 함께 있을 때 사회적 지위나 가치를 더 높게 평가하는 현상을 말한다.

① 방사효과
② 일관성 오류
③ 후광효과
④ 맥락효과
⑤ 빈발효과

**18** 다음 중 표정 연출에 대한 설명이 잘못된 것은?

① 표정을 통하여 첫인상이 결정되고 본인의 이미지를 형성하게 된다.
② 에크먼은 일반적으로 사람들은 4가지 관리기술을 통하여 표정을 통제한다고 하였다.
③ 얼굴 표정만으로는 상대방의 정신적인 건강상태와 마음을 읽을 수 없다.
④ 표정은 내면의 의미 표출로서 감정을 나타내어 의사소통에 있어 중요한 요소이다.
⑤ 밝은 표정은 상대방의 부정적인 감정을 긍정적으로 바꿀 수 있다.

**19** 다음 중 밝은 표정의 효과가 아닌 것은?

① 건강증진
② 호감형성
③ 감정조절
④ 마인드컨트롤
⑤ 실적향상

**20** 다음 중 표정연출에 대한 설명이 잘못된 것은?

① 시선은 자연스럽고 부드러운 시선으로 상대방을 바라본다.

② 가급적 상대와 눈높이를 맞추고 시선과 몸을 일직선이 되도록 한다.

③ 눈을 똑바로 바라보지 않으면 자신이 없어 보인다.

④ 눈을 치켜뜨거나 위아래로 훑어보지 않는다.

⑤ 상대방의 눈만 빤히 보는 것은 상대방에게 부담을 줄 수 있으므로 상대방의 인중을 바라본다.

**21** 다음 중 메라비언 법칙에 관한 내용으로 잘못된 것은?

① 시각적 요소는 이미지 형성에 가장 중요한 요소로서 표정, 복장 등 시각적 정보가 해당된다.

② 말의 내용은 7%에 불과하다.

③ 언어적 요소에는 전달하는 말의 내용, 전문지식 등이 해당된다.

④ 청각적 요소에는 말투, 음색, 억양, 음의 고저 등이 해당된다.

⑤ 청각적 요소는 55%에 해당된다.

**22** 다음은 메라비언의 법칙(Law of Mehrabian)에 관한 내용이다. ( ) 안에 들어갈 내용이 맞게 연결된 것은?

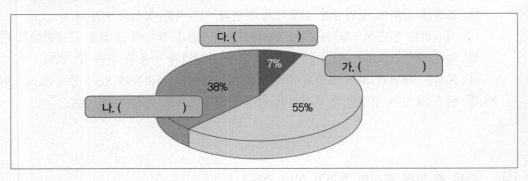

| | 가 | 나 | 다 |
|---|---|---|---|
| ① | 시각적 요소 | 언어적 요소 | 청각적 요소 |
| ② | 언어적 요소 | 청각적 요소 | 시각적 요소 |
| ③ | 언어적 요소 | 시각적 요소 | 청각적 요소 |
| ④ | 시각적 요소 | 청각적 요소 | 언어적 요소 |
| ⑤ | 청각적 요소 | 언어적 요소 | 시각적 요소 |

**23** 다음 중 용모와 복장의 중요성에 대한 설명으로 옳지 않은 것은?

① 고급 브랜드의 복장 착용은 자신의 인격을 표현되는 수단이 될 수 있다.
② 상황에 어울리는 복장 착용은 상대방에 대한 존중을 나타내기도 한다.
③ 좋은 이미지를 줄 수 있는 용모 및 복장은 상대방에게 신뢰감을 형성한다.
④ 단정한 복장은 자신감을 갖게 하고 일의 성과에도 영향을 미친다.
⑤ 깔끔한 용모와 깨끗한 복장 착용은 상대방에게 좋은 첫인상을 줄 수 있다.

**24** 다음 중 용모와 복장에 대한 설명이 잘못된 것은?

① 단정함과 청결함이 복장 착용의 핵심이다.
② 자신의 개성을 나타내기 위하여 남들보다 많이 튀는 복장 착용은 바람직하다.
③ 복장은 연령, 성별, 계절에 맞게 갖추어 입는다.
④ 개인의 이미지 및 환경에 맞추어 복장의 색상, 재질, 디자인을 선택한다.
⑤ 업무수행에 기능성과 효율성이 고려된 용모와 복장이 되도록 한다.

**25** 다음 중 남성 복장에 대한 설명이 잘못된 것은?

① 슈트의 컬러는 감색, 회색, 검정이 기본이며 화려한 원색, 유난스러운 재질, 과도하게 독특한 무늬, 디자인은 피한다.
② 드레스 셔츠는 긴팔이 기본이며 공식석상에서 반팔 셔츠는 적합하지 않다.
③ 넥타이 색상은 슈트와 동일한 계열이 적당하며 동일색상은 차분하고 보색은 활동적이고 화려한 이미지의 매칭이 된다.
④ 드레스 셔츠의 소매와 깃은 슈트로부터 1.5~2cm 정도 나오도록 한다.
⑤ 양말 색상은 정장바지보다 진한 색 또는 같은 색, 구두와 같은 계통이 적당하다.

**26** 다음 중 남성 복장에 대한 설명이 잘못된 것은?

① 남성복장은 정장이 기본으로 피부색에 어울리며 체형에 맞는 사이즈를 선택한다.
② 슈트의 컬러는 감색, 회색, 검정이 기본이다.
③ 바지 길이는 구두 굽이 보이지 않도록 덮어야 한다.
④ 슈트는 화려한 원색, 유난스러운 재질, 과도하게 독특한 무늬, 디자인은 피한다.
⑤ 투버튼 슈트인 경우 윗 단추를, 쓰리버튼 슈트인 경우 위의 2개 또는 중앙을 채운다.

**27** 다음 중 남성 복장에 대한 설명이 잘못된 것은?

① 드레스 셔츠는 흰색이 기본이며 엷은 색을 선택한다.

② 셔츠의 단추는 모두 채워 입고 소재는 순면이 적합하며 구김이 없어야 한다.

③ 드레스 셔츠는 긴팔이 기본이지만 여름철 공식석상에는 반팔 셔츠가 적합하다.

④ 셔츠의 소매와 깃은 슈트로부터 1~1.5cm 정도 나오도록 한다.

⑤ 셔츠 안에는 속옷을 착용하지 않으나 여름용 얇은 셔츠는 속옷 착용이 가능하다.

**28** 다음 중 남성 복장에 대한 설명이 잘못된 것은?

① 타이 길이는 타이의 삼각 꼭지점이 벨트 상단에 살짝 닿을 정도가 적당하다.

② 타이의 색상은 드레스 셔츠와 동일한 계열이 적당하며 동일색상은 차분하고 보색은 활동적이고 화려한 이미지와 매칭이 된다.

③ 베스트(조끼) 착용 시 타이가 밖으로 나오지 않도록 한다.

④ 타이에 얼룩이나 구김이 없도록 하고 적당한 크기의 매듭이 중앙에 오도록 한다.

⑤ 타이의 폭은 셔츠의 깃과 폭이 같은 것으로 선택한다.

**29** 다음 중 여성 복장에 대한 설명이 잘못된 것은?

① 여성 정장 자켓은 화려할수록 좋다.

② 블라우스는 체형이 지나치게 드러나거나 노출이 심한 스타일, 소매 없는 옷은 피하는 것이 좋다.

③ 움직였을 때 하단이 과도하게 퍼지는 치마는 피한다.

④ 스타킹은 살구색이 기본이며 치마 등에 어울리는 회색, 검은색은 착용하여도 좋다.

⑤ 액세서리는 복장을 돋보이게 하면서도 심플한 디자인을 선택한다.

**30** 다음 중 여성 복장에 대한 설명이 잘못된 것은?

① 블라우스는 체형이 지나치게 드러나거나 노출이 심한 스타일은 피하는 것이 좋다.

② 여성 정장은 검은색, 회색, 베이지색, 감색, 파스텔톤 등이 좋다.

③ 구두는 복장과 조화를 이루어야 하며 과하게 굽이 높은 것은 피한다.

④ 스타킹은 살구색이 기본이며 치마 등에 어울리는 무늬가 있거나 망사, 원색을 착용하여도 좋다.

⑤ 폭이 과도하게 넓거나 몸에 꼭 끼는 바지, 반바지는 피한다.

**01** 다음 중 커뮤니케이션에 대한 설명이 잘못된 것은?

① 프랑스어의 공통, 공유 뜻을 가진 communis에서 유래하였으며 '나누다'의 의미가 있다.
② 개인과 집단에 필요한 정보 또는 자료제공을 통해 의사결정을 원활하게 한다.
③ 조직의 목표 달성을 위한 행동 강화 등의 동기부여 기능을 통해 목표에 근접하게 한다.
④ 조직의 규정 및 방침 등을 제공하는 조정 및 통제를 통해 행위 등을 관리한다.
⑤ 개인의 감정과 조직에서의 욕구 전달을 통해 타인과의 원활한 관계를 유지한다.

**02** 다음 중 커뮤니케이션의 구성요소에 해당하지 않는 것은?

① 발신인
② 메시지
③ 채널
④ 피드백
⑤ 제스처

**03** 다음 중 효과적인 커뮤니케이션 요소에 대한 설명이 잘못된 것은?

① 커뮤니케이션의 목표 인식
② 효과적인 커뮤니케이션의 채널 설정
③ 수신자의 경청자세
④ 수신자의 비언어적 메시지 관찰 및 피드백을 통한 이해 여부 확인
⑤ 명확한 정보 전달을 위한 전달능력

**04** 다음 중 커뮤니케이션 오류에서 발신인의 오류가 아닌 것은?

① 미성숙한 대인관계 기술
② 편견과 선입견
③ 이중 메시지
④ 정확한 정보 미제공
⑤ 목적에 대한 불명확한 인식

**05 다음 중 커뮤니케이션 오류에서 수신인의 오류가 아닌 것은?**

① 피드백의 부적합성        ② 메시지의 오해와 왜곡
③ 메시지 우선 평가 경향     ④ 이중 메시지
⑤ 편견과 선입견

**06 다음 중 효과적인 경청스킬에 대한 설명이 잘못된 것은?**

① 경청에 대한 행동으로 반응한다.
② 상대방의 말을 복창하며 의미를 확인한다.
③ 내용에 대한 부연설명을 한다.
④ 수신자의 비언어적 메시지 관찰 및 피드백을 통해 이해 여부를 확인한다.
⑤ 공감적 감정을 표현한다.

**07 다음 중 적극적인 경청자세에 대한 설명이 잘못된 것은?**

① 역지사지를 견지하며 상대방의 이야기를 듣는다.
② 이야기를 듣는 도중 공감이 가는 부분에 대해서는 나의 생각을 말함으로써 경청하고 있음을 알린다.
③ 이해하지 못하는 내용 또는 불확실하여 확인이 필요한 내용은 질문하여 확인한다.
④ 상대방의 이야기 중 중요한 부분은 메모하며 듣는다.
⑤ 선입견이나 편견을 버리고 상대방의 말을 끝까지 집중하여 듣는다.

**08 다음 중 〈보기〉의 사례에 해당하는 화법은?**

> 보기
> • 유명가수 ○○○가 사용하는 제품입니다.
> • 요즘 젊은 층이 가장 선호하는 디자인입니다.

① 후광화법          ② 레이어드 화법
③ 샌드위치 화법      ④ 쿠션화법
⑤ 아론슨 화법

**09** 다음 중 〈보기〉의 설명에 해당하는 화법은?

> 보기
>
> 대화를 나눌 때 긍정(+)과 부정(−)을 혼합하여 말할 경우 부정적 내용을 먼저 말하고 긍정의 의미로 마무리하는 화법이다.

① 후광화법      ② 레이어드 화법
③ 샌드위치 화법      ④ 쿠션화법
⑤ 아론슨 화법

**10** 질문의 종류 중 다음 〈보기〉에 해당되는 설명으로 맞는 것은?

> 보기
>
> • 단답형으로 신속하게 답을 얻을 수 있다.
> • 단순한 사실 또는 몇 가지 중 하나를 선택하도록 하여 고객의 욕구를 파악하는 데 쉽다.
> • 고객의 니즈에 초점을 맞출 수 있다.
> • 화제를 정리하고 정돈된 대화가 가능하다.

① 개방형 질문      ② 선택형 질문
③ 서술형 질문      ④ 확인형 질문
⑤ 긍정형 질문

**11** 질문의 종류 중 다음 〈보기〉에 해당되는 설명으로 맞는 것은?

> 보기
>
> • 자유롭게 자신의 의견 또는 생각을 표출할 수 있다.
> • 지각범위를 넓힐 수 있다.
> • 확장된 범위의 생각, 느낌에 대한 답변을 들을 수 있다.
> • 질문에 대한 압박의 느낌을 벗어나서 마음에 여유를 가질 수 있다.

① 개방형 질문      ② 폐쇄형 질문
③ 선택형 질문      ④ 확인형 질문
⑤ 긍정형 질문

**12** 다음 중 컴플레인에 대한 설명이 잘못된 것은?

① 불평하다, 투덜거리다의 뜻이 있다.
② 고객의 감정개입 및 주관적인 평가로 제기되는 고객의 고통, 불쾌감, 난처함 등의 불만사항 통보이며 주의 정도의 불만족이다.
③ 법적규정 등에 근거를 두며 합리적 사실에 입각하여 제기한다.
④ 감정 속에 내포된 사실이나 주장, 요구를 발견할 수 있다.
⑤ 즉시시정, 자체 내부조치에 의해 해결이 가능하다.

**13** 다음 중 클레임에 대한 설명으로 맞는 것은?

① 어느 고객이든 객관적인 문제점에 대한 고객의 지적을 의미한다.
② 고객의 상품구매과정, 품질, 서비스 등을 이유로 제기되는 불만이다.
③ 고객의 감정개입 및 주관적인 평가로 제기되는 고객의 고통, 불쾌감, 난처함 등의 불만사항 통보이며 주의 정도의 불만족이다.
④ 컴플레인과 클레임은 같은 것이다.
⑤ 클레임 고객은 기업을 떠날 고객이므로 클레임 내용은 무시하는 것이 경영에 도움이 된다.

**14** 다음 중 클레임에 대한 설명이 잘못된 것은?

① 주장, 요구, 제기, 청구 등으로 설명할 수 있다.
② 법, 규정 등에 근거한다.
③ 합리적 사실에 입각하여 제기한다.
④ 주관적이다.
⑤ 품질불량, 내용물의 수량부족, 파손, 변질, 지연도착, 이물질 포함 등이며 계약 위반사항에 대하여 제기된다.

**15** 다음 중 〈보기〉에 해당되는 유형의 불평고객으로 맞는 것은?

> **보기**
> - 어떤 조치를 취할 가능성이 가장 적다.
> - 서비스 제공자에게 어떤 것도 말하려 하지 않는다.
> - 부정적 구전 또는 불평을 제3자에게 전하지 않는다.

① 무행동 불평자                    ② 행동 불평자
③ 화내는 불평자                    ④ 표현 불평자
⑤ 수동적 불평자

**16** 다음 중 〈보기〉에 해당되는 유형의 불평고객으로 맞는 것은?

> **보기**
> - 지인에게 부정적 구전을 전하고 기업을 떠날 의도가 높다.
> - 서비스 제공자에게 불평하는 성향은 평균 수준이다.
> - 제3자에게 불평을 하려고 하지 않는다.
> - 불평해 봤자 들어주지 않는다는 소외의식을 소유하고 있다.
> - 기업에게 2번째 기회를 주지 않는다.

① 무행동 불평자                    ② 행동 불평자
③ 화내는 불평자                    ④ 표현 불평자
⑤ 수동적 불평자

**17** 다음 중 〈보기〉에 해당되는 유형의 불평고객으로 맞는 것은?

> **보기**
> - 서비스 제공자 및 제3자에게 불평을 하며 불평성향은 평균 이상이다.
> - 개인적 규범은 불평과 일치한다.
> - 다른 유형보다 더 높은 소외의식을 가지고 있다.
> - 불평의 행동 표현이 긍정적인 의미를 가져온다고 생각한다.
> - 극단적인 경우 테러리스트의 가능성이 있다.

① 무행동 불평자                    ② 행동 불평자
③ 화내는 불평자                    ④ 표현 불평자
⑤ 수동적 불평자

제3과목 고객관리 실무론

**18**  다음 중 〈보기〉의 설명에 맞는 고객 불만 발생의 유형은?

> 보기
>
> 제품의 성능보다는 개인존중, 자아실현 측면의 불만이다.

① 심리적 불만                    ② 효용불만
③ 균형불만                       ④ 상황적 불만
⑤ 관계적 불만

**19**  다음 중 〈보기〉의 설명에 맞는 고객 불만 발생의 유형은?

> 보기
>
> 고객의 제품, 서비스 사용에 대한 기대치 대비 만족도가 낮은 경우의 불만이다.

① 심리적 불만                    ② 효용불만
③ 균형불만                       ④ 상황적 불만
⑤ 관계적 불만

**20**  다음 중 〈보기〉의 설명에 맞는 고객 불만 발생의 상황은?

> 보기
>
> 색조, 그림, 소음, 청결상태 등 쾌적성 측면의 불만

① 감각적 상황                    ② 제도적 상황
③ 정보적 상황                    ④ 물리적 상황
⑤ 서비스 제공적 상황

**21**  다음 중 불만고객 관리의 중요성에 대한 설명으로 맞지 않는 것은?

① 불만처리를 통해 만족한 고객은 재구매율이 높고 충성고객 전환이 가능하다.
② 불만고객 처리비용은 불만고객 처리 효과에 비하여 효과성이 떨어진다.
③ 불만처리가 만족스러울 경우 신규고객을 창출할 수 있다.
④ 기업의 서비스 문제에 대한 개선의 기회를 얻을 수 있다.
⑤ 고객의 불만내용은 기업의 제품 및 서비스의 품질 개선을 위한 좋은 정보이다.

**22** 다음 중 〈보기〉의 불만고객 응대의 기본원칙으로 맞는 것은?

> 보기
> • 고객이 개인적으로 종업원에게 감정이 있어서 화를 내는 것이 아니다.
> • 회사의 일처리 방식 또는 과정, 회사의 규정에 항의를 하는 것임을 알고 고객의 분노에 상처를 입지 않아야 한다.

① 책임공감의 원칙
② 감정통제의 원칙
③ 언어절제의 원칙
④ 피뢰침의 원칙
⑤ 역지사지의 원칙

**23** 다음 중 불만고객 컴플레인 처리방법에 대한 설명으로 맞지 않는 것은?

① 사실적 측면에서 논리적이고 명확히 이해하도록 설명한다.
② 고객의 불만사항에 공감의 뜻을 비추며 경청한다.
③ 고객의 오해(문제점)에 대한 정확한 이유를 설명한다.
④ 보상과 대안을 제시하고 수긍 시 신속하고 적극적으로 문제를 해결한다.
⑤ 문제에 대한 책임소재를 따져 가리고 고객의 잘못을 명확히 지적함으로써 회사의 피해를 최소화한다.

**24** 다음 중 불만고객 처리 서비스 프로세스에 포함되지 않는 것은?

① 신속처리 및 공정성 유지
② 고객 불만처리방법의 기준 제시
③ 보상을 통한 효과적인 대응
④ 고객 개인정보 보호를 통한 프라이버시 보장
⑤ 고객 불만 재발 방지를 위한 체계적 관리

**25** 다음 중 코칭의 개념에 대한 설명으로 옳지 않은 것은?

① 코치와 코칭을 받는 사람이 파트너를 이루어 스스로 목표를 설정하고 효과적으로 달성하며 성장할 수 있도록 지원하는 과정이다.

② 직무수행 면에서는 조직에서 구성원 간 상호 의존적인 1 : 1의 관계에서 개인적인 상황과 조직이 요구하는 업무능력 등을 고려하여 직무수행에 초점을 맞추어 실시한다.

③ 직무수행 면에서 코칭은 업무수행상 내담자의 특정한 문제에 대하여 스스로 책임감을 갖고 개선할 수 있도록 지지와 지원을 하는 1 : 1 커뮤니케이션 과정이다.

④ 코칭의 철학은 모든 사람들은 창의적이고 완전성을 추구하고자 하는 욕구가 있으며 자신의 문제를 스스로 해결할 수 있는 자원을 가지고 있다는 것이다.

⑤ 코칭은 마음의 상처를 치유하는 면에서 카운슬링과 같은 개념이다.

**26** 다음 중 코치의 기능 및 코칭리더의 역할에 대한 설명이 맞지 않는 것은?

① 코치는 고객이 달성하려는 목적을 발견하고 명확하게 하도록 협력한다.

② 코치는 고객의 자기발견을 촉진시켜 준다.

③ 코치는 고객 스스로가 해결책이나 전략을 찾도록 이끌어준다.

④ 코칭리더는 업무수행 방법, 생활습관 및 행동과 사고 등의 변화를 가져오게 하는 노하우를 제시하고 조언과 상담을 실시하는 조언자 역할을 한다.

⑤ 코칭리더는 개인적인 성장과 경력에 도움이 되는 목표와 핵심 업무 결정에 도움을 주고 그 수행을 지원하는 후원자 역할을 한다.

**27** 다음 중 코칭의 필요성에 해당되지 않는 것은?

① 자신의 강점 및 탁월함을 촉진하여 목표달성의 경험을 가지며 이러한 성공경험을 통해 자신감을 배양한다.

② 지속적으로 과거에 대한 상처를 치유함으로써 자기개발을 통해 성공을 이룬다.

③ 일방적 지시의 업무형태를 탈피하여 상명하복의 경직된 인간관계를 지원과 협력의 관계로 개선하여 조직의 신뢰문화를 조성한다.

④ 조직 구성원의 잠재된 능력을 끌어냄으로써 업무성과를 극대화한다.

⑤ 스스로 정한 목표를 이루기 위하여 코치와의 파트너십을 갖고 협력을 통해 창의력을 발휘함으로써 성과를 낳는다.

**28** 다음 중 코칭의 단점에 대한 설명으로 맞는 것은?

① 교육효과 및 성과는 코치의 능력보다는 내담자의 능력에 의해 달라진다.
② 코칭은 단기간에 걸쳐 매일 진행할 때 라포가 형성되어 내담자의 부담을 줄일 수 있다.
③ 1 : 1 코칭은 시간이 많이 소요되며 한차례로 종료되지 않으므로 많은 노동력의 소모가 요구되는 노동집약적 성격이 있다.
④ 코치와 내담자의 상하관계는 코칭의 효과를 높인다.
⑤ 집단상담보다 1 : 1 개인코칭은 개인의 능력향상 및 목표성취 측면에서 교육효과가 높다.

**29** 다음 중 코칭과 멘토링의 공통점과 차이점에 대한 설명이 맞는 것은?

① 멘토링은 자신의 방법이나 노하우를 제시하지만 코칭은 이를 제시하지 않는다.
② 코칭과 멘토링은 학습자의 문제에 대한 스스로의 해결능력을 개발한다.
③ 코칭에 비해 멘토링은 즉각적인 수행향상을 목적으로 한다.
④ 코칭은 내담자의 잠재되어 있는 능력을 발견하고 과정을 통하여 성장시킬 수 있지만 멘토링은 잠재되어 있는 능력 발견과는 거리가 멀다.
⑤ 코칭과 멘토링은 문제를 해결하거나 문제해결능력을 개발한다.

**30** 멘토의 역할과 기능에 대한 설명이 옳지 않은 것은?

① 해당 분야의 전문성을 활용하여 해결책을 제시한다.
② 업무수행방법, 행동과 사고 등의 변화를 가져오게 하는 조언자이다.
③ 멘티가 원하지 않은 기간이라도 업무진행상 도움이 될 때에는 즉시 해결책을 제시한다.
④ 조직 외부 전문가가 역할을 수행할 수 있다.
⑤ 구체적인 지식을 통해 멘티의 지식과 기술의 향상을 도모하는 조언자의 역할을 한다.

**Chapter 04** **전화 서비스** 정답 및 해설 : 300

**01** 다음 중 전화응대의 특징에 대한 설명이 잘못된 것은?

① 고객과의 얼굴 없는 만남이다.

② 언어에 의해 이루어지는 커뮤니케이션이므로 오해가 발생할 소지는 없다.

③ 고객과의 첫 번째 이루어지는 접점이다.

④ 고객이 먼저 전화를 할 경우 고객의 비용이 발생한다.

⑤ 예고 없이 찾아오는 손님이다.

**02** 다음 중 전화응대 시 유의사항에 해당되지 않는 것은?

① 청각적 요소만으로 이루어지므로 일방적 대화로 이루어질 수 있다.

② 고객과 통화하는 순간이 제품 및 서비스가 결정되는 순간이다.

③ 시각적 요소가 배제되므로 전화통화만으로 호감도를 높이는 것은 제한된다.

④ 고객에 대한 정보를 신속히 파악할 수 있는 방안을 강구한다.

⑤ 틀리기 쉬운 주소, 가격, 숫자 등 중요내용에 대해서는 복창하여 확인한다.

**03** 바람직한 전화응대 자세와 거리가 먼 것은?

① 업무시간 중이라도 통화가능 여부를 확인한다.

② 대화 간 중요사항 메모를 위한 펜과 메모지를 준비한다.

③ 평상시 목소리보다 한 톤 높여서 대화한다.

④ 전화통화 중 전화가 끊길 경우 먼저 건 쪽이 전화를 거는 것이 맞으나 고객 또는 상사와 통화 중일 경우는 서비스맨이 먼저 전화를 건다.

⑤ 고객과 통화 중일 경우 먼저 전화를 건 쪽이 먼저 끊는다.

**04** 전화의 3대 원칙 중 신속성을 높이기 위한 방법에 해당되는 것은?

① 5W3H를 활용하여 중요사항은 메모하고 복창하여 확인한다.

② 간결하게 통화하며 문의사항에 대한 보고나 결과 통보는 예정시간을 미리 알린다.

③ 말한 내용은 질문스킬을 통해 정확히 전달되었는지 확인한다.

④ 천천히 또박또박한 말투로 고객이 알아듣기 쉽게 말한다.

⑤ 분명한 발음과 어미처리로 의미를 정확히 전달한다.

**05** 전화응대의 구성요소에 포함되지 않는 것은?

① 적극적인 경청
② 띄어 읽기
③ 적절한 단어 선택
④ 명확한 발음
⑤ 중요사항에 대한 메모 습관

**06** 전화응대 시 경청을 위한 바람직한 자세가 아닌 것은?

① 편견이나 선입견을 갖지 않아야 한다.
② 동의할 수 있는 내용에 공감을 표시하고 맞장구를 친다.
③ 중요한 내용은 메모를 하고 요점을 기록하는 등 관심을 갖는다.
④ 잘못된 점을 지적하기 위하여 집중한다.
⑤ 고객의 말에 집중하며 동화되도록 한다.

**07** 경어사용에 있어서 간접높임의 사용이 잘된 것은?

① 고객님! 주문하신 커피 나오셨구요.
② 오늘 착용한 넥타이 잘 어울리십니다.
③ 이번에 새로 구입하신 안경 정말 멋있네요.
④ 고객님의 옷이 계절에 딱 어울립니다.
⑤ 지금 계신 곳이 어디입니까?

**08** 호칭의 기본예의에 대한 설명으로 옳지 않는 것은?

① 호칭 시 직위와 직책 중 더 상위개념을 칭하는 것이 예의이다.
② 연장자 또는 상급자에게는 성과 직위나 직책 또는 사회적 경칭을 사용한다.
③ 아랫사람에게는 직급이 있을 경우는 성과 직위를, 직위가 없을 경우에는 이름을 부르며 나이가 많을 경우에는 적당히 예의를 갖춘다.
④ 직장 내에서 친한 동급자 간에는 이름을 부른다.
⑤ 여성에게는 "○○양"보다는 이름을 부르는 것이 좋다.

**09** 다음 중 올바른 호칭 사용법이 아닌 것은?

① 상급자에게는 성과 직위 다음에 "님"의 존칭을 사용한다.
② 동급자에게는 성과 직위 또는 직명을 붙여 부른다.
③ 남녀 직원 간에는 직급을 부르는 것이 원칙이다.
④ 문서 작성 시 상사에 대하여 "님"의 존칭을 사용한다.
⑤ 상사의 지시사항을 전달할 때는 존칭을 사용한다.

**10** 콜센터 업무 중 아웃바운드형 콜센터의 활용사례에 해당되는 것은?

① 제품신청                    ② 제품 문의
③ 홈페이지 가입절차 문의        ④ 만족도 조사
⑤ A/S 센터 위치 안내

**11** 인바운드형 콜센터의 활용사례에 해당되는 것은?

① 고객설득                    ② 컴플레인 및 클레임 접수
③ 시장조사                    ④ 판매촉진
⑤ 해피콜

**12** 다음 중 아웃바운드형 콜센터의 특징이 아닌 것은?

① 목표달성과 성과분석의 성과지향형
② 양질의 고객데이터 보유
③ 고객접근의 용이성
④ 적극적인 커뮤니케이션
⑤ 판매 이후의 고객관계관리

13 다음 중 〈보기〉에 해당하는 콜센터 유형으로 맞는 것은?

> 보기
>
> 시스템 콜센터로 전화장치 처리 시스템과 컴퓨터 처리 시스템 연동의 콜센터로서 음성 처리
> 와 데이터 처리를 실시하며 자동적인 콜 처리 및 콜 분배가 가능하다.

① CTI      ② VoIP
③ CRM형 콜센터      ④ 제휴형 콜센터
⑤ 인바운드형 콜센터

14 다음 중 콜센터 운영 시 고려사항이 아닌 것은?

① 팀워크에 대한 적응력이 있는 직원을 선발한다.
② 전문적인 상담능력이 있는 직원을 채용하는 방안이 필요하다.
③ 콜센터 운영방법에 있어서 초기에는 전화에 의한 운영방법이 효과적이다.
④ 콜센터 운영을 위한 투자금의 규모를 선정한다.
⑤ 교육훈련을 통한 고객 서비스 향상방안을 모색한다.

15 다음 중 콜센터의 생산성 관리를 위한 고려사항이 아닌 것은?

① 상담원으로서의 잠재능력을 갖춘 우수자원 채용
② 적절한 직무배치
③ 공정한 평가와 보상체계
④ 직업적 비전 제시로 지속적인 우수자원 확보
⑤ 기업이익실현을 위한 현장근무 장려 및 지원

16 다음 중 콜센터 조직원의 역할과 거리가 먼 것은?

① 고객관리 및 분석가
② 기업 마케팅 전략가
③ 텔레커뮤니케이터
④ 텔레마케팅 코디네이터
⑤ 기업 홍보요원

**17** 다음 중 서비스 전략적인 측면에서 콜센터의 역할과 거리가 먼 것은?

① 서비스 실행 조직
② 고객의 니즈 이해 및 피드백 제공
③ 기업의 서비스 전략 수행을 위한 콜센터 운영지표 보유
④ 다각적인 커뮤니케이션 채널 확보
⑤ 고객확보 및 유지

**18** 스크립트에 대한 설명이 잘못된 것은?

① 어떻게 말을 걸고 대화를 이끌어갈 것인지의 순서를 표로 도식화한 것이다.
② 상담원이 고객과의 대화를 잘 이끌어가기 위한 역할연기 대본이다.
③ 고객응대를 상정하여 작성한 가상 시나리오이다.
④ 콜센터 직원이 고객의 니즈를 파악하여 자연스럽고 일관성 있는 대화를 진행시킬 수 있는 텔레마케팅 실무를 위한 필수품이다.
⑤ 상황에 따라 탄력적으로 활용하기 위해 표준화 작성은 피해야 한다.

**19** 다음 중 텔레마케팅의 4가지 요소에 해당되지 않는 것은?

① 시놉시스
② 데이터 시트
③ 스크립트
④ 질의와 응답
⑤ 컴퓨터와 텔레마케팅 도구 및 장비

**20** 스크립트의 필요성에 해당되지 않는 것은?

① 스크립트를 통하여 상황에 따른 표준화된 언어와 상담방법을 적용한다.
② 상담원들의 전화 목적에 대한 메시지를 효과적으로 전달한다.
③ 표준화된 스크립트를 통해 상담원들의 일정한 응대수준을 유지할 수 있다.
④ 스크립트에 의한 대화는 통화시간 조절이 어려우므로 스크립트는 대화 시 참고만 한다.
⑤ 불필요한 표현 자제로 콜센터의 생산성 향성에 기여한다.

**21** 다음 중 스크립트 구성단계에 대한 설명이 맞지 않는 것은?

① 호감과 강렬함으로 자사에 맞는 첫 인사를 개발하면 상담으로 이어질 확률이 높다.

② 상담원 소개 후 본인 확인 시 본인이 맞다면 상담을 진행하고 부재중이면 메모를 남긴다.

③ 거부고객 응대를 위해 새로운 질문을 모색하여 질문한다.

④ 고객의 반론에 대해 상품 선택이 올바른 판단이라는 긍정적 확신을 심어준다.

⑤ 종결 시 감사인사를 마친 후 자신의 소속과 성명을 다시 한 번 밝히고 끝맺음 인사를 한다.

**22** 다음 중 스크립트 작성원칙에 해당되지 않는 것은?

① 문어체를 사용한다.

② 간결하고 명료하게 작성한다.

③ 유연하게 작성한다.

④ 고객중심으로 작성한다.

⑤ 세일즈를 위한 활용목적을 명확히 한다.

**23** 콜센터 조직의 일반적 특성에 해당되지 않는 것은?

① 비정규직 중심의 전문조직　　　② 특정업무의 선호

③ 개인편차　　　　　　　　　　④ 원활한 커뮤니케이션

⑤ 콜센터만의 독특한 조직문화

**24** 콜센터 문화에 영향을 미치는 요인 중 〈보기〉의 설명에 해당되는 것은?

> **보기**
>
> 콜센터 근무자에 대한 직업의 매력도, 인식 정도, 이직의 자유로움과 관련 행정당국의 제도적·비즈니스적 지원 정도

① 사회적 요인　　　　　　　　　② 기업적 요인

③ 커뮤니케이션 요인　　　　　　④ 개인적 요인

⑤ 교육환경적 요인

**25** 〈보기〉의 설명에 해당하는 콜센터 조직 구성원에 해당되는 것은?

보기

텔레마케터들의 업무를 지휘감독하고 모니터링을 통해 성과를 분석 및 관리하는 실질적 관리자

① QAA
② 텔레마케터
③ 유니트 리더
④ 콜센터 리더
⑤ 슈퍼바이저


**26** 모니터링을 위한 코칭의 종류 중 〈보기〉에 해당하는 것은?

보기

모니터링 평가표에 따라 업무 및 2~3개의 통화품질 기준에 관한 내용을 가지고 진행된다.

① 프로세스 코칭
② 스팟 코칭
③ 풀 코칭
④ 그룹 코칭
⑤ 개별 코칭


**27** 〈보기〉의 설명에 해당되는 모니터링 방법은?

보기

정해진 동료 파트너의 상담내용을 듣고 장·단점을 피드백, 벤치마킹하는 동료평가제이다.

① Self Monitoring
② Real Time Monitoring
③ Peer Monitoring
④ Recording Monitoring
⑤ Silent Monitoring


**28** 〈보기〉의 설명에 해당되는 모니터링 방법은?

보기

상담원이 모르는 채 무작위로 추출한 상담내용을 평가자가 녹음하여 평가결과를 상담원과 공유할 수 있도록 하는 방법이다.

① Self Monitoring
② Real Time Monitoring
③ Peer Monitoring
④ Recording Monitoring
⑤ Silent Monitoring

**29** Side by Side Monitoring의 장점에 해당되는 것은?

① 상담원이 자신의 콜을 듣고 콜 처리에 대해 객관적으로 알 수 있다.
② 즉각적인 피드백이 가능하다.
③ 성과와 피드백 간의 즉각적인 연결이 가능하다.
④ 무작위 콜이므로 샘플로 사용하기 좋다.
⑤ 고객과 상담원 간의 자연스러운 상호작용을 관찰할 수 있다.

**30** 스크립트 문구에 포함할 사항이 아닌 것은?

① 회사명, 전화한 목적
② 통화가능 여부 질문
③ 답변 확인을 위한 반복 회피
④ 동음이의어 사용 회피
⑤ 통화 거부할 경우에 대응하는 질문

**31** 우리나라 콜센터 조직의 특성과 관련해 다음 (    )안에 들어갈 내용으로 가장 올바른 것은?

> 콜센터 조직이 점차 커지고 활성화됨에 따라 상담원들이 선호하지 않는 업종이나 기업의 콜센터는 상담원의 기피, 집단이탈, 인력 채용과 운영 효율의 저하를 초래하여 급기야는 콜센터의 관리직도 자기역할의 한계를 느낌에 따라 콜센터 조직의 와해를 빚게 되는 (    )현상이 나타난다.

① 콜센터 심리공황          ② 물리적 결빙
③ 거품활동                ④ 프로젝트 리스크
⑤ 한우리

# 고객관리 기출유형

## 01   다음 중 소비자기본법상의 개념에 맞지 않는 것은?

① 소비자란 사업자가 제공하는 물품 또는 용역(시설물을 포함)을 소비생활을 위하여 사용(이용)하는 자 또는 생산 활동을 위하여 사용하는 자로 대통령령이 정하는 자이다.

② 소비자의 범위측면에서 제공된 물품 또는 용역을 최종적으로 사용하는 자이다.

③ 소비자란 제공된 물품 등을 원재료, 자본재 또는 이에 준하는 용도로 생산 활동에 사용하는 자를 포함한다.

④ 사업자란 물품을 제조·수입·판매하거나 용역을 제공하는 자를 말한다.

⑤ 소비자단체란 소비자의 권익을 증진하기 위하여 소비자가 조직한 단체를 말한다.

## 02   다음 중 소비자를 정의한 학자와 정의가 잘못 연결된 것은?

① 이치로 : 소비자란 국민 일반을 소비생활이라고 하는 시민생활의 측면에서 포착한 개념

② 폰히펠 : 소비자란 개인적인 용도에 쓰기 위하여 상품이나 서비스를 제공받는 사람

③ 타케우치 쇼우미 : 소비자란 타인이 공급하는 물자나 용역을 소비생활을 위하여 구입 또는 이용하는 자로서 공급자에 대립하는 개념

④ 이마무라 세이와 : 소비자는 생활자이며 일반 국민임과 동시에 거래과정의 밑단에서 구매자로 나타나는 것

⑤ 와이블 : 사업자가 제공한 물품 또는 용역을 최종적으로 사용하는 자

## 03   소비자의 8대 권리에 해당하지 않는 것은?

① 물품 등을 선택함에 있어서 필요한 지식 및 정보를 제공받을 권리

② 물품 등을 사용할 때의 지시사항이나 경고 등에 대해 표기방법을 결정할 권리

③ 물품 또는 용역으로 인한 생명·신체 또는 재산에 대한 위해로부터 보호받을 권리

④ 합리적인 소비생활을 위하여 필요한 교육을 받을 권리

⑤ 물품 등을 사용함에 있어서 거래상대방·구입 장소·가격 및 거래조건 등을 자유로이 선택할 권리

**04** 케네디 대통령의 '소비자의 이익보호를 위한 특별교서'에 나타난 소비자의 4대 권리에 해당되지 않는 것은?

① 정보를 제공받을 권리　　　　② 안전에 대한 권리
③ 소비자 교육을 받을 권리　　　④ 선택의 권리
⑤ 의견을 반영시킬 권리

**05** 소비자의 책무에 해당하지 않는 것은?

① 자유시장경제를 구성하는 주체임을 인식하고 물품 등을 올바르게 선택하여야 한다.
② 소비자의 기본적 권리를 정당하게 행사하여야 한다.
③ 소비자는 스스로의 권익을 증진하기 위하여 필요한 지식과 정보를 습득하도록 노력하여야 한다.
④ 소비생활의 향상과 국민경제의 발전에 적극적인 역할을 다하여야 한다.
⑤ 물품을 제조, 수입, 판매하는 사업자와의 갈등을 최소화하여야 한다.

**06** 국제소비자 기구의 소비자 5대 책무에 포함되지 않는 것은?

① 고객정보 보호　　　　　② 자기주장과 행동
③ 사회적 관심　　　　　　④ 환경에의 자각
⑤ 비판적 의식

**07** 다음 중 국가 및 지방자치단체의 책무와 거리가 먼 것은?

① 지방행정조직에 대한 지원　　② 위해의 방지
③ 표시기준　　　　　　　　　④ 거래의 적정화
⑤ 기업정보 보호

**08** 국가 및 지방자치단체의 책무가 아닌 것은?

① 관계법령 및 조례의 제정 및 개정·폐지
② 소비자권익 증진시책에 대한 협력의무
③ 필요한 시책 수립 및 실시
④ 필요한 행정조직 정비 및 운영 개선
⑤ 소비자의 건전하고 자주적인 조직 활동의 지원·육성

**09** 다음 중 물품 등에 대한 표시기준에 맞지 않는 것은?

① 상품명·용도·성분·재질·성능·규격·가격·용량·허가번호 및 용역의 내용
② 사용방법, 사용·보관할 때의 주의사항 및 경고사항
③ 표시의 크기·위치 및 방법
④ 사업자 명칭, 물품 원산지, 통관 고유번호
⑤ 물품 등에 따른 불만이나 소비자피해가 있는 경우의 처리기구 및 처리방법

**10** 다음 중 국가 및 지방자치단체의 책무와 그 내용의 연결이 잘못된 것은?

① 표시기준 : 소비자가 사업자와의 거래에 있어서 물품 등을 잘못 선택하거나 사용하지 않도록 물품 등에 대하여 표시기준을 정하여야 한다.
② 소비자의 능력 향상 : 소비자가 자신의 선택에 책임을 지는 소비생활을 할 수 있도록 필요한 교육을 하여야 한다.
③ 거래의 적정화 : 사업자의 불공정한 거래조건이나 거래방법으로 인하여 소비자가 부당한 피해를 입지 않도록 필요한 시책을 수립·실시하여야 한다.
④ 광고의 기준 : 물품의 잘못된 소비 또는 과다한 소비로 인해 소비자의 생명·신체 또는 재산의 위해방지를 위해 광고의 기준을 정하는 것은 기업 활동에 제한을 주므로 삼간다.
⑤ 시험·검사시설의 설치 : 물품 등의 규격·품질 및 안전성 등에 관하여 시험·검사 또는 조사를 실시할 수 있는 기구와 시설을 갖추어야 한다.

**11** 국가 및 지방자치단체의 책무 중 〈보기〉가 설명하는 것은 어떤 내용인가?

보기

> 국가 및 지방자치단체는 소비자의 불만이나 피해가 신속·공정하게 처리될 수 있도록 관련 기구의 설치 등 필요한 조치를 강구하여야 한다.

① 시험·검사시설의 설치          ② 소비자분쟁의 해결
③ 소비자에의 정보 제공          ④ 소비자의 능력 향상
⑤ 위해의 방지

**12** 다음 중 사업자의 책무에 해당되지 않는 것은?

① 사업자는 물품 등의 하자로 인한 소비자의 불만이나 피해를 해결하거나 보상하여야 하나, 채무불이행 등으로 인한 소비자의 손해는 배상하지 않아도 된다.

② 사업자는 소비자에게 물품 등에 대한 정보를 성실하고 정확하게 제공하여야 한다.

③ 사업자는 물품 등으로 인하여 소비자에게 생명·신체 또는 재산에 대한 위해가 발생하지 않도록 필요한 조치를 강구하여야 한다.

④ 사업자는 소비자의 개인정보가 분실·도난·누출·변조 또는 훼손되지 않도록 성실하게 취급하여야 한다.

⑤ 사업자는 물품 등을 공급함에 있어서 소비자의 합리적인 선택이나 이익을 침해할 우려가 있는 거래조건이나 거래방법을 사용하여서는 아니 된다.

**13** 소비자 권익증진 관련기준의 준수 사항이 아닌 것은?

① 사업자는 국가가 정한 기준에 위반되는 물품 등을 제조·수입·판매하거나 제공하여서는 아니 된다.

② 사업자는 국가가 정한 표시기준을 위반하여서는 아니 된다.

③ 사업자는 국가가 정한 광고기준을 위반하여서는 아니 된다.

④ 사업자는 국가가 지정·고시한 행위를 하여서는 아니 된다.

⑤ 사업자는 국가가 정한 연간 수익기준을 위반하여서는 아니 된다.

**14** 소비자정책의 목표에 해당되지 않는 것은?

① 소비자교육 및 정보제공의 촉진
② 소비자안전의 강화
③ 소비자피해의 원활한 구제
④ 파산 기업의 회생 및 구제
⑤ 소비자와 사업자 사이의 거래의 공정화 및 적정화

**15** 아래 (  )에 들어갈 알맞은 것은?

> 공정거래위원회는 매년 (     )까지 중앙행정기관별 시행계획 및 시·도별 시행계획을 취합·조정하여 소비자정책위원회의 심의·의결을 거쳐 종합적인 시행계획을 수립하여야 한다.

① 6월 30일
② 9월 30일
③ 12월 31일
④ 3월 31일
⑤ 11월 30일

**16** 다음 중 소비자단체의 업무에 해당하지 않는 것은?

① 소비자문제에 관한 조사·연구

② 소비자의 교육

③ 국가 및 지방자치단체의 소비자의 권익과 관련된 시책에 대한 평가

④ 물품 등의 거래조건이나 거래방법에 관한 조사, 분석

⑤ 소비자의 불만 및 피해를 처리하기 위한 상담·정보제공 및 당사자 사이의 합의의 권고

**17** 소비자단체가 거짓 그 밖의 부정한 방법으로 소비자단체를 등록한 경우 등록을 취소하여야 하는 대상은 지방자치단체의 장 이외에 누구인가?

① 공정거래위원회

② 중앙행정기관의 장

③ 한국소비자원

④ 소비자분쟁위원회

⑤ 소비자안전센터

**18** 소비자안전과 관련하여 사업자가 보고하여야 하는 중대한 결함의 범위에 속하는 것은?

① 의료기관에서 5주 이상의 치료가 필요한 부상이나 질병

② 사망

③ 3명 이상이 식중독

④ 물품 등이 소비자단체가 정하는 안전기준을 위반한 결함

⑤ 개인 판단 시 의료기관의 치료가 필요한 골절, 질식, 화상, 감전 등 부상 및 질병 보유자

**19** 한국소비자원의 업무가 아닌 것은?

① 소비자의 권익증진·안전 및 소비생활의 향상을 위한 정보의 수집·제공 및 국제협력

② 소비자의 권익과 관련된 제도와 정책 연구 및 결정

③ 소비자의 권익증진·안전 및 능력개발과 관련된 교육·홍보 및 방송사업

④ 소비자의 권익증진을 위하여 필요한 경우 거래조건이나 거래방법에 대한 조사·분석

⑤ 소비자의 불만처리 및 피해구제

**20** 피해구제와 관련된 다음 설명 중 맞지 않는 것은?

① 소비자는 물품 등의 사용으로 인한 피해의 구제를 한국소비자원에 신청할 수 있다.

② 한국소비자원의 원장은 피해구제신청의 당사자에 대하여 피해보상에 관한 합의를 권고할 수 있다.

③ 한국소비자원의 원장은 피해구제신청사건을 처리함에 있어서 당사자 또는 관계인이 법령을 위반한 것으로 판단되는 때에는 관계기관에 이를 통보하고 적절한 조치를 의뢰하여야 한다.

④ 한국소비자원의 원장은 피해구제의 신청 내용이 한국소비자원에서 처리하는 것이 부적합하다고 판단되는 때에는 신청인에게 그 사유를 통보하고 그 사건의 처리를 중지할 수 있다.

⑤ 한국소비자원은 소비자로부터 피해구제의 신청을 받은 때에는 국가·지방자치단체 또는 소비자단체에 그 처리를 의뢰할 수 있다.

**21** 다음 ( )에 들어갈 알맞은 말은?

> 한국소비자원의 원장은 피해구제의 신청을 받은 날부터 ( ) 이내에 피해보상에 관한 합의가 이루어지지 아니하는 때에는 지체 없이 소비자분쟁조정위원회에 분쟁조정을 신청하여야 한다.

① 10일            ② 15일
③ 20일            ④ 30일
⑤ 60일

**22** 다음 ( )에 들어갈 알맞은 말은?

> 한국소비자원의 원장은 피해보상에 관한 합의가 이루어지지 아니하는 때에는 지체 없이 소비자분쟁조정위원회에 분쟁조정을 신청하여야 한다. 다만 피해의 원인규명 등에 상당한 시일이 요구되는 피해구제신청사건으로서 대통령령이 정하는 사건에 대하여는 ( ) 이내의 범위에서 처리기간을 연장할 수 있다.

① 15일            ② 20일
③ 30일            ④ 60일
⑤ 90일

**23** 소비자분쟁조정위원회의 구성에 관한 설명 중 맞지 않는 것은?

① 위원장 1인을 포함한 50인 이내의 위원으로 구성하며, 위원장을 포함한 3인은 상임으로 하고, 나머지는 비상임으로 한다.

② 위원 임명 및 위촉 조건으로 판사·검사 또는 변호사의 자격이 있는 자도 포함된다.

③ 위원 임명 및 위촉 조건으로 소비자 단체의 임원의 직에 있거나 있었던 자도 포함된다.

④ 위원 임명 및 위촉 조건으로 사업자 또는 사업자단체의 임원의 직에 있거나 있었던 자도 포함된다.

⑤ 위원 임명 및 위촉 조건으로 4급 이상의 공무원 또는 이에 상당하는 공공기관의 직에 있거나 있었던 자로서 소비자권익과 관련된 업무에 실무경험이 있는 자도 포함된다.

**24** 다음 중 소비자분쟁조정위원회에 대한 설명으로 옳지 않은 것은?

① 위원장은 상임위원 중에서 공정거래위원장이 임명한다.

② 위원회 위원의 임명 또는 위촉은 대통령령이 정하는 바에 따라 위원장이 한다.

③ 위원의 임기는 3년으로 하며, 연임할 수 있다.

④ 조정위원회는 위원장 1명을 포함한 150명 이내의 위원으로 구성한다.

⑤ 대학이나 공인된 연구기관에서 부교수 이상 또는 이에 상당하는 직위에 있거나 있었던 자로서 소비자권익 관련분야를 전공한 자를 위원으로 임명 및 위촉할 수 있다.

**25** 다음 중 분쟁조정에 대한 설명으로 맞지 않는 것은?

① 위원장이 부득이한 사유로 직무를 수행할 수 없는 때에는 위원장이 아닌 상임위원이 위원장의 직무를 대행한다.

② 조정위원회는 분쟁조정을 신청받은 경우에는 대통령령이 정하는 바에 따라 지체 없이 분쟁조정절차를 개시하여야 한다.

③ 조정위원회는 분쟁조정을 위하여 필요한 경우에 전문위원회에 자문할 수 있다.

④ 조정위원회는 분쟁조정절차에 앞서 이해관계인·소비자 단체의 의견을 들을 수 없다.

⑤ 소비자와 사업자 사이에 발생한 분쟁에 관한 분쟁조정을 위해 설치된 기구에서 소비자 분쟁이 해결되지 아니하거나 합의권고에 따른 합의가 이루어지지 아니한 경우 당사자나 그 기구 또는 단체의 장은 분쟁조정위원회에 분쟁조정을 신청할 수 있다.

**26** 분쟁조정에 대한 설명 중 맞지 않는 것은?

① 조정위원회는 분쟁조정을 신청받은 때에는 그 신청을 받은 날부터 30일 이내에 그 분쟁조정을 마쳐야 한다.

② 조정위원회는 정당한 사유가 있는 경우로서 30일 이내에 그 분쟁조정을 마칠 수 없는 때에는 그 기간을 연장할 수 있다. 이 경우 그 사유와 기한을 당사자 및 그 대리인에게 통지하여야 한다.

③ 조정위원회의 위원장은 분쟁조정을 마친 때에는 지체 없이 당사자에게 그 분쟁조정의 내용을 통지하여야 한다.

④ 분쟁조정 내용의 통지를 받은 당사자는 그 통지를 받은 날부터 30일 이내에 분쟁조정의 내용에 대한 수락 여부를 조정위원회에 통보하여야 한다. 이 경우 30일 이내에 의사표시가 없는 때에는 수락한 것으로 본다.

⑤ 당사자가 분쟁조정의 내용을 수락하거나 수락한 것으로 보는 때에는 그 분쟁조정의 내용은 재판상 화해와 동일한 효력을 갖는다.

**27** 일반적 소비자 분쟁해결 기준을 잘못 설명한 것은?

① 수리는 지체 없이 하되, 수리가 지체되는 불가피한 사유가 있을 때는 소비자에게 알려야 한다.

② 물품 등을 유상으로 수리한 경우 그 유상으로 수리한 날부터 3개월 이내에 소비자가 정상적으로 사용하는 과정에서 그 수리한 부분에 종전과 동일한 고장이 재발한 경우 무상으로 수리하되, 수리가 불가능할 때에는 종전에 받은 수리비를 환급하여야 한다.

③ 교환은 같은 종류의 물품 등으로 하되, 같은 종류의 물품 등으로 교환하는 것이 불가능한 경우에는 같은 종류의 유사물품 등으로 교환한다.

④ 환급금액은 거래 시 교부된 영수증 등에 적힌 물품 등의 가격을 기준으로 한다.

⑤ 할인 판매된 물품 등을 교환하는 경우에는 그 정상가격과 할인가격의 차액에 관계없이 교환은 같은 종류의 물품 등으로 한다.

**28** 품질보증기간과 부품보유기간 기준에 대한 설명 중 틀린 것은?

① 품질보증기간과 부품보유기간은 해당 사업자가 품질보증서에 표시한 기간으로 한다.

② 사업자가 품질보증기간과 부품보유기간을 표시하지 아니한 경우에는 품목별 소비자 분쟁해결기준에 따른다.

③ 중고물품 등에 대한 품질보증기간은 품목별 분쟁해결기준에 따른다.

④ 품질보증기간은 소비자가 물품 등을 사용하기 시작한 날부터 기산한다.

⑤ 품질보증서에 판매일자가 적혀 있지 않을 경우 등 판매일자를 확인하기 곤란한 경우에는 해당 물품 등의 제조일이나 수입통관일부터 3월이 지난 날부터 품질보증기간을 기산하여야 한다.

**29** 단체소송을 제기할 수 있는 단체로서의 비영리민간단체 요건이 아닌 것은?

① 법률상 또는 사실상 동일한 침해를 입은 50인 이상의 소비자로부터 단체소송의 제기를 요청받을 것

② 단체의 상시 구성원 수가 1천명 이상일 것

③ 중앙 행정기관에 등록되어 있을 것

④ 정관에 소비자의 권익증진을 단체의 목적으로 명시할 것

⑤ 최근 3년 이상 소비자 권익증진을 위한 활동실적이 있을 것

**30** 단체소송을 제기할 수 있는 단체로 적절하지 않은 것은?

① 사단법인으로서 정관에 따라 기업경영의 합리화 또는 건전한 기업문화 조성에 관한 사업을 수행하는 법인 중 공정거래위원회가 정하여 고시하는 법인

② 한국소비자원

③ 대한상공회의소

④ 중소기업협동조합중앙회

⑤ 소비자기본법에 따른 등록 후 2년이 경과한 소비자단체

## Chapter 02  개인정보보호법

정답 및 해설 : 304

**01**  다음 중 개인정보보호법과 관련한 용어를 바르게 정의하지 않은 것은?

① 개인정보 : 살아있는 개인에 관한 정보로서 개인을 알아볼 수 있는 정보
② 영상정보처리기기 : 일정한 공간에 지속적으로 설치되어 사람 또는 사물의 영상 등을 촬영하거나 이를 유·무선망을 통하여 전송하는 장치로서 대통령령이 정하는 장치
③ 개인정보처리자 : 처리되는 정보에 의하여 알아볼 수 있는 사람으로서 그 정보의 주체가 되는 사람
④ 처리 : 개인정보의 수집, 생성, 기록, 저장, 보유, 가공, 편집, 검색, 출력, 정정(訂正), 복구, 이용, 제공, 공개, 파기(破棄), 그 밖에 이와 유사한 행위를 말한다.
⑤ 개인정보파일 : 개인정보를 쉽게 검색할 수 있도록 일정한 규칙에 따라 체계적으로 배열하거나 구성한 개인정보의 집합물

**02**  다음 중 개인정보에 대한 설명으로 옳지 않은 것은?

① 태아 관련 정보는 개인을 알아볼 수 있는 정보가 아니므로 개인정보에 속하지 않는다.
② 사망자 및 실종자 관련 정보는 개인정보로 볼 수 없으나 유족, 후손과 관련되어 활용 가능 시에는 유족, 후손의 개인정보로 간주된다.
③ 혈액형은 고유 식별이 불가하므로 개인정보로 볼 수 없으나 성명, 가족관계, 주소 등 사실적 정보와 결합하여 개인 식별이 가능한 경우에는 개인정보로 간주된다.
④ 소득규모, 재산보유상황, 거래내역, 신용평가 및 신용정보, 채권채무관계 등은 개인정보로 간주된다.
⑤ 상호명, 대표이사 성명 및 임원의 정보, 법인의 영업실적 등은 개인정보 범위에 해당되지 않는다.

**03**  다음 중 Weible의 개인정보유형을 잘못 설명한 것은?

① 교육 및 훈련정보 : 학교출석사항, 최종학력, 학교성적, 기술 자격증, 상벌사항 등
② 고용정보 : 현재 봉급액, 봉급경력, 보너스 및 수수료
③ 조직정보 : 노조가입, 종교단체 가입, 정당가입, 클럽회원 등
④ 일반정보 : 성명, 주민등록번호, 운전면허번호, 거주지 주소, 전화번호, 생년월일
⑤ 동산정보 : 현금보유액, 저축현황, 주식, 채권, 기타 유가증권, 보석, 고액의 예술품

**04** 다음 중 국내의 개인정보보호에 관한 법률에 해당되지 않는 것은?

① 정보통신망 이용촉진 및 정보보호 등에 관한 법률
② 공공기관의 개인정보보호 등에 관한 법률
③ 통신비밀보호법
④ 정보통신공사업법
⑤ 금융 실명거래 및 비밀보장에 관한 법률

**05** 우리나라 개인정보 보호 원칙에 해당되지 않는 것은?

① 개인정보처리자는 개인정보의 처리 목적을 명확하게 하여야 하고 그 목적에 필요한 범위에서 최대한의 개인정보를 적법하고 정당하게 수집하여야 한다.
② 개인정보처리자는 개인정보의 처리 목적에 필요한 범위에서 개인정보의 정확성, 완전성 및 최신성이 보장되도록 하여야 한다.
③ 개인정보처리자는 개인정보 처리방침 등 개인정보의 처리에 관한 사항을 공개하여야 하며, 열람청구권 등 정보주체의 권리를 보장하여야 한다.
④ 개인정보처리자는 개인정보의 처리 목적에 필요한 범위에서 적합하게 개인정보를 처리하여야 하며, 그 목적 외의 용도로 활용하여서는 아니 된다.
⑤ 개인정보처리자는 개인정보를 익명 또는 가명으로 처리하여도 개인정보 수집목적을 달성할 수 있는 경우 익명처리가 가능한 경우에는 익명에 의하여, 익명처리로 목적을 달성할 수 없는 경우에는 가명에 의하여 처리될 수 있도록 하여야 한다.

**06** 개인정보 보호에 관한 OECD 8원칙에 해당되지 않는 것은?

① 정보정확성의 원칙              ② 개인 참가의 원칙
③ 공개의 원칙                    ④ 수집제한의 원칙
⑤ 이용무제한의 원칙

제3과목 고객관리 실무론

**07** OECD 프라이버시 보호 8원칙에 대한 설명 중 잘못된 것은?

① 안전보호의 원칙 : 개인정보의 분실, 파괴 등에 대비하여 합리적인 안전보호 장치를 마련해야 한다.
② 목적명확화 원칙 : 개인정보의 수집 목적은 명확화되어야 하며 데이터 이용은 해당 수집목적에 모순되지 않아야 한다.
③ 개인 참가의 원칙 : 개인은 자기에 관한 정보의 소재를 확인할 권리를 가지며, 필요한 경우에는 자신에 관한 정보를 알기 쉬운 형태로 통지받을 권리를 갖는다.
④ 공개의 원칙 : 개인정보에 관한 개발, 운용 및 정책에 관해서는 제한적인 공개정책을 취하여야 한다.
⑤ 책임의 원칙 : 개인정보 관리자는 위의 제 원칙을 실시하기 위한 조치에 따를 책임이 있다.

**08** 정보주체의 권리에 대한 설명 중 맞지 않는 것은?

① 개인정보의 처리에 관한 정보를 제공받을 권리
② 개인정보의 처리에 관한 동의 여부, 동의 범위 등을 선택하고 결정할 권리
③ 개인정보의 처리로 인하여 발생한 피해에 대하여 징벌을 결정할 권리
④ 개인정보의 처리 정지, 정정·삭제 및 파기를 요구할 권리
⑤ 개인정보의 처리 여부를 확인하고 개인정보에 대하여 열람을 요구할 권리

**09** 개인정보 보호위원회에 대한 설명 중 맞지 않는 것은?

① 보호위원회는 상임위원(위원장 1명, 부위원장 1명)을 포함한 15명의 위원으로 구성한다.
② 위원장과 부위원장은 정무직 공무원으로 임명한다.
③ 위원장은 국회에 출석하여 보호위원회의 소관 사무에 관하여 의견을 진술할 수 있으며, 국회에서 요구하면 출석하여 보고하거나 답변하여야 한다.
④ 위원의 임기는 3년으로 하되, 한 차례만 연임할 수 있다.
⑤ 개인정보 보호에 관한 사무를 독립적으로 수행하기 위하여 국무총리 소속으로 개인정보 보호위원회를 둔다.

**10** 개인정보 보호위원회의 심의·의결사항에 해당되지 않는 것은?

① 기본계획 및 시행계획에 관한 사항
② 개인정보 피해평가에 관한 사항
③ 개인정보 영향평가 결과에 관한 사항
④ 개인정보의 처리에 관한 공공기관 간의 의견조정에 관한 사항
⑤ 의견제시 및 개선권고, 시정조치, 처리 결과의 공표에 관한 사항

**11** 다음 (   ) 안에 들어갈 알맞은 것은?

> 보호위원회는 (  ㉠  )마다 법 제9조에 따른 개인정보 보호 기본계획을 그 (  ㉠  )이 시작되는 해의 전년도 (  ㉡  )까지 수립하여야 한다.

① ㉠ 3년, ㉡ 12월 31일
② ㉠ 1년, ㉡ 6월 30일
③ ㉠ 3년, ㉡ 6월 30일
④ ㉠ 5년, ㉡ 6월 30일
⑤ ㉠ 5년, ㉡ 12월 31일

**12** 개인정보 보호 기본계획에 포함되지 않는 것은?

① 수집하려는 개인정보의 항목
② 개인정보 보호의 기본목표와 추진방향
③ 개인정보 보호와 관련된 제도 및 법령의 개선
④ 개인정보 보호 교육·홍보의 활성화
⑤ 개인정보 보호를 위한 전문 인력의 양성

**13** 개인정보처리자가 정보주체의 동의를 받지 않아도 개인정보 수집이 가능한 경우가 아닌 것은?

① 법률에 특별한 규정이 있거나 법령상 의무를 준수하기 위하여 불가피한 경우
② 공공기관이 법령 등에서 정하는 소관 업무의 수행을 위하여 불가피한 경우
③ 정보주체와의 계약의 체결 및 이행을 위하여 불가피하게 필요한 경우
④ 수집된 개인정보가 기업비밀과 연관되어 동의를 구할 수 없는 경우
⑤ 정보주체 또는 그 법정대리인이 의사표시를 할 수 없는 상태에 있거나 주소불명 등으로 사전 동의를 받을 수 없는 경우

**14** 개인정보 수집에 있어서 개인정보처리자가 정보주체의 동의를 받은 경우 정보주체에게 알려야 하는 사항이 아닌 것은?

① 개인정보의 보유 및 이용 기간
② 수집하려는 개인정보의 항목
③ 개인정보처리자의 직무경력 및 법규준수 현황
④ 동의를 거부할 권리가 있다는 사실 및 동의 거부에 따른 불이익이 있는 경우에는 그 불이익의 내용
⑤ 개인정보의 수집·이용 목적

**15** 개인정보 수집에 있어서 개인정보처리자가 정보주체의 동의를 얻는 방법이 아닌 것은?

① 각각의 동의 사항을 구분하여 정보주체가 이를 명확하게 인지할 수 있도록 알리고 각각 동의를 받아야 한다.
② 만 14세 미만 아동의 개인정보 처리를 위한 법정대리인의 성명, 핸드폰 번호 등 최소한의 정보는 법정대리인의 동의를 받은 후 아동으로부터 수집할 수 있다.
③ 정보주체가 선택적으로 동의할 수 있는 사항을 동의하지 아니한다는 이유로 정보주체에게 재화 또는 서비스의 제공을 거부하여서는 아니 된다.
④ 정보주체에게 재화나 서비스를 홍보하거나 판매를 권유하기 위하여 개인정보의 처리에 대한 동의를 받으려는 때에는 정보주체가 이를 명확하게 인지할 수 있도록 알리고 동의를 받아야 한다.
⑤ 정보주체와의 계약 체결 등을 위하여 정보주체의 동의 없이 처리할 수 있는 개인정보와 정보주체의 동의가 필요한 개인정보를 구분하여야 한다.

**16** 개인정보를 목적 외의 용도로 이용하거나 이를 제3자에게 제공할 수 있는 경우가 아닌 것은?

① 정보주체로부터 별도의 동의를 받은 경우
② 정보주체 또는 그 법정대리인이 의사표시를 할 수 없는 상태에 있거나 주소불명 등으로 사전동의를 받을 수 없는 경우
③ 다른 법률에 특별한 규정이 없지만 개인정보처리자의 판단에 따라 필요시
④ 제3자의 급박한 생명, 신체, 재산의 이익을 위하여 필요하다고 인정되는 경우
⑤ 형 및 감호, 보호처분의 집행을 위하여 필요한 경우

**17** 개인정보의 파기에 대한 설명으로 맞지 않는 것은?

① 동의 받은 보유기간 및 이용기간의 경과 시 지체 없이 파기하여야 한다.
② 사업 종료 및 폐지 등 처리 목적 달성으로 그 개인정보가 불필요하게 되었을 때에는 지체 없이 파기하여야 한다.
③ 전자적 파일 형태의 파기방법은 복원이 불가능한 방법으로 영구 삭제한다.
④ 기록물, 인쇄물, 서면, 그 밖의 기록매체의 파기방법은 파쇄 또는 소각한다.
⑤ 다른 법령에 따라 보존하여야 하는 경우에는 개인정보 또는 개인정보파일을 다른 개인 정보와 혼합하여 저장·관리가 가능하다.

**18** 개인정보의 파기시기에 대한 사례 중 그 성격이 다른 것은?

① 핸드폰 할인 행사를 위한 이벤트 공모 시 제공된 개인정보의 이벤트 종료 시
② 서비스 이용고객이 서비스 제공기관의 회원탈퇴를 원할 때
③ 홍보 및 판촉활동(이벤트) 간 수집된 개인정보에 대하여 그 행사가 종료 시
④ 서비스 이용고객이 개인정보 제공을 동의한 기간의 종료 시
⑤ 서비스 제공을 위하여 일부 기술 협약한 외주업체의 과업 종료 시

**19** 민감정보의 범위에 해당되지 않는 것은?

① 정보주체의 선호하는 음식
② 정보주체의 사상과 신념
③ 정보주체의 건강과 성생활 등에 관한 정보
④ 정보주체의 유전자 검사 등의 결과로 얻어진 유전정보
⑤ 정보주체의 정당 가입 또는 탈퇴에 관한 정보

**20** 고유식별정보의 범위에 해당되지 않는 것은?

① 외국인등록번호
② 정보주체가 운영하는 식당의 허가번호
③ 운전면허의 면허번호
④ 여권번호
⑤ 주민등록번호

**21** 영상정보처리기의 설치 및 운영 제한의 예외의 경우가 아닌 것은?

① 교통정보의 수집·분석 및 제공을 위하여 필요한 경우
② 많은 사람이 활동하는 공개된 장소
③ 교통단속을 위하여 필요한 경우
④ 시설안전 및 화재 예방을 위하여 필요한 경우
⑤ 범죄의 예방 및 수사를 위하여 필요한 경우

**22** 개인정보의 안전성 조치 중 그 성격이 다른 것은?

① 개인정보에 대한 접근 통제 및 접근 권한의 제한 조치
② 개인정보를 안전하게 저장·전송할 수 있는 암호화 기술의 적용
③ 개인정보 침해사고 발생에 대응하기 위한 접속기록의 보관 및 위조·변조 방지를 위한 조치
④ 개인정보의 안전한 보관을 위한 보관시설의 마련 또는 잠금장치의 설치
⑤ 개인정보에 대한 보안프로그램의 설치 및 갱신

**23** 개인정보의 안전성 조치 중 그 성격이 다른 것은?

① 개인정보의 안전한 처리를 위한 내부 관리계획의 수립·시행
② 개인정보를 안전하게 저장·전송할 수 있는 암호화 조치
③ 개인정보 침해사고 발생에 대응하기 위한 접속기록의 보관 및 위조·변조 방지를 위한 조치
④ 개인정보에 대한 접근 통제 및 접근 권한의 제한 조치
⑤ 개인정보에 대한 보안프로그램의 설치 및 갱신

**24** 개인정보 보호책임자의 업무가 아닌 것은?

① 개인정보 처리 실태 및 관행의 정기적인 조사 및 개선
② 개인정보 처리와 관련한 불만의 처리 및 피해 구제
③ 개인정보 보호 전문가 양성
④ 개인정보 보호 교육 계획의 수립 및 시행
⑤ 개인정보 보호 관련 자료의 관리

**25** 개인정보 유출 시 개인정보처리자가 정보주체에게 알려야 할 사항이 아닌 것은?

① 유출된 개인정보의 항목
② 유출된 시점과 그 경위
③ 개인정보처리자의 대응조치 및 피해 구제절차
④ 정보주체에게 피해가 발생한 경우 신고 등을 접수할 수 있는 담당부서 및 연락처
⑤ 유출로 인하여 발생할 수 있는 피해를 최소화를 위한 회원탈퇴 절차

**26** 다음의 (   )에 들어갈 규모는 몇 명인가?

> 개인정보처리자는 대통령령으로 정한 규모(   ) 이상의 개인정보가 유출된 경우에는 통지 및 조치 결과를 지체 없이 보호위원회 또는 대통령령으로 정하는 전문기관인 한국인터넷진흥원에 신고하여야 한다.

① 1백 명                     ② 5백 명
③ 1천 명                     ④ 5천 명
⑤ 1만 명

**27** 다음의 (   )에 들어갈 기간은 며칠인가?

> 대통령령으로 정한 규모 이상의 정보주체에 관한 개인정보가 유출된 경우에는 서면 등의 방법과 함께 인터넷 홈페이지에 정보주체가 알아보기 쉽도록 정보유출 시 통지사항을 (   ) 이상 게재하여야 한다.

① 5일                        ② 7일
③ 10일                       ④ 15일
⑤ 20일

28 개인정보처리자는 정보주체의 개인정보처리 정지의 요구를 받았을 때에는 지체 없이 개인정보 처리의 전부 또는 일부를 정지하여야 한다. 이때 정보주체의 처리정지 요구를 거절할 수 있는 경우가 아닌 것은?

① 공공기관에서 업무상 운용하는 개인기본정보 파일에 대한 처리의 정지를 요구하는 경우
② 법률에 특별한 규정이 있거나 법령상 의무를 준수하기 위하여 불가피한 경우
③ 다른 사람의 생명·신체를 해할 우려가 있거나 다른 사람의 재산과 그 밖의 이익을 부당하게 침해할 우려가 있는 경우
④ 공공기관이 개인정보를 처리하지 아니하면 다른 법률에서 정하는 소관 업무를 수행할 수 없는 경우
⑤ 개인정보를 처리하지 아니하면 계약의 이행이 곤란한 경우로서 정보주체가 그 계약의 해지 의사를 명확하게 밝히지 아니한 경우

29 개인정보 분쟁조정위원회의 위촉위원으로 보호위원회 위원장이 위촉할 수 있는 대상이 아닌 것은?

① 개인정보 보호업무를 관장하는 중앙행정기관의 고위공무원단에 속하는 공무원으로 재직하였던 사람
② 대학이나 공인된 연구기관에서 부교수 이상 또는 이에 상당하는 직에 재직하고 있거나 재직하였던 사람
③ 판사·검사 또는 변호사로 재직하고 있거나 재직하였던 사람
④ 개인정보처리자로 구성된 사업자단체의 임원의 추천을 받은 사람
⑤ 개인정보 보호와 관련된 시민사회단체 또는 소비자단체로부터 추천을 받은 사람

30 개인정보 분쟁조정위원회에 대한 설명으로 잘못된 것은?

① 분쟁조정위원회는 분쟁조정 업무를 효율적으로 수행하기 위하여 필요하면 조정사건의 분야별로 10명 이내의 위원으로 구성되는 조정부를 둘 수 있다.
② 분쟁조정위원회는 위원장 1명을 포함한 20명 이내의 위원으로 구성하며, 위원은 당연직위원과 위촉위원으로 구성한다.
③ 당연직위원은 보호위원회의 고위공무원단에 속하는 일반직공무원으로서 개인정보 보호에 관한 업무를 담당하는 사람 중 보호위원회 위원장이 지명하는 사람으로 한다.
④ 위원장은 위원 중 공무원이 아닌 사람으로 보호위원회 위원장이 위촉한다.
⑤ 위원장과 위촉위원의 임기는 2년으로 하되, 1차에 한하여 연임할 수 있다.

Chapter **01** 프레젠테이션　　　　　　　　　　　　　　　정답 및 해설 : 306

**01** 다음 중 기업 교육훈련의 목적 및 효과에 대한 설명이 잘못된 것은?

① 입사교육훈련을 통해 신입사원은 기업의 방침과 규정 파악으로 기업에 대한 친근감과 안심감이 향상된다.
② 기업 교육훈련에 대한 목적은 특정 업무를 처리하는 기업의 핵심인력의 지식, 기능, 태도를 향상시킴으로써 기업의 발전 및 유지에 있다.
③ 직무에 대한 지도를 받아 질과 양이 모두 표준에 달하고 임금의 증가를 도모할 수 있다.
④ 재해, 기계설비 소모 등의 감소에 유효하다.
⑤ 승진에 대비한 능력 향상을 도모한다.

**02** 파고스와 마이어스의 교육훈련의 효과에 대한 설명이 잘못된 것은?

① 신입사원의 입사교육훈련을 통해 불만과 결근, 이동을 방지할 수 있다.
② 새로 도입된 신기술에 대한 종사원의 적용을 원활히 한다.
③ 신입사원은 직무에 대한 지도를 받아 직무의 질과 양이 모두 표준에 달하게 한다.
④ 재해, 기계설비 소모 등의 감소에 유효하다.
⑤ 승진에 대비한 능력 향상을 도모한다.

**03** OJT에 대한 설명이 잘못된 것은?

① OJT교육은 일상 업무 수행과정을 통해 지식, 기능, 태도를 향상시키려는 교육활동이다.
② 직장 내에서 실시하는 직무훈련으로서 기업교육의 목적달성을 위한 매우 유용한 방법이다.
③ 교육 실시자로서 현장 경험이 있는 선임자의 지식과 기능을 전달하고자 할 때 적용하는 방법이다.
④ 업적 향상을 위해 부하의 육성이 중요할 때 적용한다.
⑤ 다수의 학습자에게 동일한 내용을 경제적으로 교육하기 위한 목적이 있다.

**04** OJT 교육방법의 필요성에 대한 설명이 잘못된 것은?

① 장시간에 걸쳐 학습자에게 임무를 숙달시킬 필요가 있을 때
② 업무 현장에서 학습자를 시급히 투입할 필요가 있을 때
③ 일의 내용이나 방식의 급격하고 대폭적 변화로 인해 현재의 지식 및 경험만으로 불충분할 경우
④ 주로 체계적, 전문적인 지식교육에 적합하며 일부 기능교육, 태도교육에도 활용
⑤ 업적 향상을 위해 부하의 육성이 중요할 때

**05** OJT 교육방법과 거리가 먼 것은?

① 직무교육훈련      ② 직무순환
③ 사례연구법      ④ 코칭/멘토링
⑤ 소집단 활동을 통한 능력개발

**06** OJT 교육의 장점에 대한 설명이 잘못된 것은?

① 구체적이고 실제적인 교육훈련을 할 수 있다.
② 계속적, 반복적 교육이 가능하며 적은 경비가 들고, 결과에 대한 평가가 용이하다.
③ 고객이 함께 있을 때는 고객응대 서비스 질이 향상된다.
④ 상사와 부하직원, 선·후배 간의 인간관계가 두터워지며 상사 및 선배 자신의 자기개발 기회가 된다.
⑤ 상사는 지도자로서 적임자다.

**07** OJT 교육의 단점에 대한 설명이 잘못된 것은?

① 현장에 교육을 방해하는 소음 등의 방해물과 안전사고 발생 가능성이 상존한다.
② 비싼 장비 사용 간 고장 발생 시 전체 생산에 지장을 초래한다.
③ 누구나 일반적으로 사용 가능한 보편화된 채널이다.
④ 상급자 능력에 지나치게 좌우될 염려가 있다.
⑤ 일상지도가 중심이 되면 시야가 좁은 지도자가 되기 쉽다.

**08** Off – JT 교육에 대한 설명이 잘못된 것은?

① 주로 지식교육을 중심으로 불특정 다수인을 모아놓고 실시하는 교육이다.

② 장시간에 걸쳐 학습자에게 임무를 숙달시킬 필요가 있을 때 적용한다.

③ 다수의 학습자에게 동일한 내용을 경제적으로 교육하기 위한 목적이 있다.

④ 직장의 문제해결을 위해 필요한 지식, 기능의 수준을 향상시키기 위한 교육훈련이다.

⑤ 주로 체계적, 전문적인 지식교육에 적합하며 일부 기능교육, 태도교육에도 활용된다.

**09** 다음 중 〈보기〉의 내용에 맞는 니들러의 기업교육 강사의 역할은 무엇인가?

> 보기
>
> 교육훈련 프로그램의 효과적 전달을 위해 매체 선정과 방법을 찾으며, 학습 보조도구와 시청각 자료의 제작 및 활용으로 학습효과의 상승 방안을 강구한다.

① 교수프로그램 개발자      ② 학습촉진자

③ 학습능력 평가자      ④ 교수전략 개발자

⑤ 역량강화 실무자

**10** 다음 중 〈보기〉의 내용에 맞는 니들러의 기업교육 강사의 역할은 무엇인가?

> 보기
>
> 조직의 문제 파악 및 학습의 니즈를 분석하여 이를 충족시킬 학습내용을 확정하고, 확정된 학습내용의 적용을 위한 교수학습계획을 수립한다.

① 교수프로그램 개발자      ② 학습촉진자

③ 학습능력 평가자      ④ 교수전략 개발자

⑤ 역량강화 실무자

**11** 다음 중 〈보기〉의 내용에 맞는 니들러의 기업교육 강사의 역할은 무엇인가?

> 보기
>
> 학습자의 학습수행을 도와주거나 학습자들과 직접 학습활동을 하며, 다양한 경험과 이론적 배경을 갖추고 강의, 토의진행, 시범 등의 역할을 수행한다.

① 교수프로그램 개발자      ② 학습촉진자
③ 학습능력 평가자      ④ 교수전략 개발자
⑤ 역량강화 실무자

**12** 성인학습자의 특성에 해당되지 않는 것은?

① 목표지향적인 참여 동기
② 알고자 하는 욕구
③ 다양한 경험 보유
④ 자기주도적 학습을 원한다.
⑤ 계획된 교육에 대하여 선택의 폭이 좁다.

**13** 다음 중 앤드라고지 이론에 대한 설명으로 옳지 않은 것은?

① 성인학습자는 자신의 학습요구 분석 및 학습계획에 적극적이다.
② 스스로 목표설정 및 결과에 대한 평가과정에의 참여를 희망한다.
③ 실천원리로서 학습자 자신의 학습목표를 형성하도록 격려한다.
④ 학습 적용시간이 많을수록 직무수행 효과는 비례한다.
⑤ 실천원리로서 학습을 위한 적절한 물리적, 심리적 분위기를 형성하여야 한다.

**14** 다음 중 크로스의 성인학습 기본원칙에 해당되지 않는 것은?

① 제공되는 정보에 대하여 학습자들에게 실용적인지를 확인한다.
② 제공되는 정보의 능숙한 수행을 위한 기회를 제공한다.
③ 학습계획 수립을 위해 도움을 준다.
④ 한 번에 하나의 정보만을 제공한다.
⑤ 요점정리와 잦은 피드백을 통하여 기억력 향상 및 응용능력을 유지한다.

**15** 다음 중 강의식 교수법의 장점에 해당되지 않는 것은?

① 학습자 중심의 자율적이고 적극적인 수업이 가능하다.

② 다양한 분야와 폭넓은 지식을 이해하기 쉽도록 제공할 수 있다.

③ 제한된 시간에 다수의 학습자에게 교수자 한 명이 많은 정보를 소개할 수 있는 경제적 교수기법이다.

④ 체계적인 순서 내에서 여러 다양한 자료와 아이디어를 전달한다.

⑤ 사실적 정보, 최근 정보 전달에 적합하다.

**16** 다음 중 토의식 교수법의 장점에 해당되지 않는 것은?

① 타인의 의견을 존중하고 합의를 도출하는 민주적 사고 및 생활태도 육성에 적합하다.

② 교수자 및 학습자에게 익숙한 교육방법이다.

③ 높은 수준의 상호작용, 흥미, 참여를 통해 집단의 니즈를 충족시킨다.

④ 토의주제에 대한 동기유발로 능동적 수업참여에 효과적이다.

⑤ 참여자 간 지식과 다양한 경험을 공유한다.

**17** 다음 중 〈보기〉의 내용에 해당하는 것은?

> 보기
>
> • 집단의 구성원들이 하나의 구체적인 문제에 초점을 두고 가능한 한 많은 수의 아이디어를 생성해 내기 위한 기법이다.
> • 아이디어는 거칠고 자유분방한 것일수록 더 좋다.

① 마인드맵 기법      ② 브레인라이팅 기법

③ 역할연기법      ④ 브레인스토밍 기법

⑤ 연상법

**18** 다음 중 역할연기법의 단점에 맞지 않는 것은?

① 다른 방법과 병용하지 않으면 의미가 없다.

② 정도가 높은 의사 결정과는 거리가 멀다.

③ 교육훈련 장소의 확보가 어렵다.

④ 교수자의 많은 노력과 기술이 필요하다.

⑤ 준비에 필요한 시간이 적다.

**19** 다음 중 정보 제공을 위한 프레젠테이션에 맞지 않는 것은?

① 서술적 프레젠테이션
② 경향적 프레젠테이션
③ 설명적 프레젠테이션
④ 논증적 프레젠테이션
⑤ 정보적 프레젠테이션

**20** 다음 중 〈보기〉의 내용에 해당하는 것은?

> 보기
> • 청중의 가치관을 바꾸고 발표자의 의도를 수용
> • 청중의 가치관을 강화 및 보강하며 새로운 가치관 창출
> • 개인 및 단체의 목적을 위해 청중을 설득하여 결정 또는 행동에 도달

① 정보 제공을 위한 프레젠테이션
② 홍보를 위한 프레젠테이션
③ 동기부여를 위한 프레젠테이션
④ 설득을 위한 프레젠테이션
⑤ 엔터테인먼트적인 프레젠테이션

**21** 프레젠테이션의 3P 분석 중 청중 분석에 해당되지 않는 것은?

① 소속, 지위, 전공, 연령, 참가자 수, 성별 등
② 청중이 프레젠테이션을 통하여 무엇을 얻고자 하는지에 대한 판단
③ 교육수준, 경력, 학력 등
④ 주제에 대해 알고 있는 정도, 주제에 대한 견해
⑤ 흥미 및 관심사, 가치관, 주제 관여도

**22** 다음 중 컨텐츠 내용의 조직화에 대한 설명으로 맞지 않는 것은?

① 슬라이드 1장에 가급적 3개 이상의 요소를 담는다.
② 메시지의 전달력과 이해력을 높이기 위한 체계적, 논리적 구조화가 필요하다.
③ 3~5개의 핵심 포인트를 선정 및 활용한다.
④ 내용의 효율적 전달을 위한 적절한 그루핑으로 중복 및 빠짐없이 메시지를 전달한다.
⑤ 3의 숫자를 활용하여 내용을 구성한다(3단 논법 등).

**23** 다음 중 프레젠터의 이미지에 대한 설명으로 맞지 않는 것은?

① 목소리의 높이, 빠르기, 크기, 길이, 쉬기, 힘주기의 적절한 사용으로 단조로움을 탈피한다.
② 손동작 등 제스처의 크기는 청중의 규모를 고려하여 달리하되 너무 작거나 커서는 안 된다.
③ 제스처는 의사소통의 자연스러운 일부로 과도하게 사용하여도 좋다.
④ 손은 뒤나 앞으로 맞잡지 않으며 발은 어깨폭만큼 유지한다.
⑤ 시선은 청중과 교감할 수 있는 요소로 많은 청중과 눈을 맞출 수 있도록 한다.

**24** 다음 〈보기〉에 해당하는 슬라이드 디자인 원리에 맞는 것은?

보기

* 전하려는 메시지의 필수 정보만을 제공한다.
* 슬라이드 1장에 너무 많은 글씨나 그림을 제시하지 않는다.

① 명료성　　　　　　　　　② 균형성
③ 조화성　　　　　　　　　④ 단순성
⑤ 통일성

**25** 다음 중 파워포인트 제작 시 유의사항에 맞지 않는 것은?

① 한 슬라이드에 많은 글자, 작은 글자 크기는 피한다.
② 내용이 너무 꽉 찬 슬라이드는 여유가 없어 보이고 청중에게 부담을 주게 되므로 여백을 잘 살린다.
③ 가급적 도해를 이용한다.
④ 장식을 화려하고 고급스럽게 한다.
⑤ 다양한 멀티미디어를 사용하되 지나친 멀티미디어 사용은 주의력에 오히려 방해가 된다.

**26** 다음 중 프레젠테이션의 컨텐츠 구성에서 서론의 도입단계에 대한 설명으로 맞지 않는 것은?

① 교수자와 학습자 간 공통된 기반이 이루어져야 한다.
② 동기부여는 도입단계에서만 이루어질 수 있다.
③ 학습자의 주의를 끌어 교육에 관심을 갖도록 하는 단계이다.
④ 강의개요 목적은 본론의 주요 내용에 대해 사전에 예고함으로써 본론에 적극 참여토록 하는 것이다.
⑤ 명확한 강의개요는 수강자들의 교육방향과 목적의 도달방법에 대한 궁금증을 해소시킨다.

27  다음 중 마무리 단계에 대한 설명으로 맞지 않는 것은?

① 결론에서 지켜야 할 조건은 일관성이다.
② 청중의 결단과 행동을 위한 요약과 반복강조가 중요하다.
③ 본론의 잘못된 설명에 대하여 정정 또는 부연설명을 통해 혼란을 피한다.
④ 여운을 주는 종결 시점의 한 마디를 오랫동안 기억하게 된다.
⑤ 마무리 단계는 프레젠테이션의 목적을 이루는 마지막 단계이다.

28  〈보기〉의 설명에 대한 스피치의 분석내용에 해당되는 것은?

보기

• 청중은 무엇을 원하는가?
• 전하고자 하는 메시지는 무엇인가?

① 스피치 목적과 목표 선정        ② 청중 분석
③ 스피치 시간 분석              ④ 스피치 장소 분석
⑤ 스피치 환경 분석

29  스피치 내용 구성 시 오프닝에 대한 설명 중 맞지 않는 것은?

① 청중의 좋은 첫인상을 끌어내기 위하여 예의바른 행동을 보인다.
② 주제에 관련된 질문은 부담을 주므로 오프닝에서는 삼간다.
③ 오프닝에서는 청중과 친밀감 형성을 위해 칭찬하거나 감사를 전한다.
④ 청중의 좋은 첫인상을 끌어내기 위하여 옷차림을 단정히 한다.
⑤ 청중의 관심을 끌어내기 위해 주제와 관련하여 재미있는 이슈나 경험을 이야기한다.

30  원고작성 및 리허설에 대한 설명 중 맞지 않는 것은?

① 큐 카드의 사용은 내용의 흐름을 파악하고 심리적 안정에 도움이 된다.
② 독서카드를 활용하며 10×13cm 또는 15×10cm이 적당하다.
③ 스피치에 대한 진정한 자신감은 자신에 대한 믿음에서 시작되며, 내용 이해와 이에 대한 확신을 갖도록 연습하는 것이 필요하다.
④ 큐 카드는 스피치 동안 손을 처리하는 데 용이하다.
⑤ 큐 카드는 세부적인 대본을 작성하며 지시 및 주의사항을 적어둔다.

**31** 교육훈련 기법 중 사례연구법의 단점에 대한 설명으로 가장 올바르지 않은 것은?

① 생각하는 학습 교류가 어렵지만 가능하다.

② 원칙과 이론의 체계적인 습득이 어렵다.

③ 학습자의 의사결정이 타당한지 검증할 방법이 없다.

④ 학습자는 사례에 관한 자료를 수집하는 것이 쉽지 않다.

⑤ 실제 상황이 아니기 때문에 사례 활용이 실전적 체험으로 이어지지 못한다.

# CS리더스관리사
# 기출기반
# 모의고사

CS리더스
관리사

# 01형 기출기반 모의고사

제 01 과목 **고객만족(CS) 개론**

정답 및 해설 : 310

**01** 다음 중 고객만족을 구매자가 치른 대가에 대해 보상되었다고 느끼는 인지적 상태라고 정의한 학자는?

① 하워드와 쉬드
② 코틀러
③ 헌트
④ 웨스트브룩
⑤ 올리버

**02** 고객만족 관리의 중요성에 해당되지 않는 것은?

① 고정고객의 유지
② 마케팅 비용의 효율성 제고
③ 판매비용 절감
④ 고객만족을 통한 가격우위 효과
⑤ 새로운 고객의 창출 비용의 감소로 매출 증대

**03** 단계별 고객만족 변천사에 대한 설명이 잘못된 것은?

① 1980년대 : 일본 SONY사에서 고객만족경영을 도입하였다.
② 1990년대 : 1991년 스칸디나비아 항공사에서 고객만족경영을 도입하였다.
③ 1990년대 : 고객중심 경영의 시대이다.
④ 2000년대 : 대부분의 기업에서 고객만족경영을 도입하였다.
⑤ 1990년대 : LG와 삼성의 고객가치경영의 도입을 시작으로 공기업 및 민간 기업에서 본격화하였다.

**04** 고객만족 효과에 해당되지 않는 것은?

① 구전전파에 의한 광고효과가 있다.
② 고객만족을 통해 재구매에 의한 매출이 증가한다.
③ 충성고객에 의한 구전전파로 시장점유율이 증대된다.
④ 고객만족을 통해 가격민감도를 높여서 매출을 증가시킨다.
⑤ 고객만족이 지속되면 좋은 기업 이미지가 형성되고 이는 수익으로 이어진다.

**05** 고객만족경영의 도입배경의 중요성에 대한 설명으로 맞는 것은?

① 경쟁사보다 더 우수한 제품과 서비스를 개발하여 고객의 욕구를 충족시켜야 한다.

② 과잉소비의 사회는 소비자보다 생산자가 더 중요한 요소로 부각되었다.

③ 소비자의 삶의 질 향상에 의해 하드웨어적인 요소가 더 중요한 요인이 되었다.

④ 소비자들의 다양한 욕구충족을 위해 소비자 문제에 적극적으로 대응하는 생산자의 책임의식이 확산되었다.

⑤ 일원적 경쟁시장으로 시장구조가 변화하면서 경쟁의 폭은 집중되었다.

**06** 고객만족의 요소 중 하드웨어의 내용에 해당되지 않는 것은?

① 접점, 시설, 환경 등

② 기업의 이미지, 브랜드 파워

③ 분위기, 청결도, 인테리어

④ 시설, 설비의 사용 편리성

⑤ 기업의 상품, 서비스 프로세스

**07** 고객만족경영의 체계 변화에 대한 설명으로 맞지 않는 것은?

① 생산자 위주의 소비시장에서 소비자 위주의 소비시장으로 변화되었다.

② 기성세대와는 차별되는 소비 형태, 가치관을 지닌 새로운 세대가 등장하였다.

③ 시장의 성숙화, 인터넷의 발달 등으로 무한경쟁시대가 도래되었다.

④ 고품질 개발에 중점을 둔 생산성 향상의 기업경영이 요구되고 있다.

⑤ 생존차원의 필수적 소비에서 선택적 소비의 형태로 변화되고 있다.

**08** 우리나라 고객만족경영의 흐름에 대한 설명 중 옳은 것은?

① 1990년대 : 고객관계관리 경영기법의 보편화

② 1990년대 : 고객관계관리 시스템 도입

③ 1970년대 : 판매 증진을 위한 보조적 수단으로 고객만족을 활용하기 시작

④ 1980년대 : A/S제도 도입

⑤ 1990년대 : 고객생애가치 창출을 통한 고객기여도 극대화

**09** 고객에 대한 정의가 바르지 않은 것은?

① 광의의 의미로 고객은 기업과 직·간접적으로 관계를 맺는 모든 주변인을 의미한다.
② 습관적으로 자사의 물품이나 서비스를 구매하는 사람이다.
③ 충성고객은 기업의 제품이나 서비스를 반복 구입하는 고객으로 해당기업을 적극 추천
하는 로열티 고객과는 다소 차이가 있다.
④ 구매자는 고객의 하위개념으로 접촉이나 반복구매를 한 적이 없는 사람을 지칭한다.
⑤ 고객생애가치 실현을 통해 기업에 수익을 창출해 주는 사람이다.

**10** 고객의 분류에 대한 설명이 잘못된 것은?

① 가치체계에 따른 고객 분류 중 가치 전달 고객은 기업과 협력업체, 대리점 등이 해당된다.
② 도매상 또는 소매상은 중간고객이다.
③ 가치체계에 따른 고객 분류 중 기업과 최종고객, 구매자와 사용자 등은 가치 구매 고객
이다.
④ 가치체계에 따른 고객 분류 중 상사와 부하직원, 부서와 부서, 동료와 동료는 내부고객
이다.
⑤ 평면적, 전통적인 측면에서 고객은 재화나 서비스를 구매하는 사람이다.

**11** 그레고리 스톤의 고객 분류 중 천편일률적인 서비스보다 자기를 인정해 주는 서비스에 만
족을 느끼는 고객은?

① 경제적 고객　　　　　　　　　② 개인적 고객
③ 편의적 고객　　　　　　　　　④ 윤리적 고객
⑤ 자기 존중적 고객

**12** 참여 관점에 따른 고객 분류 중 〈보기〉의 설명에 맞는 고객 유형은?

보기

기업의 이익에 오히려 마이너스를 초래하는 고객 유형으로 디마케팅의 대상이 되는 고객이다.

① 한계고객　　　　　　　　　　② 간접 고객
③ 의사결정 고객　　　　　　　　④ 의견선도 고객
⑤ 웹시족

**13** 고객행동의 영향요인에 대한 설명 중 잘못된 것은?

① 고객의 행동에 영향을 미치는 요인은 크게 경제적 요인, 사회적 요인, 문화적 요인이 있다.

② 문화는 개인의 지각 및 행동, 선호성, 신념, 가치관 형성의 원천이며 개인의 욕구와 행동을 결정하는 가장 기본적인 요소로서 고객행동에 영향을 미친다.

③ 개인의 태도 및 행동에 직·간접적으로 영향을 미치는 집단을 준거 집단이라 한다.

④ 고객행동은 개인의 개성과 자아개념, 특히 생활방식 등에 영향을 받는다.

⑤ 2차 준거 집단에는 정당, 종교단체, 전문가 집단, 학교, 회사 등이 해당된다.

**14** 고객관계관리(CRM)에 대한 설명이 잘못된 것은?

① CRM은 고객 수익성을 기준으로 고객과의 장기적인 관계를 구축하여 기업의 경영성과를 지속적으로 개선하기 위한 고객 중심의 경영방식이다.

② CRM은 선별된 고객으로부터 수익을 창출하고 장기적 고객관계를 가능하게 함으로써 보다 높은 이익을 창출할 수 있는 솔루션이다.

③ CRM Cycle의 순서는 신규고객 획득 - 우수고객 유지 - 잠재고객 활성화 - 고객가치 증진 - 평생 고객화이다.

④ CRM은 신규고객 유치는 물론 기존고객 유지 및 관리를 통해 고객 수익성을 증대시키기 위한 것이다.

⑤ 신규고객 창출보다 고정고객 유지 및 관리에 중점을 둔다.

**15** 메타그룹이 제시한 고객관계관리 유형 중 운영 CRM에 대한 설명으로 적합한 것은?

① 시장점유율 및 수익성 제고를 목적으로 고객 데이터를 추출, 분석하는 시스템으로, 모든 정보를 통합, 분석하고 이를 마케팅에 응용된 정보로 피드백하는 전과정을 의미한다.

② 프론트 오피스를 연계한 거래이력 업무 지원, 백오피스와 CRM의 통합 등 자동화된 비즈니스 프로세스를 의미한다.

③ 고객의 라이프사이클을 통해 비효율적인 프로세스를 탐색하고 다양한 접점 채널들을 통합한다.

④ 콜센터, 이메일, 비디오, 팩스, FOD, 우편 등이 해당된다.

⑤ 데이터마이닝, OLAP, ODS 등이 해당된다.

**16** CRM의 기대효과와 거리가 먼 것은?

① 신규고객 유치 및 고객평생가치 향상으로 매출이 증대된다.

② 고객의 라이프스타일, 니즈 등을 분석하고 이를 통해 개별화 서비스 제공이 가능하므로 다양하게 사업방향을 모색할 수 있는 신규 사업 진출 다각화의 효과가 있다.

③ 우량고객 이탈방지, 가망고객 발굴 등을 통해 수익성을 증대할 수 있다.

④ 부서 간 연계하여 데이터 활용이 가능하다.

⑤ 고객유지 비용이 증가한다.

**17** 고객관계관리 시스템 구축 단계별 설명이 잘못 연결된 것은?

① 1단계 전략수립단계에서는 CRM 구축 목적과 그에 따른 기업의 목표, 고객의 제품 구매채널을 파악하여 전략을 수립한다.

② 2단계 인프라 구축단계에서는 데이터웨어하우스와 정보 분석 지원환경을 구축하고 개별고객을 분석하며 후방지원부서와 고객접점일선 시스템, 전자상거래 등 새로운 커뮤니케이션 채널을 확립한다.

③ 3단계 데이터마이닝을 통한 고객 분석과 마케팅 실시단계에서는 고객의 성향을 분석하여 구매를 창출하고 잠재고객, 충성고객 등 다양한 고객층에 대한 차별화 마케팅 전략을 시도한다.

④ 4단계 고객분석 결과를 실질적으로 판매과정에서 활용하는 단계에서는 차별화, 개별화된 서비스를 제공한다.

⑤ 5단계 고객 유지를 위한 서비스와 피드백 관리 단계에서는 고객과의 유대관계를 강화하여 이탈 고객을 감소시키고 기존 고객을 양질의 우수 고객으로 전환시킨다.

**18** CRM 전략수립 6단계에 대한 설명 중 맞지 않는 것은?

① 전략수립 6단계는 환경 분석 - 고객 분석 - CRM 전략 방향 설정 - 마케팅 제안 결정 - 제품, 서비스 개인화 설계 - 대화 설계이다.

② 환경분석과 관련하여 시장매력도의 영향요인 중 시장요인으로 시장의 규모, 시장의 성장성, 매출의 순환성, 계절성, 공급업자의 협상력이 있다.

③ 고객 분석의 핵심은 고객평가와 고객 세분화이다.

④ 제품 및 서비스 개인화 설계는 고객의 개별적 특성에 적합한 제품 및 서비스를 설계하는 단계이다.

⑤ 대화 설계는 고객에게 해당 제품 및 서비스를 어떻게 제공할 것인가의 방법을 설계하는 것이다.

**19** 서비스를 〈보기〉와 같이 정의한 학자는?

> 보기
> 한쪽에 의해 다른 한쪽에게 제공되는 경제적 활동

① 코틀러      ② 러브락 앤 비츠
③ 레티넨      ④ 라스멜
⑤ 베리

**20** 경제학적 측면에서 서비스를 〈보기〉와 같이 정의한 학자는?

> 보기
> 서비스 노동은 부를 창출할 수 없기 때문에 비생산적 노동이다.

① 애덤 스미스      ② 마샬
③ 세이      ④ 베솜
⑤ 자이다믈

**21** 경영학적 관점에서 서비스를 〈보기〉와 같이 활동론적 정의를 내린 학자는?

> 보기
> 소비자나 이용자에게 판매될 경우 욕구에 대한 만족을 가져오는 무형의 활동

① 베솜      ② 마샬
③ 자이다믈      ④ 블루아
⑤ 스탠턴

**22** 크리스토퍼의 프로세스별 서비스 분류 중 거래 전 제공되는 서비스에 해당되지 않는 것은?

① 회사의 정책      ② 기술적 서비스
③ 사고에 대한 시스템적 유연성      ④ 회사에 대한 고객의 평가
⑤ 제품 요청의 편의성

**23** 거래 현장에서 제공되는 서비스에 해당되지 않는 것은?

① 재고품의 품질 수준
② 컴플레인과 클레임
③ 제품 대체성
④ 빨리 쇼핑을 마칠 수 있도록 하는 시간
⑤ 주문 요청의 편의성

**24** 거래 후 서비스에 대한 설명과 거리가 먼 것은?

① 충성고객 확보를 위해 중요하다.
② 서비스에 대한 고객의 평가를 바꿀 수 있는 기회이며 위기이다.
③ 고객 만족도 향상을 위한 조직 정비가 필요하다.
④ 거래현장에서 제품판매 지원이 필요한 서비스 요소이다.
⑤ 제품 포장은 거래 후 제공되는 서비스이다.

**25** 〈보기〉의 (　) 안에 들어갈 알맞은 리더십 이론의 명칭은?

> 보기
>
> (　　)은 리더의 성격속성(지능, 언어구사력, 통찰력, 결단력, 사명감 등)과 신체적 특성(신장, 외모, 건강상태 등)을 고려하였다.

① 특성론
② 행동이론
③ 상황론
④ 성숙도 이론
⑤ 변혁론

**26** 중국 당나라 및 조선시대 인재등용의 원칙으로 삼았던 신언서판은 리더십 이론 중 어떤 관점에서 인재등용을 한 사례인가?

① 특성론
② 행동이론
③ 상황론
④ 목표-경로 이론
⑤ 변혁론

**27** 매슬로의 욕구 5단계 중 자기발전을 이루고 자신의 잠재력을 극대화하려는 단계는?

① 1단계 : 생리적 욕구
② 2단계 : 안전의 욕구
③ 3단계 : 사회적 욕구
④ 4단계 : 존경의 욕구
⑤ 5단계 : 자아실현의 욕구

**28** 〈보기〉의 설명에 해당하는 동기이론은?

> 보기
> • 개인이 어떤 일을 수행하는 데 투입한 요소들과 이로부터 얻은 성과 비율을 다른 사람의 투입 및 산출의 비율과 비교하여 공평한 정도를 파악한다.
> • 개인은 항상 자신의 성과 및 투입 비율을 계산하고 타인의 성과 및 투입 비율을 참작하여 자신의 조작에 대한 행동의 실행여부를 결정한다.

① 매슬로의 욕구 5단계
② 허츠버그의 동기위생 요인
③ 애덤스의 공정성 이론
④ 알더퍼의 ERG이론
⑤ 기대이론

**29** 서비스 리더십에 대한 설명 중 맞지 않는 것은?

① 서비스 리더십은 리더의 서비스를 통해 직원들이 행복해하고 이를 통해 외부 고객의 만족이 이루어질 수 있도록 만드는 리더십이다.
② 서비스 리더십의 구성요소 중 서비스 태도는 고객의 니즈를 파악하고 이를 충족시키기 위해 필요한 서비스 창조능력, 관리 및 운영능력, 인간관계 형성, 개선능력을 말한다.
③ 서비스 리더십의 구성요소에는 서비스 신념, 서비스 태도, 서비스 능력이 있다.
④ 공식으로는 '신념(C)×태도(M)×능력(S)=고객만족'으로 표현할 수 있다.
⑤ 서비스 리더십은 리더와 내부고객 사이에서 수평적으로 작용하며 설득과 동의를 통해 이루어지는 내부 서비스이다.

**30** 커트 라이맨이 제시한 우수한 리더십 특성 7가지에 대한 내용 연결이 잘못된 것은?

① 합리적 목표 : 달성 가능한 목표 설정
② 고객에 대한 접근성 : 고객을 생각하는 리더십 발휘
③ 일에 대한 열정 : 업무에 대한 애정과 열중하는 자세
④ 기업문화의 변화 : 구성원에게 기업에서 추구하는 가치가 무엇인지 알려 주어 원하는 방향으로 기업문화를 변화
⑤ 강력한 추진력 : 강력하게 일을 밀고 나아가는 능력

01　서비스 청사진에 대한 설명이 잘못된 것은?

① 서비스 전달과정에서 해야 하는 자기의 역할로 서비스 프로세스와 관련된 단계와 흐름 등의 서비스 전반을 이해하도록 묘사하여 다이어그램으로 표현한다.

② 서비스 시스템을 정확히 묘사하여 객관적으로 서비스 시스템을 이해하는 데에는 한계가 있다.

③ 마케터에게 필수적인 계획, 실행, 통제의 도구로 사용된다.

④ 서비스 실패 가능점을 파악하여 미연에 방지하거나 복구 대안을 강구하는 데 사용된다.

⑤ 장기적으로 고객에게 필요한 서비스를 제공하며 잠재적으로 사업의 개선 기회를 발견할 수 있다.

02　서비스 청사진은 서비스 시스템을 이해하도록 해주는 그림 또는 지도를 말한다. 린 쇼스텍이 제시한 그림이나 단순묘사에 대한 위험 요소 4가지에 해당되지 않는 것은?

① 불완전성　　　　　　　　　　　② 단순화
③ 정보전달 부족성　　　　　　　　④ 편향된 해석
⑤ 주관성

03　다음 중 서비스 청사진의 작성 단계를 올바르게 나열한 것은?

① 실패가능성의 확인 - 과정의 도식화 - 경과시간의 명확화 - 수익성 분석 - 청사진 수정
② 과정의 도식화 - 수익성 분석 - 실패가능성의 확인 - 경과시간의 명확화 - 청사진 수정
③ 과정의 도식화 - 실패가능성의 확인 - 수익성 분석 - 경과시간의 명확화 - 청사진 수정
④ 과정의 도식화 - 실패가능성의 확인 - 경과시간의 명확화 - 수익성 분석 - 청사진 수정
⑤ 과정의 도식화 - 경과시간의 명확화 - 실패가능성의 확인 - 수익성 분석 - 청사진 수정

**04** 서비스 청사진의 장점으로 보기 어려운 것은?

① 서비스 실패 가능점을 파악하여 품질개선 및 창조적 사고를 하도록 도와준다.

② 서비스 관리자는 고객과 종업원 사이의 상호작용선과 가시선을 통해 고객역할을 인식할 수 있다.

③ 서비스 청사진 설계 전·후 시스템을 비교 분석함으로써 전략적 토의를 쉽게 할 수 있도록 해준다.

④ 품질개선을 위한 상의하달과 하의상달을 촉진한다.

⑤ 종업원 개인별 직무에 대한 전체 과정을 연계하게 함으로써 전체 서비스 파악을 통해 기업중심의 서비스를 제공한다.

**05** 다음 중 마케팅 개념의 발전과정에 대한 설명으로 맞지 않는 것은?

① 마케팅 개념의 발전과정은 생산 개념, 제품 개념, 판매 개념, 마케팅 개념, 복합적 마케팅 개념의 5단계의 발전과정을 보인다.

② 생산 개념의 마케팅은 만들면 팔린다는 방식으로, 소비자의 수요와 욕구충족을 위해 생산성의 향상과 원가절감, 광범위한 유통 범위에 초점을 맞추어야 한다는 생산지향적인 마케팅 이념이다.

③ 제품 개념은 소비자가 요구하는 것을 제조하는 것보다는 기업에서 만든 것을 판매하는 것이다.

④ 마케팅 개념은 고객지향적 개념으로서 기업의 목표달성 여부는 시장에 있는 소비자의 욕구를 파악하고 이들에게 만족을 전달해 주는 활동을 얼마나 경쟁자보다 효율적으로 수행할 수 있느냐에 달렸다고 보는 것이다.

⑤ 복합적 마케팅 개념은 장기적이며 상호 만족하는 관계, 중요한 이해관계자들 간의 상호 번영을 구축하는 목적으로 가치탐구, 가치창조 및 가치전달 활동을 통합하는 것이다.

**06** 〈보기〉의 설명에 해당하는 복합적 마케팅의 구성요소는?

> 보기
>
> 조직의 과업은 표적시장의 욕구, 요구, 관심사를 결정하고 소비자의 복지와 사회의 복지를 보존하거나 향상시키는 데 경쟁사보다 효율적이고 효과적으로 충족시키는 활동이다.

① 관계 마케팅      ② 통합적 마케팅

③ 내적 마케팅      ④ 사회적 마케팅

⑤ 외적 마케팅

**07** SWOT 분석에 대한 설명이 잘못된 것은?

① 기업경영의 외부적 환경인 기회·위협요인과 자사의 내부적 환경인 강점·약점을 파악한다.

② 기회와 위협요인, 강점과 약점요인을 바탕으로 SWOT 매트릭스를 작성한다.

③ 분석결과 도출된 것 중 핵심적인 SWOT를 대상으로 전략을 세우며, 유용한 전략을 설정하기 위하여 SO전략, ST전략, WO전략, WT전략으로 구분하여 도출한다.

④ 위협을 회피하기 위해 강점을 사용하는 마케팅으로 안전성장전략은 ST전략이다.

⑤ 위협을 회피하고 약점을 최소화하는 마케팅으로 축소, 철수전략은 WO전략이다.

**08** 시장세분화 방법에 있어서 코틀러는 바람직한 시장세분화가 갖추어야 할 5가지 조건을 제시하였다. 이에 해당하지 않는 것은?

① 대체 가능성        ② 접근 가능성

③ 측정 가능성        ④ 실질적 규모

⑤ 실행 가능성

**09** 인지부조화에 대한 설명이 맞지 않는 것은?

① 리언 페스팅어가 그의 저서 「인지적부조화 이론」에서 제기한 이론이다.

② 인지부조화는 사람들이 믿는 것과 사람들의 믿음의 결과로 나타나는 성과 사이의 불일치 발생에 의한 심리적 현상이다.

③ 인지부조화를 경험하게 되면 심리적으로 불안과 갈등상태를 겪게 되어 스스로 그것을 줄이려는 압박을 받게 된다.

④ 제품 또는 서비스에 대한 정보에 따라 의사결정이 이루어지기 전 발생한다.

⑤ 사람들의 생각과 드러난 결과 사이의 혼돈으로 발생하는 상황이다.

**10** 고객인지 프로그램의 장점이 아닌 것은?

① 고객의 정보데이터는 CRM의 기초자료가 된다.

② 표준화된 서비스 제공이 가능하다.

③ 효율적인 마케팅활동이 가능하다.

④ 고객과의 원활한 의사소통이 가능하다.

⑤ 고객 및 이해관계자의 지지 증가 유도가 가능하다.

**11** 리츠칼튼 호텔의 고객인지 프로그램과 황금표준에 대한 설명 중 거리가 먼 것은?

① 호텔을 이용하는 모든 고객에게 차별화된 서비스를 제공한다.

② 황금표준을 담은 접이식 포켓카드를 고객취향수첩이라고 부른다.

③ 고객 코디네이터의 업무는 매일 아침 간부회의에 참여하여 호텔 지배인 등 관리자들에게 당일에 묵을 고객에 대해 자신이 입수한 모든 정보를 공유하는 것이다.

④ 호텔의 직원은 근무 중에 고객에 대한 정보를 얻게 되면 고객이력 프로그램에 추가로 입력한다.

⑤ 서비스 황금표준을 만들어 호텔의 모토, 서비스 3단계, 12가지 서비스 가치를 실천하고 있다.


**12** 서비스 품질에 대한 설명 중 맞지 않는 것은?

① 서비스 품질은 서비스의 이용 전 기대와 성과를 비교하는 것이다.

② 서비스 품질은 직접적인 경험을 통해 인지되는 고객 지향적인 개념이다.

③ 그뢴루스는 서비스 품질을 소비자의 지각된 서비스와 기대 서비스의 비교평가의 결과라고 정의하였다.

④ 서비스 품질은 서비스의 이용 전뿐만 아니라 전 과정에서 평가가 이루어진다.

⑤ 레티넌은 서비스 품질을 제공된 서비스 수준이 고객의 기대와 얼마나 일치하는가의 척도라고 정의하였다.


**13** 그뢴루스의 6가지 품질 구성요소 중 〈보기〉에 해당하는 것은?

> 보기
>
> 서비스 실패 및 예상치 못했던 일이 발생했더라도 적극적, 즉각적, 능동적으로 바로 잡으려고 노력하며 해결대안을 찾아내려고 하는 것을 고객이 느끼는 것이다.

① 전문성과 기술  ② 서비스 회복
③ 태도와 행동  ④ 접근성과 융통성
⑤ 신뢰성과 믿음

**14** SERVQUAL의 품질평가 5가지 차원 중 〈보기〉에 해당하는 것은?

> **보기**
>
> 직원의 지식, 공손함, 능력 및 신뢰와 안정성을 전달하는 능력 등의 요소이다.

① 유형성　　　　　　　　　② 신뢰성
③ 확신성　　　　　　　　　④ 반응성
⑤ 공감성

**15** 가빈의 품질 모형 중 기업 혹은 브랜드의 명성에 해당하는 범주는?

① 인지된 품질　　　　　　　② 신뢰성
③ 적합성　　　　　　　　　④ 심미성
⑤ 특징

**16** 고객만족 및 고객만족지수에 대한 설명이 옳지 않은 것은?

① 고객만족지수(CSI)는 기업 관점에서 고객의 제품 및 서비스를 구매하는 고객가치를 평가하는 수단을 제공하는 설문의 형태이다.
② 고객만족지수는 고객 입장에서 어떤 개선활동이 고객 만족을 높이고, 기업의 수익을 높일 수 있는지에 대한 방향을 제시하는 설문의 형태이다.
③ 고객만족지수는 현재 생산, 판매되고 있는 제품 및 서비스를 직접 사용한 경험이 있는 고객이 직접 평가한 만족수준의 정도를 모델링에 근거하여 측정, 계량화한 지표이다.
④ 고객만족지수 분석은 고객만족에 영향을 미치는 요소를 분석하여 만족한 고객 더 나아가 우수고객으로 가는 과정을 도와준다.
⑤ 만족에 대한 판단으로 보는 관점에서의 고객만족은 소비자의 충족상태에 대한 반응으로서 제품과 서비스의 특성, 소비에 대한 충족상태를 충분히 제공하였는가에 대한 판단이다.

**17** 고객만족지수 측정의 필요성이 아닌 것은?

① 경쟁사의 경쟁력과 관련된 품질성과를 연구할 수 있다.
② 고객의 기대를 충족시키지 못하는 영역에 대한 평가를 할 수 있다.
③ 제품 및 서비스 가격 인상의 허용 폭을 결정할 수 있다.
④ 잠재적인 시장진입 장벽을 분석할 수 있다.
⑤ 효율성 평가 및 불만 해소의 영향을 분석할 수 있다.

**18** 고객만족측정의 3원칙 중 〈보기〉에 해당하는 것은?

> 보기
>
> 고객만족조사를 정기적으로 실시하여 만족도를 과거·현재·미래와 비교할 수 있어야 한다.

① 목적성의 원칙
② 합리성의 원칙
③ 계속성의 원칙
④ 정량성의 원칙
⑤ 정확성의 원칙

**19** 고객만족측정 방법 중 간접측정 방법에 대한 설명이 아닌 것은?

① 서비스의 하위요소, 품질에 대한 만족도의 합을 복합점수로 만드는 방식이다.
② 대표적 사례는 민원행정서비스 만족도 조사이다.
③ 만족도 개선을 위한 다양한 정보를 제공한다는 장점이 있다.
④ 체감만족도와 차원만족도 합산의 구성비율에 대한 기준이 불확실하다.
⑤ 만족도 측정오차 및 만족도 차원의 모든 요소를 포함시킬 수 없다는 한계점이 있다.

**20** 고객만족측정 모델 중 ACSI에 대한 내용과 거리가 먼 것은?

① 소비자의 지각된 품질, 고객의 기대가 지각된 가치에 영향을 미쳐 고객만족, 고객 충성도가 증가한다는 인과관계를 고려한 모형이다.
② 국내외에서 생산되어 국내 최종 소비자에게 판매된 제품 및 서비스에 대해 직접 사용한 고객이 평가한 만족의 정도를 측정해 계량화한 지표이다.
③ 1994년부터 분기별로 기업, 산업, 경제부분, 국가경제에 대한 지각적 고객만족도 결과를 발표함으로써 국가 간의 비교 가능한 경제지표로 활용될 수 있다.
④ 12개 경제부분, 43개 산업부분, 200개 이상의 기업, 연방 및 지역 정부기관에 대한 만족도를 측정하고 있다.
⑤ 이미 구매경험을 가진 고객의 만족도뿐만 아니라 차후 고객의 충성도를 확인하고 설명할 수 있다.

**21** 경영자가 고객의 기대를 정확히 인식하지 못해서 발생하는 GAP모형은?

① GAP1
② GAP2
③ GAP3
④ GAP4
⑤ GAP5

**22** GAP3의 발생 원인에 해당되지 않는 것은?

① 서비스에 적합하지 못한 직원 배치
② 직무에 적합하지 않은 감독 및 통제 시스템
③ 과잉약속
④ 직무에 대한 부적응
⑤ 수요와 공급의 불일치

**23** GAP4의 해결방안으로 적절하지 않은 것은?

① 수평적 커뮤니케이션 활성화
② 직원에게 인식된 통제권한 제공
③ 통합마케팅 커뮤니케이션
④ 고객 기대의 효과적인 관리
⑤ 광고와 인적판매에서의 정확한 약속

**24** 서비스 기대 중 〈보기〉에 해당하는 것은?

보기

소비자가 기원하는 서비스 수준으로서 바람직한 서비스 수준이다.

① 이상적 서비스        ② 예측된 서비스
③ 적정 서비스        ④ 희망 서비스
⑤ 허용영역

**25** 고객의 서비스 기대 요인 중 내적 요인에 해당하지 않는 것은?

① 개인적 욕구        ② 관여도
③ 과거경험        ④ 서비스 철학
⑤ 고객의 기분

**26** 고객의 욕구와 심리를 응용한 효과 중 〈보기〉에 해당하는 것은?

보기

소비자는 기업에서 상품을 어떻게 표현하느냐에 따라 의사결정이 달라진다. 따라서 적절한 표현 방식은 구매행동으로 옮기게 할 수 있다.

① 스놉 효과
② 밴드왜건 효과
③ 베블런 효과
④ 유인 효과
⑤ 프레이밍 효과

**27** 관여도에 대한 설명으로 맞지 않는 것은?

① 소비자는 어떤 제품을 구입할 때 신중하기도 하고 적당히 선택하기도 하는데, 이러한 차이를 설명해 주는 개념이 관여도이다.
② 관여도는 주어진 상황에서 특정 대상에 대한 관심도, 중요성의 지각 정도, 관련성의 지각으로 정의할 수 있다.
③ 제품에 관한 소비자의 관여 수준에 따라 고관여와 저관여로 구분할 수 있다.
④ 상품이 소비자의 자아 이미지에 중요하며 소비자 행동이 라이프 스타일에 많은 영향을 미치는 제품은 저관여 제품이다.
⑤ 친숙한 상표를 근거로 확인하며 소수의 속성만을 검토하는 것은 저관여 제품의 특성이다.

**28** 고객가치 파악을 위한 고려사항에 적합하지 않은 것은?

① 활동고객 수
② 고객 한 명당 얻는 이익
③ 고객 1명을 유지하는 데 드는 비용의 증가율
④ 고객 한 명당 얻는 수익의 증가율
⑤ 신규고객의 증가율

**29** 조셉 플러머에 의해 연구된 고객분석 방법으로서 활동, 관심, 의견 등의 조사를 통해 소비자의 라이프스타일을 측정하는 방법은?

① CLV 분석
② RFM 분석
③ AIO 분석
④ CE 분석
⑤ CRM 분석

**30** 고객세분화 유형 중 다기준에 의한 분류를 모두 선택한 것은?

| | |
|---|---|
| 가. CLV | 나. 연령에 의한 분류 |
| 다. RFM | 라. 지역에 의한 분류 |
| 마. 상품에 의한 분류 | 바. 구매액에 의한 분류 |

① 가, 다
② 가, 나, 다
③ 나, 라, 마, 바
④ 라, 마
⑤ 다, 바

**01** 매너 및 에티켓에 대한 개념 설명이 잘못된 것은?

① 매너는 지켜야 할 약속, 규범이다.

② 에티켓은 '있다, 없다'로 표현된다.

③ 매너는 자의적, 주관적 생활양식이다.

④ 에티켓은 공공적, 객관적 생활양식이다.

⑤ 매너는 에티켓의 구체화된 행동이다.

**02** 다음 중 절에 대한 설명이 잘못된 것은?

① 큰절은 자기가 절을 해도 답배를 하지 않아도 되는 높은 어른에게 하거나 의식행사에서 한다.

② 평절은 웃어른이 아랫사람의 절에 대해 답배할 때 하는 절이다.

③ 남성의 기본횟수는 한 번이다.

④ 여성의 기본횟수는 두 번이다.

⑤ 산 사람에게는 기본횟수를, 죽은 사람에게는 기본횟수의 배를 한다.

**03** 다음 중 공수자세에 대한 설명으로 옳지 않은 것은?

① 어른을 모시거나, 의식행사에 참석하였을 때, 절을 할 때 반드시 취하는 공손한 자세이다.

② 공수는 배례(절)의 기본동작으로서 모든 행동의 시작이라 할 수 있다.

③ 평상시 기본상황에서는 남자는 오른손이, 여자는 왼손이 위로 가도록 한다.

④ 제사는 흉사가 아니므로 손의 위치를 평상시와 동일하게 한다.

⑤ 평상복을 입었을 경우 엄지가 배꼽에 닿도록 한다.

**04** 방향안내에 대한 설명으로 옳지 않은 것은?

① 시선은 상대방의 눈 ⇨ 지시할 방향 ⇨ 상대방의 눈을 보면서 안내한다.

② 사물 또는 장소를 가리키는 경우에는 해당 방향의 손으로 안내하며 반대손은 아랫배에 둔다.

③ 손가락은 곧게 펴서 모으고 손목이 꺾이지 않도록 하며 손바닥은 정면에서 보이지 않도록 45도로 눕혀서 지시방향을 유지한다.

④ 사람을 가리키는 경우에는 해당 방향의 한 손으로 안내한다.

⑤ 방향을 지시할 때는 상체를 30도 정도 구부려서 가리킨다.

**05** 다음 중 이미지에 대한 설명이 잘못된 것은?

① 이미지는 지각적 요소와 감정적 요소의 결합으로 나타나는 주관적인 것이다.
② 무형의 것으로 대상에 대해 직접적인 경험 없이도 형성되어 구체적이기보다 추상적이다.
③ 시각적 요소 이외에 수많은 감각에 의해 이미지를 형성한다.
④ 이미지는 학습이나 정보에 의해 변용되고 경험, 커뮤니케이션 행위에 의해 형성, 수정, 변화되어 가며 일시적이기보다 연속적이다.
⑤ 이미지는 일련의 신념, 아이디어 및 인상 등 어떤 대상의 부분적인 평가이다.

**06** 이미지 형성과정에 대한 설명이 바르지 않은 것은?

① 지각이란 감각기관을 통하여 대상을 인식함을 말한다.
② 사고란 지각대상에 대한 정보를 획득, 해석하는 것을 말한다.
③ 사고과정은 이미지 형성의 확장을 가져온다.
④ 사고과정은 이미지를 형성하는 과정이다.
⑤ 감정과정은 지각과 사고 이전의 감정에 의해 반응하는 과정이다.

**07** 이미지 형성과정의 심리학적 이론 중 〈보기〉와 관계성이 있는 것은?

> 보기
>
> • 사람들의 특징을 파악하는 양상의 중요한 특징 중 하나는 범주화이다.
> • 사람 파악에 있어서 인종, 종교, 성 등으로 분류하고 같은 범주의 사람들은 비슷한 특성을 공유하고 있는 것으로 판단한다.

① 내현성격이론　　　　　　　② 고정관념
③ 특성론　　　　　　　　　　④ 상황론
⑤ 유형론

**08** 커뮤니케이션의 구성요소 중 〈보기〉에 해당하는 것은?

> 보기
>
> • 메시지 전달의 통로나 매체
> • TV, 라디오, 인터넷, E-mail 등

① 메시지      ② 채널
③ 코드      ④ 맥락
⑤ 환경

**09** 커뮤니케이션의 오류 중 발신인의 오류에 해당하지 않는 것은?

① 목적에 대한 불명확한 인식      ② 메시지 전달능력 부족
③ 편견과 선입견      ④ 이중 메시지
⑤ 정확한 정보의 미제공

**10** 효과적인 경청 스킬이 아닌 것은?

① 경청에 대해 온몸으로 반응한다.
② 상대방의 말을 복창하며 의미를 확인한다.
③ 내용에 대한 부연설명을 한다.
④ 말의 내용에 대한 나의 생각이나 판단 이유를 적극적으로 제시한다.
⑤ 추가적인 의견 요청을 위한 질문을 한다.

**11** 다음 중 경청의 방해요인에 해당하지 않는 것은?

① 역지사지를 견지하며 상대방의 이야기를 듣는다.
② 전달자 또는 전달하려는 내용에 대한 선입견을 가지고 듣는다.
③ 잘못된 내용을 파악하기 위한 판단에 집중하며 듣는다.
④ 듣기보다는 말하기를 선호한다.
⑤ 전달하려는 내용에 대해 무관심 상태에서 듣는다.

**12** 다음 중 전화응대 시의 특성에 해당되지 않는 것은?

① 청각적 요소만으로 이루어지는 고객과의 얼굴 없는 만남이다.
② 언어적 커뮤니케이션에 의한 정확한 의사전달이 가능하므로 오해의 소지가 없다.
③ 예고 없이 이루어지므로 고객에 대해 예상할 수 없다.
④ 고객과 통화하는 순간은 고객의 제품 및 서비스 선택이 결정되는 순간이다.
⑤ 보안성이 없다.

**13** 다음 중 전화응대 시 비언어적 커뮤니케이션에 의한 오해발생을 해소하기 위한 유의사항에 해당되지 않는 것은?

① 틀리기 쉬운 주소, 가격, 숫자, 이름 등 중요한 내용은 복창하여 확인한다.
② 말을 또박또박하여 이해를 높인다.
③ 거절 등 부정적인 말도 단정적으로 표현함으로써 고객이 확실하게 인지하도록 한다.
④ 명령형보다 의뢰형이나 권유형의 어법을 사용한다.
⑤ 플러스화법, 쿠션화법을 사용한다.

**14** 다음 중 전화통화 중 및 전화종료 시 올바른 기본자세가 아닌 것은?

① 마주보고 하는 대화처럼 미소 띤 표정으로 친절하고 정중한 대화를 한다.
② 전달할 핵심내용에 대하여 정확하고 간결하게 통화한다.
③ 전화를 먼저 건 쪽이 먼저 끊는다. 그러나 내가 먼저 고객 또는 상급자에게 전화를 걸었을 경우 상대방이 먼저 전화를 끊은 후 3초 후 수화기를 내려놓는다.
④ 평상시보다 한 톤 낮추어서 대화한다.
⑤ 통화 중 전화가 끊길 경우 전화를 건 쪽이 먼저 전화를 다시 거는 것이 원칙이나 고객 또는 상사가 먼저 전화를 걸었을 경우 전화가 끊기면 내가 먼저 전화를 다시 걸도록 한다.

**15** 경청을 위한 태도로서 바람직하지 않은 것은?

① 정확한 이해를 위한 질문은 고객을 난처하게 할 수 있으므로 삼간다.
② 고객의 말에 집중하여 동화되도록 한다.
③ 동의할 수 있는 내용에 공감을 표시하고 맞장구를 친다.
④ 중요한 내용은 메모를 하고 요점을 기록하는 등 관심을 갖는다.
⑤ 편견이나 선입견을 갖지 않는다.

**16** 소비자기본법령에 의한 용어의 정의가 맞지 않는 것은?

① 소비자 단체란 소비자의 권익을 증진하기 위하여 소비자가 조직한 단체이다.

② 사업자는 물품을 제조(가공 또는 포장 포함)·수입·판매하거나 용역을 제공하는 자이다.

③ 소비자는 사업자가 제공하는 물품 또는 용역(시설물 포함)을 소비생활을 위하여 사용하는 자 또는 생산활동을 위하여 사용하는 자로서 대통령령이 정하는 자이다.

④ 소비자의 범위는 제공된 물품 또는 용역을 최종적으로 사용하는 자, 제공된 물품 등을 원재료, 자본재, 또는 이에 준하는 용도로 생산활동에 사용하는 자를 포함한다.

⑤ 사업자 단체란 2 이상의 사업자가 공동의 이익을 증진할 목적으로 조직한 단체이다.

**17** 다음 중 〈보기〉와 같이 소비자를 정의한 학자는?

> **보기**
>
> 소비자는 국민 일반을 소비생활이라고 하는 시민생활의 측면에서 포착한 개념이다.

① 폰히펠      ② 이치로

③ 타케우치 쇼우미      ④ 이마무라 세이와

⑤ 카노

**18** 소비자기본법상 소비자의 8대 권리에 해당하지 않는 것은?

① 물품 또는 용역으로 인한 생명, 신체, 또는 재산에 대한 위해로부터 보호받을 권리

② 물품 등을 선택함에 있어서 필요한 지식 및 정보를 제공받을 권리

③ 소비자 스스로의 권익증진을 위해 물품 사용 시 경고 등 표시할 내용을 결정할 권리

④ 물품 등을 사용함에 있어서 거래상대방·구입 장소·가격 및 거래조건 등을 자유로이 선택할 권리

⑤ 소비생활에 영향을 주는 국가 및 지방자치단체의 정책과 사업자의 사업활동 등에 대하여 의견을 반영시킬 권리

**19**  소비자기본법상 〈보기〉의 내용에 해당하는 조항은 무엇인가?

보기

- 국가는 사업자의 불공정한 거래조건이나 거래방법으로 인하여 소비자가 부당한 피해를 입지 아니하도록 필요한 시책을 수립·실시하여야 한다.
- 국가는 소비자의 합리적인 선택을 방해하고 소비자에게 손해를 끼칠 우려가 있다고 인정되는 사업자의 부당한 행위를 지정·고시할 수 있다.

① 거래의 적정화(제12조)  ② 소비자에의 정보제공(제13조)
③ 위해의 방지(제8조)  ④ 소비자분쟁의 해결(제16조)
⑤ 시험·검사실의 설치 등(제17조)

**20**  소비자기본법상 사업자의 책무에 해당하지 않는 것은?

① 사업자는 물품 등의 품질, 규격, 안전성에 관한 시험 및 검사, 가격 등에 관하여 분석하여야 한다.
② 사업자는 물품 등으로 인하여 소비자에게 생명·신체 또는 재산에 대한 위해가 발생하지 않도록 필요한 조치를 강구하여야 한다.
③ 사업자는 물품 등을 공급함에 있어서 소비자의 합리적인 선택이나 이익을 침해할 우려가 있는 거래조건이나 거래방법을 사용하여서는 아니 된다.
④ 사업자는 소비자에게 물품 등에 대한 정보를 성실하고 정확하게 제공하여야 한다.
⑤ 사업자는 소비자의 개인정보가 분실·도난·누출·변조 또는 훼손되지 않도록 그 개인정보를 성실하게 취급하여야 한다.

**21**  다음 중 개인정보에 해당되는 것은?

① 살아있는 개인의 성명, 주민등록번호 및 영상 등을 통하여 개인을 알아볼 수 있는 정보
② 사물, 집단의 통계값
③ 사망자 및 실종자 관련 정보
④ 혈액형
⑤ 상호명, 대표이사 성명, 임원의 정보, 법인 자산규모, 법인의 영업실적 등

**22** Weible의 개인정보 14가지 유형 중 〈보기〉에 해당하는 것은?

> **보기**
>
> 현재 봉급액, 봉급경력, 보너스 및 수수료, 기타소득의 원천, 이자소득, 사업소득

① 신용정보                 ② 기타 수익정보

③ 일반정보                 ④ 고용정보

⑤ 소득정보

**23** 개인정보 보호법상 개인정보 보호 원칙에 대한 내용으로 적절한 것은?

① 개인정보처리자는 개인정보의 처리 목적을 명확하게 하여야 하고 그 목적에 필요한 범위에서 최대한의 개인정보를 적합하고 정당하게 수집하여야 한다.

② 개인정보처리자는 개인정보의 처리 목적에 필요한 범위에서 개인정보의 안전성, 지속성, 표준성이 보장되도록 하여야 한다.

③ 개인정보처리자는 정보주체의 사생활 침해를 최소화하는 방법으로 개인정보를 처리하여야 한다.

④ 개인정보처리자는 개인정보의 처리 방법 및 종류 등에 따라 개인정보처리자의 권리가 침해받을 가능성과 그 위험 정도를 고려하여 개인정보를 안전하게 관리하여야 한다.

⑤ 개인정보처리자는 개인정보 처리방침 등 개인정보의 처리에 관한 사항을 비공개하여야 하며, 열람청구권 등 정보주체의 권리를 상황에 따라 제한적으로 허용하여야 한다.

**24** 개인정보 보호위원회의 구성 및 운영에 대한 내용이 잘못된 것은?

① 상임위원 2명(위원장 1명, 부위원장 1명)을 포함한 9명의 위원으로 구성한다.

② 위원의 임기는 5년으로 하되, 한 차례만 연임할 수 있다.

③ 위원장과 부위원장은 국무총리의 제청으로 대통령이 임명 또는 위촉하며, 정부위원이 된다.

④ 위원 중 2명은 위원장의 제청으로, 2명은 대통령이 소속되거나 소속되었던 정당의 교섭단체 추천으로, 3명은 그 외의 교섭단체 추천으로 대통령이 임명 또는 위촉한다.

⑤ 보호위원회의 회의는 위원장이 필요하다고 인정하거나 재적위원 4분의 1 이상의 요구가 있는 경우에 위원장이 소집한다.

**25** 개인정보 보호위원회의 심의·의결사항이 아닌 것은?

① 개인정보의 처리에 관한 개인 간의 분쟁조정에 관한 사항
② 기본계획 및 시행계획에 관한 사항
③ 개인정보 영향평가 결과에 관한 사항
④ 과징금 부과, 과태료 부과, 고발 및 징계권고에 관한 사항
⑤ 개인정보 침해요인 평가에 관한 사항

**26** 다음 중 기업 교육훈련의 효과에 대한 설명이 잘못된 것은?

① 신입사원은 기업의 방침과 규정 파악으로 기업에 대한 친근감과 안심감이 향상된다.
② 직무에 대한 지도를 받아 직무의 질과 양이 모두 표준에 달하고 임금의 증가를 도모한다.
③ 교육훈련 결과에 따른 승진의 영향으로 부담을 가져올 수 있다.
④ 직원의 불만과 결근, 이동을 방지할 수 있다.
⑤ 새로 도입된 신기술에 대한 종사원의 적응을 원활히 한다.

**27** 〈보기〉의 설명에 해당하는 기업의 교육훈련 종류는?

보기

일상 업무 수행과정을 통해 지식, 기능, 태도를 향상시키는 교육활동이다.

① OJT                    ② Off-JT
③ SD                     ④ SML
⑤ Off-JL

**28** Off-JT의 교육방법에 해당되지 않는 것은?

① 강의법                 ② 토의법
③ 코칭/멘토링            ④ 시범
⑤ 합숙연수

**29** SML의 장점에 해당되지 않는 것은?

① 개인별 교육 필요사항에 대해 파악 후 집중교육이 가능하다.
② 쉽게 해결하기 어려운 직무문제 해결이 가능하다.
③ 기업교육의 가장 발달된 형태의 하나이다.
④ 교육현장과 실무현장이 통합된 장점이 있다.
⑤ 학습의 결과가 업무현장의 과제 해결로 연결될 수 있다.

**30** 니들러가 제시한 기업교육 강사의 역할 중 교수프로그램 개발자의 역할에 해당하는 것은?

① 학습자의 학습수행을 도와주거나 학습자들과 직접 학습활동을 한다.
② 다양한 경험과 이론적 배경을 갖추고 강의, 토의진행, 시범 등의 역할을 수행한다.
③ 교육훈련 프로그램의 효과적 전달을 위해 매체 선정과 방법을 찾는다.
④ 학습 보조도구와 시청각 자료의 제작 및 활용으로 학습효과의 상승 방안을 강구한다.
⑤ 조직의 문제 파악 및 학습의 니즈를 분석하여 이를 충족시킬 학습내용을 확정한다.

# 02 형 기출기반 모의고사

01 고객만족의 결정요소 중 〈보기〉에 해당하는 요소는?

> 보기
>
> 기대치와 제공받은 서비스의 갭 발생 시 만족도가 달라지며 그 원인에 대한 분석과 평가는 고객만족에 영향을 미친다.

① 서비스 성패의 원인       ② 고객의 감정
③ 공평성의 자각         ④ 다른 고객, 동료 등
⑤ 제품 또는 서비스 특징

02 기대불일치 이론에 대한 설명과 거리가 먼 것은?

① 그렌루스가 제시한 기대불일치 패러다임은 기대와 기대불일치가 소비자 만족에 미치는 영향 규명에 주안점을 두고 있다.
② 올리버는 기대와 기대불일치 상호 간의 관계를 규명하는 데 주안점을 두고 기대불일치 패러다임을 제시하였다.
③ 파라슈라만은 기대불일치 이론을 적용하여 서비스 품질을 성과와 기대 사이의 차이로 개념화하였다.
④ 고객의 기대치가 제품 또는 서비스 제공의 만족도에 미치지 못한 것을 부정적 불일치라 한다.
⑤ 단순일치는 고객만족을 느끼게 한다.

03 다음 중 공정성 이론과 관계가 먼 것은?

① 인지부조화 이론
② 교환이론
③ 고객은 투입과 비교해 최대의 성과를 올리려고 한다.
④ 이솝우화 여우와 신 포도
⑤ 메이요의 호손효과

**04** 린 쇼스탁의 서비스 프로세스 설계 시 고려사항과 거리가 먼 것은?

① 고객의 입장을 고려하여 제품 및 서비스 등을 계획하여야 한다.
② 서비스 프로세스는 결과보다는 제공과정이 중요한 과정론이다.
③ 각각의 개별 활동들이 아닌 하나의 시각에서 인식되어야 하는 전체론이다.
④ 지나치게 관료적이지 않도록 설계되어야 한다.
⑤ 설계과정에서 종업원과 고객을 모두 고려해야 한다.

**05** 고객만족의 요소 중 휴먼웨어에 해당하는 내용으로 옳은 것은?

① 기업의 이미지, 인테리어, 시설·설비의 사용 편리성
② 기업의 상품, 서비스 프로세스
③ 신속한 업무처리, 서비스 마인드
④ 브랜드 파워, 청결도
⑤ 서비스 절차, 마케팅 정책

**06** 노드스트롬의 경영원칙에 해당하는 것은?

① 최고의 가격
② 최고의 가치
③ 최고의 우대
④ 최고의 환경
⑤ 최고의 만족

**07** 노드스트롬의 경영개념과 거리가 먼 것은?

① 화목경영
② 역피라미드 조직
③ 현장배회경영
④ 종업원 지주제도
⑤ 3S운동

**08** 노드스트롬의 내부 고객을 만족시키기 위한 정책과 거리가 먼 것은?

① 업무 부담을 최소화하기 위한 권한 축소
② 사람의 천성은 바꿀 수 없다는 신념에 따른 종업원 선발
③ 소매업계 최초로 판매 수수료 제도 도입
④ 1년간 순매출액 목표를 달성하거나 초과하는 Pace Setter 선정
⑤ 모든 규칙과 규정을 없애기

**09** 그레고리 스톤의 고객 분류 중 기업이 사회공헌 활동을 할 경우 이를 선호하는 고객의 유형은?

① 윤리적 고객
② 사회적 고객
③ 편의적 고객
④ 경제적 고객
⑤ 개인적 고객

**10** 참여 관점에 따른 고객 분류 중 〈보기〉의 설명에 맞는 고객유형은?

보기

상품 구매나 서비스 이용실적은 좋지 않으면서 자신의 실속 챙기기에만 급급한 소비자

① 한계고객
② 체리피커
③ 의사결정 고객
④ 의견선도 고객
⑤ 프로슈머

**11** 고객유형 중 〈보기〉의 설명에 맞는 고객유형은?

보기

기업을 상대로 과도한 피해보상금을 요구하거나 거짓으로 피해를 구며 보상을 요구하는 고객유형

① 호모 에코노미쿠스
② 프로슈머
③ 블랙 컨슈머
④ 체리피커
⑤ 프리터족

**12** 고객 행동의 영향요인 중 문화적 특성에 해당되지 않는 것은?

① 만족성
② 동태성
③ 학습성
④ 생활방식
⑤ 규범성

**13** 고객의사결정 과정에 대한 설명이 잘못된 것은?

① 고객의 의사결정단계는 문제인식 − 정보탐색 − 대안평가 − 구매 − 구매 후 평가이다.
② 욕구는 내부 자극과 외부 자극에 의해 인식된다.
③ 고객의 정보원천은 개인적 원천, 중립적 원천, 경험적 원천, 기업정보 원천이 있다.
④ 고객 불안이 일어나는 이유는 기업이나 제품 선택 시 구매 실패에 대한 리스크를 최소화하고자 하기 때문이다.
⑤ 정보원천의 영향력은 고객의 특성과는 무관하게 동일하게 나타난다.

**14** CRM 전략수립 6단계 중 고객에게 무엇을 줄 것인지를 결정하는 단계는?

① 고객분석 단계
② CRM 전략방향 설정 단계
③ 고객 마케팅 결정 단계
④ 개인화 설계 단계
⑤ 대화 설계 단계

**15** CRM을 도입할 때 고려해야 할 요소와 거리가 먼 것은?

① CRM을 도입하는 비전 확립
② 관련된 모든 인원 간 지속적, 유기적인 정보 교환
③ 자료의 정리와 교육 실시
④ 적절한 파트너사를 선정
⑤ 기업 중심의 CRM 구현

**16** 스탠리 브라운이 제시한 성공적인 CRM을 위한 사항과 거리가 먼 것은?

① 관련된 모든 부서를 참여시킨다.
② 비판적인 자세로 방법론을 선택하는 것은 피한다.
③ 기업의 다른 전략과제들과 조율한다.
④ 가시적인 성과에 초점을 맞춘다.
⑤ 지나치게 전문화된 솔루션을 피한다.

**17** e-CRM의 전략 중 고객 접근 전략에 해당하는 것은?

① 퍼미션 마케팅, 옵트 인 메일, 정크 메일
② 커뮤니티 서비스, 인비테이션 서비스
③ 개인화 서비스, 레커멘데이션 서비스, 인센티브 서비스, 원 스톱 쇼핑 서비스
④ 어드바이스 서비스, 서스펜션 서비스
⑤ 매스 커스터마이즈 서비스, 저스트 인 타임 서비스, 리마인드 서비스

**18** e-CRM의 전략 중 고객 만족 전략에서 개별 고객이 원하는 사양의 제품을 제공하는 서비스는?

① 어드바이스 서비스 　　　　　② 서스펜션 서비스
③ 매스 커스터마이즈 서비스 　　④ 저스트 인 타임 서비스
⑤ 리마인드 서비스

**19** 미국 통계청의 기능성에 의한 서비스 분류 중 〈보기〉에 해당하는 것은?

보기

- 제조업 또는 서비스업에 제공되는 중간재적 성격의 전문가 서비스
- 금융, 부동산, 법률, 재무, 기업 서비스 등

① 유통 서비스 　　　　　　　② 소비자 서비스
③ 도·소매업 　　　　　　　　④ 비영리 서비스
⑤ 생산자 서비스

**20** 미국 통계청의 서비스 산업 분류 중 의료, 교육, 레저, 여행, 정비, 가사, 숙박, 용역 서비스에 해당하는 것은?

① 유통 서비스
② 비영리 서비스
③ 도·소매업
④ 소비자 서비스
⑤ 생산자 서비스

**21** 미국 통계청의 서비스 산업 분류 중 생산자와 소비자를 연결하여 장소 또는 시간적 편의성을 제공하는 서비스는?

① 유통 서비스
② 비영리 서비스
③ 도·소매업
④ 소비자 서비스
⑤ 생산자 서비스

**22** 상품체계에 의한 분류 중 순수제품에 해당되는 제품은?

① 컴퓨터
② 자동차
③ 칫솔
④ 복사기
⑤ 숙박업

**23** 상품체계에 의한 분류 중 유통편익 서비스에 해당하는 것은?

① 백화점
② 헬스센터
③ 여행사
④ 공공기관
⑤ 숙박업

**24** 필립 코틀러의 서비스 분류 중 유형재와 혼합된 서비스에 해당하는 것은?

① 치약, 칫솔, 비누 등이 해당된다.
② 제품과 서비스 제공의 중요도가 비슷한 정도로 제공된다.
③ 컴퓨터, 자동차, 정수기 등이 해당된다.
④ 서비스 수준의 질과 소비자의 이용 가능이 높을수록 제품 판매는 높아진다.
⑤ 항공기 탑승권, 크루즈 관광 등이 해당된다.

**25** 프레드릭 라이할트가 제시한 충성스러운 리더가 되기 위한 6가지 원칙에 해당되지 않는
것은?

① 서비스 이론을 바탕으로 설득하라.　　② 고객과 종업원을 신중히 선정하라.
③ 잘 듣고 분명하게 말하라.　　　　　　④ 단순한 조직을 유지하라.
⑤ 성과에 대해서는 적절히 보상하라.

**26** 팀 리더의 역할 중 연결이 잘못된 것은?

① 전략계획 설정자 : 프로젝트의 목표와 비전 설정
② 팀형성자 : 일하고 싶은 의욕을 고취시키며 혁신적 분위기를 창출·유지하도록 하는 분
　위기 창출자 역할
③ 정보소식통 : 팀 내외의 기술적 정보교환의 구심적 역할
④ 전문가 : 신선한 아이디어나 접근방법에 대한 제안
⑤ 챔피언 : 기술적 문제에 부딪혔을 때 해결방안이나 아이디어를 제공

**27** 서번트 리더십의 역할에 해당되지 않는 것은?

① 고객만족을 실천하고 실현하는 사람은 기업의 구성원이다.
② 고객만족 경영, 서비스경영의 필요성을 인식해야 한다.
③ 기업의 구성원에게 만족을 주기 위해 봉사한다.
④ 조직 내 정서적 신뢰를 구축한다.
⑤ 고객만족 실현을 위해 기업의 구성원 개개인을 내부고객으로 인식한다.

**28** 카리스마 리더십에 대한 설명이 잘못된 것은?

① 카리스마는 '개인적 능력을 바탕으로 부하에게 강력하고 특별한 영향을 미치는 힘'으로
　정의된다. 따라서 카리스마 리더는 이러한 힘을 지닌 리더를 말한다.
② 카리스마 리더십은 부하들의 관심을 이끌 수 있는 능력이 있다.
③ 리더의 카리스마적 소통능력으로 구성원들과 공동으로 의사결정을 하고, 구성원들에게
　더 많은 재량권을 부여하며 추가적인 관심과 지원을 제공한다.
④ 카리스마 리더십은 효과적으로 의사소통을 할 수 있는 능력이 있다.
⑤ 카리스마 리더십은 정서적 수준에서 부하들에게 영향을 미칠 수 있는 능력이 있다.

**29** 참여적 리더의 단점에 해당되지 않는 것은?

① 헌신적인 리더를 찾기가 어렵다.

② 조직 목표에 대한 참여 동기를 감소시킨다.

③ 참여적 방식을 배우는 데 시간이 걸린다.

④ 구성원들의 지위나 자격이 비슷한 상황에서 제한적으로 효과가 발휘된다.

⑤ 타협에 의해 어중간한 결정에 도달한다.

**30** 감성지능의 5가지 구성요소 중 목표를 위해 일하는 열정, 에너지와 끈기를 갖고 목표를 추구하는 성향을 의미하는 것은?

① 동기부여 능력

② 감정이입 능력

③ 대인관계기술 능력

④ 자기인식 능력

⑤ 자기통제 능력

정답 및 해설 : 322

**01**  다음 중 서비스 모니터링의 실시목적에 해당되지 않는 것은?

① 종업원의 서비스 품질을 주관적으로 평가한다.

② 회사의 수익을 향상시킬 수 있는 중요한 정보를 얻을 수 있다.

③ 직원의 직무능력 향상을 통해 고객만족을 실현하고 고객충성도를 높인다.

④ 응대의 품질과 제공된 정보의 정확성을 측정한다.

⑤ 고객만족과 로열티, 수익성 향상을 위한 관리 수단이다.

**02**  서비스 모니터링의 요소에 대한 설명이 바르지 않은 것은?

① 객관성 : 편견 없는 객관적인 기준으로 평가하여 누구든 인정할 수 있어야 한다.

② 신뢰성 : 모든 대상은 다양한 방법으로 상이하게 모니터링 함으로써 객관적인 평가를 통한 신뢰성을 높일 수 있다.

③ 타당성 : 고객이 어떻게 대우를 받았는지에 대한 고객의 평가와 모니터링 점수가 일치해야 하고 이를 반영해야 한다.

④ 유용성 : 정보는 조직과 고객에게 영향을 줄 수 있어야만 가치를 발휘한다.

⑤ 차별성 : 모니터링 평가는 서로 상이한 스킬 분야의 차이를 인정하고 반영해야 한다.

**03**  VOC의 장점과 거리가 먼 것은?

① 제품 및 서비스에 대한 고객의 인식에 대한 상세한 이해를 제공한다.

② 고객이 중요하게 생각하는 제품의 속성, 개선이 필요한 속성 등 평가에 필요한 중요한 영역을 발견하는 데 도움을 준다.

③ VOC 처리부서가 명확하고 처리가 신속하다.

④ 공유된 공통언어를 제공함으로써 기업의 발전을 위한 전략적 방향을 제시할 수 있다.

⑤ 고객의 실질 요구사항을 알 수 있어 향후 예상되는 기업의 대응 체제를 마련할 수 있다.

**04** 고객패널제도의 조사방법에 해당되지 않는 것은?

① 현장 비교체험　　　　　　　② 시장조사
③ 모니터링　　　　　　　　　　④ 고객가치 분석
⑤ 설문조사

**05** 표적세분시장 선정 시 고려사항이 아닌 것은?

① 세분시장의 크기와 예상매출
② 기업의 자원
③ 경쟁자의 자원
④ 기존사업과의 연관성
⑤ 제품수명주기 및 제품의 동질성

**06** 〈보기〉에 해당하는 표적시장 선정전략은?

> 보기
>
> 자원이 한정되어 있는 기업에서 주로 펼치는 마케팅 전략으로, 대규모 시장에서 시장 점유율을 추구하는 대신에 기업은 하나 또는 소수의 소규모 시장에서 큰 점유율을 획득하는 전략이다.

① 선택적 전문화 전략　　　　　② 시장 전문화 전략
③ 무차별화 전략　　　　　　　　④ 차별화 전략
⑤ 집중화 전략

**07** 차별화된 서비스 포지셔닝의 일반적인 방법 중 제공되는 서비스가 어떻게 사용되고 적용되는가에 중점을 맞추는 것은?

① 서비스 속성　　　　　　　　② 서비스 등급
③ 가격, 품질 관계　　　　　　④ 경쟁사
⑤ 서비스 용도

**08** 이상적인 틈새시장이 존재하기 위해 필요한 전제 조건이 아닌 것은?

① 이상적인 틈새시장은 주요 경쟁자들과 협력을 통해 시장을 확장시켜야 한다.

② 틈새시장은 장기적인 시장 잠재력이 있어야 한다.

③ 이상적인 틈새시장이 주요 경쟁자들의 관심 밖에 있어야 한다.

④ 틈새 마케팅을 펼치는 중소기업은 높은 매출액을 달성할 수 없을지라도 높은 수익성을 보장할 수 있는 충분한 시장규모와 구매력이 있어야 한다.

⑤ 기업은 시장의 욕구를 충족할 수 있는 능력과 자원을 보유하고 있어야 한다.

**09** 서비스 수익체인에 대한 설명과 거리가 먼 것은?

① 제임스 헤스켓이 제안한 서비스 수익체인의 4가지 요소는 표적시장, 운영전략, 마케팅 개념, 서비스 전달시스템이다.

② 서비스 수익체인 모델을 통해 내부고객만족, 외부고객만족, 기업 성장과의 관계를 보여주었다.

③ 내적 품질이 직원만족을 창출하고 직원만족은 직원 유지와 생산성을 창출한다.

④ 직원 유지와 생산성이 서비스 가치를 창출하며 서비스 가치는 고객만족을 창출한다.

⑤ 고객만족이 고객 충성도를 창출하고 고객 충성도가 수익성과 성장을 창출한다.

**10** 기업이 핵심역량을 키우고 운영 단위를 지속적으로 관리하기 위한 단계와 거리가 먼 것은?

① 1단계 : 특정 분야의 의사결정 단위에서 서비스 수익체인의 각 연관 관계에 대하여 측정한다.

② 2단계 : 자체 평가한 결과에 대하여 상호 의견을 교환한다.

③ 3단계 : 성과 측정을 위하여 균형점수카드를 개발한다.

④ 4단계 : 성과 향상을 위하여 행동지침을 설계한다.

⑤ 5단계 : 측정 결과에 대하여 보상과 연계할 방안을 개발한다.

**11** 서비스 시스템의 구성요소 중 프로세스 단계에 해당하는 것은?

① 가치공동창출  ② 전문 인력

③ 기술  ④ 가치명제

⑤ 공유정보

**12** 가빈의 5가지 관점에서의 품질차원 중 〈보기〉에 해당하는 것은?

> 보기
> 원가와 가격에 의해 품질을 정의하는 관점이며, 양질의 상품은 만족스러운 가격에 적합성을 제공하는 상품이라 할 수 있다.

① 선험적 접근
② 가치 중심적 접근
③ 상품 중심적 접근
④ 사용자 중심적 접근
⑤ 제조 중심적 접근

**13** 카노의 품질 요소 중 〈보기〉에 해당하는 것은?

> 보기
> 충족여부에 상관없이 만족도 불만도 일으키지 않는 품질요소이다.

① 매력적 품질요소
② 일원적 품질요소
③ 당연적 품질요소
④ 무관심 품질요소
⑤ 역 품질요소

**14** 카노모델의 장점이 아닌 것은?

① 진부화 경향을 설명할 수 있는 근거 제시
② 거래상황에서 고객만족에 더 많은 영향을 주는 제품이나 서비스를 결정
③ 품질요소의 상대적 중요도 측정 가능
④ 사용자 만족과 요구조건의 충족이라는 이원적 품질의 인식을 모두 고려
⑤ 소비자 만족의 영향요인 규명을 통한 차별화 서비스 제공

**15** 주란의 품질 모형 중 〈보기〉에 해당하는 품질 차원은?

보기

백화점 인기상품의 재고 확보, 미디어 광고에 소개된 상품과 실제 상품의 일치성 등을 나타내는 품질이다.

① 사용자 눈에 보이는 소프트웨어적 품질
② 사용자의 눈에 보이지 않는 내부적 품질
③ 사용자 눈에 보이는 하드웨어적 품질
④ 서비스 시간과 신속성
⑤ 심리적 품질

**16** 고객만족측정 모델 중 〈보기〉의 내용에 해당하는 것은?

보기

• 한국생산성본부가 미국 미시간대학교 국가품질연구소와 공동으로 개발하여 매 분기별로 측정 및 발표되고 있는 우리나라의 국가고객만족지수이다.
• 해당기업의 품질 경쟁력을 가늠할 수 있는 성과 평가 지표이며, 국내뿐만 아니라 외국 기업의 제품과 서비스를 측정 대상에 포함하기 때문에 국내외 기업 제품의 품질 경쟁력 수준을 확인할 수 있다.

① ACSI                      ② NCSI
③ NPS                       ④ KCSI
⑤ SSI

**17** 국가고객만족도(NCSI) 설문 구성 내용 중 '전반적 품질 기대수준, 개인적 니즈 충족 기대, 신뢰도'의 측정변수에 해당하는 잠재변수는?

① 고객 기대수준              ② 고객 충성도
③ 인지서비스 품질수준        ④ 인지가치수준
⑤ 고객만족지수

18 〈보기〉에서 인지가치수준에 해당하는 측정변수를 모두 선택한 것은?

> 보기
>
> 가. 전반적 품질수준 　　　　　　　 나. 가격대비 품질수준
> 다. 품질대비 가격수준 　　　　　　　 라. 전반적 만족도
> 마. 기대 불일치 　　　　　　　　　　 바. 재구매 시 가격인상 허용률

① 가, 나　　　　　　　　　　　　　② 가, 다
③ 다, 라　　　　　　　　　　　　　④ 나, 다
⑤ 마, 바

19 〈보기〉에서 설명하고 있는 내용에 해당하는 것은?

> 보기
>
> • 한국능률협회 컨설팅과 서울대학교가 함께 공동 개발한 공공부문 고객만족도 측정 모델이다.
> • 공기업 및 정부산하기관관리 기본법을 제정하고 고객만족도 조사를 도입했다.
> • 측정항목으로는 품질지수, 만족지수, 성과지수 등으로 구성되어 있다.

① KCSI　　　　　　　　　　　　　② PCSI
③ SSI　　　　　　　　　　　　　　④ ACSI
⑤ NPS

20 NPS에 대한 설명으로 옳지 않은 것은?

① 기업성과에서 고객 만족보다 중요한 것은 고객의 충성도이다.
② 충성도 높은 고객을 얼마나 확보하고 있는지를 측정한다.
③ 공식은 'NPS(순 고객 추천지수) = D(비추천고객) − P(추천고객)'이다.
④ 기업이 장기적으로 성장하기 위한 원천을 좋은 이익과 나쁜 이익으로 구분한다.
⑤ 다른 모델에 비해 쉽고 간단하며 기업의 미래 성장을 예상해 볼 수 있는 조사 방법이다.

모의고사 기출 고기반

02 형

**21** 고객의 서비스 기대요인 중 기업요인에 해당하지 않는 것은?

① 접근성과 이용가능성　　　　② 경쟁대안
③ 촉진활동　　　　　　　　　　④ 직원의 용모
⑤ 대기시간

**22** 트렌드에 대한 설명이 적합하지 않은 것은?

① 동향, 경향, 추세, 스타일의 뜻으로 어떤 방향으로 쏠리는 것을 뜻한다.
② 독창성이나 저작권을 신경 쓰지 않고 남을 따라 할 수 있다고 여겨지는 것이다.
③ 짧은 시간 급격히 인기를 끌다 금방 사라지는 Fad와 동일한 개념이다.
④ 장기간에 걸친 성장 및 정체, 후퇴 등 변동 경향을 나타내는 움직임이다.
⑤ 사회, 경제, 문화 등 다양한 영역에서 동시적이고 포괄적으로 나타나는 현상이다.

**23** 다음 중 〈보기〉의 설명에 해당되는 것은?

> 보기
>
> 삶에 대한 사람들의 감정, 동경, 문화적 갈등이다.

① 메타 트렌드　　　　　　　　② 메가 트렌드
③ 사회적 트렌드　　　　　　　④ 소비자 트렌드
⑤ 문화적 트렌드

**24** 메가 트렌드와 관련성이 없는 것은?

① 세계가 지구촌화되면서 세계화로 퍼져나간다.
② 30~50년간 지속된다.
③ 삶의 모든 영역에서 징후를 찾아볼 수 있다.
④ 5~10년 동안 지속되어 소비세계의 변화를 이끌어 내는 것이다.
⑤ 변화하는 세상에 대해 어느 정도 예측이 가능하다.

**25** 소비자 태도 변화의 추세에 해당되지 않는 것은?

① 정보에 대한 거부감 감소
② 정보 활용도의 변화
③ 대형 유통업체의 진출 및 생성
④ 산업의 변화에 따른 기업의 포커싱 변화
⑤ 시장의 구조조정

**26** 마케팅 용어 중 〈보기〉에 해당하는 것은?

> 보기
>
> 소비자들이 자발적으로 메시지를 전달하게 하여 상품에 대한 긍정적인 입소문을 내게 하는 마케팅 기법이다.

① 버즈 마케팅  ② 스토리텔링 마케팅
③ 바이럴 마케팅  ④ 분수 효과
⑤ 확증 편향

**27** 천장 효과에 대한 설명으로 맞는 것은?

① 미완성 과제에 대한 기억이 완성된 과제에 대한 기억보다 더 오래, 강하게 남는다는 효과이다.
② 사람들이 보편적으로 가지고 있는 성격이나 심리적인 특징을 자신만의 특성으로 여기는 경향이다.
③ 아래층에 방문한 소비자를 위층으로 올려 소비를 유도하는 마케팅 기법으로 샤워 효과의 반대이다.
④ 처음에는 싫어하거나 무관심했지만 대상에 대해 반복 노출이 거듭될수록 호감도가 증가하는 현상이다.
⑤ 특정 브랜드가 부동의 1위를 선점하고 있어 더 이상 올라갈 곳이 없을 때 해당 브랜드가 천장에 도달하였으며 타 브랜드들로부터 추격을 당한다고 본다.

**28** CEM(고객경험관리)에 해당하는 내용이 아닌 것은?

① 대상은 잠재고객이다.
② 구매 및 사용 전후 모든 접점에서 긍정적 경험 전달에 초점한 능동적인 과정을 지향한다.
③ 고객 중심적 프로세스이다.
④ 만족한 고객의 추천을 통한 신규고객 획득 및 기존 고객의 재구매가 목적이다.
⑤ 등장배경은 기존 고객만족경영의 잠재고객창출, 재구매의 어려움에 대한 한계점의 대안으로 제시되었다.

**29** 고객만족경영(CRM)의 특징에 해당되지 않은 것은?

① 기업의 목표에 초점을 둔다.
② 고객과 상호작용의 순간인 접점에서부터 시작된다.
③ 마케팅 및 교차판매를 목적으로 고객정보를 수집하고 분석한다.
④ 고객과의 상호작용이 생긴 후 시작된다.
⑤ 내부지향적, 운영지향적이다.

**30** 슈미트의 경험요인 중 〈보기〉에 해당하는 것은?

> 보기

고객들에게 기업이나 브랜드에 대해 특별한 느낌을 유발하는 전략으로서 희로애락의 측면에서 지각되는 경험이다.

① 감성적 경험                        ② 감각적 경험
③ 인지적 경험                        ④ 행동적 경험
⑤ 관계적 경험

## 01　인사방법에 대한 설명이 잘못된 것은?

① 상체를 올릴 때는 굽힐 때보다 천천히 올린다.

② 인사를 할 때 시선은 상대방이 부담을 느끼지 않도록 턱이나 입을 바라본다.

③ 먼저 본 사람이 우선 인사한다.

④ 인사 대상이 앞에 있을 경우 뒤에서 인사하는 것이 아니라 앞으로 이동하여 인사한다.

⑤ 일상생활에서 가장 많이 하는 일반적인 인사로 허리는 30정도 굽혀서 하는 인사는 보통 례이다.

## 02　다음 중 소개 시 매너에 대한 설명으로 바르지 않은 것은?

① 남성을 여성에게 소개한다.

② 한 사람을 여러 사람에게 소개한다.

③ 소개 받는 사람이나 소개되는 사람 모두 일어서는 것이 원칙이다. 단, 환자나 노령자는 일어나지 않아도 된다.

④ 고객 또는 외부 사람을 회사 사람에게 소개한다.

⑤ 여성이 남성을 소개 받을 때는 앉아 있을 경우 반드시 일어나지 않아도 된다.

## 03　다음 중 명함매너에 대한 설명으로 옳지 않은 것은?

① 명함은 소개되는 사람이 소개받는 사람에게 먼저 준다.

② 명함은 일어서서 정면에서 주는 것이 원칙이다.

③ 명함을 부득이하게 동시에 교환할 때는 오른손으로 받고 왼손으로 준다.

④ 명함을 받은 후 바로 명함집에 넣는 것은 실례이다.

⑤ 만남이 끝난 후 상대방이 보이지 않는 곳에서 명함에 만난 일자, 특이사항 등을 기록하여 기억한다.

**04** 다음 중 안내매너에 대한 설명이 잘못된 것은?

① 계단에서 남성 직원이 남성고객을 안내 시 고객의 좌측 위에서 안내한다.

② 엘리베이터 탑승 시 고객, 여성, 상급자가 먼저 타고 먼저 내린다.

③ 밀고 들어가는 문에서는 안내자가 문을 밀면서 먼저 통과 후 문을 잡고 고객이 뒤에 통과한다.

④ 의전에 있어서 기본적으로 상석은 우측이 상석이다.

⑤ 실내 공간에서는 출입구에서 거리가 먼 곳이 상석이다.

**05** 〈보기〉의 내용 중 이미지 메이킹의 단계별 전략에 맞게 연결한 것은?

> 보기
>
> • 자신을 연출하라.　　　• 자신을 개발하라.　　　• 모델을 설정하라.
> • 자신의 가치를 팔아라.　• 자기 자신을 알라.

① 1단계 : 모델을 설정하라.　　　　② 2단계 : 자기 자신을 알라.

③ 3단계 : 자신을 개발하라.　　　　④ 4단계 : 자신의 가치를 팔아라.

⑤ 5단계 : 자신을 연출하라.

**06** 첫인상 형성에 영향을 미치는 효과 중 〈보기〉에 해당하는 것은?

> 보기
>
> 착한 사람이 아이디어를 내면 지혜로운 사람이라고 하고 이기적인 사람이 아이디어를 내면 교활한 사람이라고 말한다.

① 초두효과　　　　　　　　　　② 맥락효과

③ 최근효과　　　　　　　　　　④ 후광효과

⑤ 빈발효과

**07** 다음 중 밝은 표정의 효과에 해당되지 않는 것은?

① 진지한 이미지 탈피 효과　　　② 건강증진 효과

③ 호감형성 효과　　　　　　　④ 마인드컨트롤 효과

⑤ 실적향상 효과

**08** 말하기 스킬 중 〈보기〉의 설명에 해당하는 화법은?

> 보기
>
> 대화를 나눌 때 긍정과 부정을 혼합하여 말을 할 경우 부정적 내용을 먼저 말하고 긍정의
> 의미로 마무리하는 화법

① 후광화법　　　　　　　　　　② 긍정화법
③ 아론슨 화법　　　　　　　　　④ 샌드위치 화법
⑤ 보상화법

**09** 다음 질문스킬에 관한 내용 중 잘못 설명된 것은?

① 적절한 질문이라 하더라도 말의 내용이 대화주제에서 벗어나게 한다.
② 효과적인 질문은 고객의 심리적 방어 해소를 통해 요구되는 해답을 얻을 수 있다.
③ 상대방이 답변하기 곤란하거나 어려운 질문은 대화의 방해요소가 된다.
④ 질문을 통해 다양한 정보를 얻을 수 있다.
⑤ 질문에 대한 답변을 하는 과정에서 말하는 사람은 스스로 설득이 된다.

**10** 질문 방법 중 확인형 질문에 대한 설명이 아닌 것은?

① 단순한 내용 또는 반복하여 되풀이하여 말하게 되므로 지루하게 느낄 수 있다.
② 확인하고자 하는 내용에 대한 고객의 답변에 초점을 맞추는 것이 장점이다.
③ 고객의 니즈를 정확히 파악할 수 있다.
④ 조치할 내용을 확인받을 수 있다.
⑤ 단답형으로 신속하게 답을 얻을 수 있다.

**11** 다음 중 클레임에 대한 설명이 아닌 것은?

① 감정 속에 내포된 사실이나 주장, 요구를 발견할 수 있다.
② 주장, 요구, 제기, 당연한 권리의 요구 또는 청구의 뜻이 있다.
③ 객관적인 문제점에 대한 고객의 지적을 의미한다.
④ 법적규정 등에 근거를 두며 합리적 사실에 입각하여 제기한다.
⑤ 클레임 미처리 시 고객에게 물질적, 정신적 피해보상과 함께 법적 보상으로 해결되어야
　한다.

**12** 다음 중 전화수신 예절에 대한 설명이 옳지 않은 것은?

① 전화를 받으면 먼저 상대방의 신분을 정중히 물어서 확인한다.

② 전화벨이 울리면 하던 일을 멈추고 벨이 3번 울리기 전에 받는다.

③ 전화를 늦게 받았을 경우 "네 ○○○입니다. 늦게 받아서 죄송합니다."라고 정중하게 사과의 말을 전한다.

④ 고객을 존중하여 끝까지 경청하고 긍정적인 측면에서 응대한다.

⑤ 상대방의 용건을 6하원칙에 의거하여 메모한 후 내용을 신속하게 확인하여 대응한다.

**13** 다음 중 경어사용에 대한 설명이 바르지 않은 것은?

① 경어는 상대에 대한 존중과 존경심을 나타내는 언어적 표현이다.

② 경어는 상대방에 대한 친절과 배려심을 언어로 표현한 것이다.

③ 올바른 경어사용은 고객의 욕구를 정확히 파악하여 고객에게 관심을 가지고 있음을 인식시키는 것이다.

④ 자신을 낮추어 말함으로써 상대적으로 상대방을 높이는 효과가 있다.

⑤ 상대방에 속하는 것에 대해 높여 말하는 것은 잘못된 경어 사용방법이다.

**14** 다음 〈보기〉에 해당하는 콜센터는?

> **보기**
>
> CTI 중심의 콜센터가 아니면서 CTI장비를 구입하지 않아도 50석 정도 이하의 콜 분배나 콜 처리의 자동화가 가능한 콜센터

① 웹 콜센터　　　　　　　　　② 수동 콜센터

③ UN-PBX 콜센터　　　　　　④ 분산형 콜센터

⑤ 소호용 콜센터

**15** 콜센터 운용 시 고려할 사항이 아닌 것은?

① 고객 만족성　　　　　　　　② 고객 서비스성

③ 합목적성　　　　　　　　　④ 전문성

⑤ 적응성

**16** 다음 중 소비자정책에 관한 기본계획의 포함사항이 아닌 것은?

① 불공정 기업의 회생 및 퇴출기업의 구제 계획
② 소비자정책과 관련된 경제, 사회 환경의 변화
③ 소비자정책의 기본방향
④ 소비자정책의 목표
⑤ 소비자정책의 추진과 관련된 재원의 조달방법

**17** 다음 중 소비자정책위원회 구성에 대한 설명과 거리가 먼 것은?

① 위원장은 국무총리와 소비자 문제에 관하여 학식과 경험이 풍부한 자 중에서 대통령이 위촉하는 자가 된다.
② 정책위원회는 위원장 2명을 포함한 20명 이내의 위원으로 구성한다.
③ 위촉위원장 및 위촉위원의 임기는 3년으로 한다.
④ 정책위원회의 효율적 운영 및 지원을 위하여 정책위원회에 간사위원 1명을 두며 간사위원은 공정거래위원회위원장이 된다.
⑤ 심신장애로 인하여 직무를 수행할 수 없을 경우, 직무와 관련된 비위사실이 있는 경우, 직무태만, 품위손상, 그 밖의 사유로 인하여 위원으로 적합하지 아니하다고 인정되는 경우, 위원 스스로 직무를 수행하는 것이 곤란하다고 의사를 밝히는 경우에는 국무총리가 해당 위원을 해촉할 수 있다.

**18** 소비자단체의 업무에 해당되지 않는 것은?

① 물품 등의 규격·품질·안전성·환경성에 관한 시험·검사 및 가격 등을 포함한 거래조건이나 거래방법에 관한 조사·분석
② 국가 및 지방자치단체의 소비자의 권익과 관련된 시책에 대한 심의
③ 소비자 문제에 관한 조사·연구
④ 소비자의 교육
⑤ 소비자의 불만 및 피해처리를 위한 상담·정보제공 및 당사자 사이의 합의의 권고

**19** 〈보기〉는 소비자단체의 등록 취소에 관한 내용이다. ( )에 들어갈 알맞은 말은?

> 보기
>
> ( ) 또는 지방자치단체의 장은 소비자단체가 거짓, 그 밖의 부정한 방법으로 제29조의 규정에 따른 등록을 한 경우에는 등록을 취소하여야 한다.

① 국무총리      ② 한국소비자원
③ 공정거래위원회      ④ 소비자정책위원회
⑤ 소비자분쟁조정위원회

**20** 소비자 안전조치를 위한 측면에서의 중대한 결함이라고 볼 수 없는 것은?

① 사망
② 의료기관에서 2주의 치료가 필요한 골절의 부상
③ 의료기관에서 3주 이상의 치료가 필요한 화상, 감전 등 신체적 부상이나 질병
④ 2명 이상의 식중독
⑤ 물품 등이 관계 법령이 정하는 안전기준을 위반한 결함

**21** 다음 중 개인정보 보호 기본계획 및 시행계획에 대한 설명으로 옳지 않은 것은?

① 개인정보 보호위원회는 3년마다 개인정보 보호 기본계획을 그 3년이 시작되는 해의 전년도 6월 30일까지 수립해야 한다.
② 국회, 법원, 헌법재판소, 중앙선거관리위원회는 해당 기관의 개인정보 보호를 위한 기본계획을 수립·시행할 수 있다.
③ 개인정보 보호위원회는 매년 3월 31일까지 다음 해 시행계획의 작성방법 등에 관한 지침을 마련하여 관계 중앙행정기관의 장에게 통보해야 한다.
④ 관계 중앙행정기관의 장은 기본계획 중 다음 해에 시행할 소관 분야의 시행계획을 작성하여 매년 9월 30일까지 보호위원회에 제출해야 한다.
⑤ 보호위원회는 제출된 시행계획을 그 해 12월 31일까지 심의·의결해야 한다.

**22** 개인정보처리자가 개인정보 수집에 관하여 정보주체의 동의를 받은 경우 사전에 정보주체에게 알려야 하는 항목에 해당되지 않는 것은?

① 개인정보의 수집·이용 목적
② 수집하려는 개인정보의 항목
③ 개인정보의 보유 및 이용 기간
④ 개인정보처리자의 개인정보처리에 관한 법규위반 현황
⑤ 동의를 거부할 권리가 있다는 사실 및 동의 거부에 따른 불이익이 있는 경우에는 그 불이익의 내용

**23** 다음의 개인정보 파기 사유 중 그 성격이 다른 것은?

① 서비스 제공기관의 해당 서비스 사업의 종료 시
② 핸드폰 할인행사를 위한 이벤트 공모 시 제공된 개인정보의 이벤트 종료 시
③ 서비스 이용고객이 서비스 제공기관의 회원탈퇴를 원할 때
④ 홍보 및 판촉활동간 수집된 개인정보에 대하여 그 행사 종료 시
⑤ 서비스 제공을 위하여 일부 기술 협약한 외주업체에 제공된 개인정보에 대하여 외주업체의 과업 종료 시

**24** 개인정보처리자가 처리하여서는 안 되는 민감정보에 해당되지 않는 것은?

① 사상                          ② 운전면허의 면허번호
③ 신념                          ④ 건강
⑤ 유전정보

**25** 영상정보처리기기의 설치 및 운영이 가능한 경우가 아닌 것은?

① 불특정 다수가 이용하며 개인의 사생활을 현저히 침해할 우려가 있는 장소의 내부
② 법령에서 구체적으로 허용하고 있는 경우
③ 범죄의 예방 및 수사를 위하여 필요한 경우
④ 시설안전 및 화재 예방을 위하여 필요한 경우
⑤ 교통단속을 위하여 필요한 경우

**26** 기업교육훈련 중 OJT의 필요성이 아닌 것은?

① 교육실시자로서 현장 경험이 있는 선임자의 지식과 기능을 생생하게 전달하고자 할 때
② 장시간에 걸쳐 학습자에게 임무를 숙달시킬 필요가 있을 때
③ 업무현장에서 학습자를 시급히 투입할 필요가 있을 때
④ 직장의 문제해결을 위해 필요한 지식, 기능의 수준을 향상시키고자 할 때
⑤ 일의 내용이나 방식의 급격하고 대폭적 변화로 인해 현재의 지식 및 경험만으로 불충분할 경우

**27** OJT 교육방법에 해당하지 않는 것은?

① 직무교육훈련　　　　　　　② 직무순환
③ 시범　　　　　　　　　　　④ 코칭/멘토링
⑤ 소집단 활동을 통한 능력개발

**28** 크로스의 성인학습 기본원칙에 대한 설명으로 맞지 않는 것은?

① 교육계획 수립 및 자신의 학습요구 진단, 학습 평가 시 학습자를 참여시킨다.
② 제공되는 정보에 대하여 학습자들에게 실용적인지를 확인한다.
③ 제공되는 정보의 능숙한 수행을 위한 기회를 제공한다.
④ 한 번에 하나의 정보만을 제공한다.
⑤ 요점정리와 잦은 피드백을 통하여 기억력 향상 및 응용능력을 유지한다.

**29** 토의식 교수법의 특징에 해당되지 않는 것은?

① 학습자 상호간 의견, 경험, 정보를 나누고 아이디어를 제시한 후 평가하며 더 나은 아이디어를 위해 서로 협동한다.
② 체계적인 순서 내에서 여러 다양한 자료와 아이디어를 전달한다.
③ 교수자와 학습자, 학습자와 학습자 간 상호작용을 통해 결과를 도출하는 공동의 학습형태를 유지한다.
④ 흥미유발이 강력하고 토의 간 각각의 경험을 공유할 수 있다.
⑤ 교수자는 학습자의 대화에 적절히 대응할 수 있는 역량이 필요하다.

**30** 프레젠테이션의 종류 중 〈보기〉의 목적을 갖는 프레젠테이션에 해당하는 것은?

보기

- 청중의 가치관을 바꾸고 발표자의 의도를 수용한다.
- 청중의 가치관을 강화 및 보강하며 새로운 가치관을 창출한다.
- 개인 및 단체의 목적을 위해 청중을 설득하여 결정 또는 행동에 도달한다.

① 설득을 위한 프레젠테이션
② 정보 제공을 위한 프레젠테이션
③ 동기부여를 위한 프레젠테이션
④ 교육형 프레젠테이션
⑤ 홍보를 위한 프레젠테이션

# 03형 기출기반 모의고사

**01** 슈매너의 서비스 프로세스 매트릭스 중 서비스 숍과 거리가 먼 것은?

① 낮은 고객 접촉 정도
② 높은 자본투자
③ 낮은 노동집중도
④ 고객과의 높은 상호작용
⑤ 높은 개별화 서비스

**02** 대기시스템의 결정방법에 대한 설명이 바르지 않은 것은?

① 단일 대기열은 선착순의 원칙으로 모든 사람에게 공정성이 보장된다.
② 번호부여는 다중 대기열의 종류로 공정성이 보장되지만 부가적인 편익이 추가되어서는 안 된다.
③ 다중 대기열은 고객이 어느 대기열에서 기다릴 것인지를 고민해야 한다.
④ 단일 대기열은 기다리는 데 소요되는 전체시간을 줄일 수 있다.
⑤ 번호부여의 단점은 번호가 호명될 때까지 주의를 기울여야 한다.

**03** 피시본 다이어그램의 단계별 흐름을 바르게 나열한 것은?

① 문제의 주요원인 범주화 - 문제의 명확한 정의 - 잠재원인 브레인스토밍 - 근본원인 확인 - 주요원인 범주의 세부사항 검토
② 문제의 주요원인 범주화 - 문제의 명확한 정의 - 잠재원인 브레인스토밍 - 주요원인 범주의 세부사항 검토 - 근본원인 확인
③ 문제의 명확한 정의 - 문제의 주요원인 범주화 - 잠재원인 브레인스토밍 - 주요원인 범주의 세부사항 검토 - 근본원인 확인
④ 문제의 명확한 정의 - 잠재원인 브레인스토밍 - 문제의 주요원인 범주화 - 주요원인 범주의 세부사항 검토 - 근본원인 확인
⑤ 문제의 명확한 정의 - 근본원인 확인 - 문제의 주요원인 범주화 - 잠재원인 브레인스토밍 - 주요원인 범주의 세부사항 검토

**04** 품질기능 전개의 효과에 해당하지 않는 것은?

① 설계의도를 제조에 전달
② 고객접점에 있는 직원이 획득한 정보의 신속한 보고
③ 개발기간 단축
④ 설계품질 및 기획품질 설정
⑤ 초기품질 트러블 절감


**05** 구전효과에 대한 설명 중 옳지 않은 것은?

① 구전은 일대일 커뮤니케이션의 특성에 의해 더 큰 효과를 가진다.
② 부정적 구전은 많은 사람들에게 빠르게 전파되는 특성이 있다.
③ 구전은 마케팅을 위해 기업이 제공하는 것이 아니라 제품이나 서비스를 사용한 경험이
   있는 고객들에 의해 퍼져나가는 것이므로 신뢰도가 높지 않다.
④ 구전은 고객의 직·간접 경험적 요소에 근거하므로 확실한 정보를 제공한다.
⑤ 구전은 특정 제품 또는 서비스에 관하여 개인적 경험에 대한 정보를 비공식적으로 교환
   하는 의사소통이다.


**06** 올리버의 4단계 충성모델 중 〈보기〉에 해당하는 단계는?

> 보기
>
> 소비자는 구매할 관여를 가진 것으로도 재구매 의도와 타인에게 추천할 의도를 나타내는 단계

① 인지적 충성도                    ② 감정적 충성도
③ 능동적 충성도                    ④ 행동적 충성도
⑤ 협력적 충성도


**07** 고객만족경영의 혁신의 성공요인에 해당되지 않는 것은?

① 시장중심의 마케팅 및 시장조사 실시
② 지식경영, 아웃소싱, 6시그마 등 서비스 기업에 요구되는 경영혁신 프로세스기법 적용
③ 혁신을 위한 조직문화
④ 경영자의 혁신에 대한 마인드와 태도를 통한 리더십
⑤ 기업의 비용절감 강조

**08** 다니엘 골먼이 제시한 감성지능의 5가지 영역에 포함되지 않는 것은?

① 자아 인식            ② 자기 수용

③ 자기 조절            ④ 감정이입

⑤ 대인관계 기술

**09** 그레고리 스톤의 고객 분류 중 추가비용을 지불하더라도 선물을 포장 또는 배달 서비스를 선호하는 고객의 유형은?

① 윤리적 고객         ② 개인적 고객

③ 편의적 고객         ④ 계산적 고객

⑤ 경제적 고객

**10** 참여 관점에 따른 고객 분류 중 〈보기〉의 설명에 맞는 고객유형은?

> 보기
>
> 기업의 제품 또는 서비스를 반복적으로 구매하는 고객으로 다른 사람들에게 적극적으로 추천하지 않는 고객

① 한계고객           ② 프리터족

③ 로열티 고객         ④ 충성고객

⑤ 단골고객

**11** 고객이 불안 및 위험을 줄이기 위해 하는 행동과 거리가 먼 것은?

① 정보탐색에 더 많은 시간과 노력을 들인다.

② 상품 보증이 안 되었더라도 잘 알려진 유명 브랜드를 찾는다.

③ 경험상 신뢰할 만한 브랜드를 구입한다.

④ A/S나 보증기간이 긴 제품을 구입한다.

⑤ 소량을 먼저 구매하여 사용 후 대량구매를 한다.

**12** 고객 특성 정보 중 취미, 특기, 기호, 성격, 의사결정 스타일 등에 해당하는 정보는?

① 고객 프로필 정보
② 계약정보
③ 고객 니즈 정보
④ 고객 성향 정보
⑤ 구매력 정보

**13** MBTI의 4가지 선호경향 중 〈보기〉의 설명에 해당하는 것은?

보기

결정과 선택을 할 때 주관적인 가치와 관계 조화에 초점을 맞추는 것을 선호하는 유형

① 감정형
② 사고형
③ 판단형
④ 인식형
⑤ 내향형

**14** 인간관계의 유형 중 사회적 위치가 서로 유사한 사람들 사이의 상호작용은?

① 공유적 관계
② 교환적 관계
③ 종적 관계
④ 횡적 관계
⑤ 협의적 관계

**15** 부적응적인 인간관계의 8가지 유형 중 〈보기〉의 설명에 해당하는 유형은?

보기

친밀한 인간관계를 강박적으로 추구하고 관계에 많은 의지를 하면서 그들을 통해 항상 관심과 애정을 확인하고자 하는 유형

① 의존형
② 지배형
③ 반목형
④ 유희형
⑤ 경시형

**16** 자아의식 모델인 조하리의 창 중 〈보기〉의 내용에 해당하는 것은?

> 보기
>
> · 신중하고, 계산적 · 실리적이다.  · 현대인에게 가장 많은 유형이다.
> · 실수, 공격당하는 일이 적다.  · 자신의 이야기를 잘 하지 않는다.

① 숨겨진 영역  ② 공개된 영역
③ 맹목 영역  ④ 미지 영역
⑤ 의존적 영역

**17** 에드워드 홀이 제시한 의사소통과 공간 행동에서 개인적 거리에 해당하는 것은?

① 30cm 이하  ② 30cm~45cm
③ 45cm~120cm  ④ 120cm~360cm
⑤ 360cm 이상

**18** 에릭번이 제시한 시간의 구조화 6개 영역 중 〈보기〉에 해당하는 것은?

> 보기
>
> 욕구나 감정을 직접적으로 교환하는 교류로 두 사람이 서로 의뢰하고 상대방에게 순수한 배려를 행하는 관계

① 폐쇄  ② 의식
③ 활동  ④ 잡담
⑤ 친교

**19** 러브락의 서비스 유형별 분류 중 사람의 신체에 대한 유형적 서비스에 해당하지 않는 것은?

① 생산과 소비가 분리된다.
② 신체를 대상으로 물리적 접촉을 통한 가장 전형적인 서비스 유형이다.
③ 고객이 서비스 제공 장소에 반드시 있어야 서비스를 제공받을 수 있다.
④ 고객과의 커뮤니케이션이 활발하고 고객의 참여도가 가장 높다.
⑤ 병원, 미장원, 헬스케어 등이 해당된다.

**20** 러브락의 다차원적 서비스 분류 중 수요와 공급의 관계에 따른 분류표이다. 빈칸에 들어 갈 업종으로 바르게 연결되지 않은 것은?

| 수요와 공급의 관계에 따른 분류 | | 시간에 따른 수요의 변동성 | |
| --- | --- | --- | --- |
| | | 많음 | 적음 |
| 공급이 제한된 정도 | 피크 수요를 충족시킬 수 있음 | (가) | (나) |
| | 피크 수요에 비해 공급능력이 적음 | (다) | (라) |

① (가) : 전기  
② (나) : 법률 서비스  
③ (다) : 보험  
④ (가) : 소방  
⑤ (다) : 호텔

**21** 쇼스택의 서비스 분류 중 가장 유형성이 큰 제품은?

① 자동차  
② 음료  
③ 화장품  
④ 세제  
⑤ 항공

**22** 서비스의 특징 중 비분리성의 특징과 거리가 먼 것은?

① 서비스는 수요와 공급을 맞추기가 어렵다.  
② 고객이 거래에 참여하고 영향을 미친다.  
③ 고객은 서로에게 영향을 미친다.  
④ 서비스 직원이 서비스 결과에 영향을 미친다.  
⑤ 대량생산이 어렵다.

**23** 서비스 스케이프(물리적 환경)에 대한 설명이 바르지 않은 것은?

① 물리적 증거는 서비스 스케이프의 요소로 구성되어 있다.  
② 로고, 직원 유니폼, 조명 및 음향은 서비스 스케이프가 아닌 기타 유형적 단서이다.  
③ 서비스 스케이프 요소 중 주위환경에는 건물외관, 주차장, 안내데스크가 있다.  
④ 서비스 스케이프 요소 중 공간배치와 기능성에는 설비, 시설, 기구 등의 배치와 공간배치의 효율성이 해당된다.  
⑤ 서비스 스케이프 요소 중 사인, 심볼, 상징물에는 장소에 대한 정보를 제공하는 안내표지판, 간접적 단서를 제공하는 심볼 및 상징물이 있다.

**24** 관광 서비스의 특성에 대한 설명이 잘못된 것은?

① 물리적 환경의 고급화를 지향한다.
② 환경 및 시설 등 물리적 환경이 관광 서비스의 가장 중요한 요인이다.
③ 관광수요는 계절에 탄력적이다.
④ 타 관광 서비스와 상호 보완적이다.
⑤ 지역 관광자원 및 환경과의 연계성이 높다.

**25** 서비스 경영의 패러다임에 해당하지 않는 것은?

① 고객 중심경영
② 가치 중심경영
③ 관계 중심경영
④ 인터넷 중심경영
⑤ 글로벌 경영

**26** 서비스 기업의 경쟁 환경이 제조기업과 다른 점을 잘못 설명한 것은?

① 규모의 경제를 실현하기 어렵다.
② 진입장벽이 상대적으로 높다.
③ 수요의 변동이 심하다.
④ 내부고객의 만족도가 다르다.
⑤ 고객 충성도의 확보가 중요하다.

**27** 마이클 포터의 세 가지 본원적 경쟁전략에 대한 설명으로 맞지 않는 것은?

① 세 가지 본원적 경쟁전략으로 가격우위 전략, 차별화 전략, 집중화 전략이 있다.
② 원가우위 전략은 경쟁사보다 낮은 원가를 유지하여 고객에게 낮은 가격으로 제품 및 서비스를 제공하여 고객가치를 높이는 전략이다.
③ 원가우위 전략은 상품의 차별화가 어렵거나 산업이 성숙기에 접어들어 시장경쟁이 치열한 경우에 채택된다.
④ 차별화 전략의 핵심은 경쟁사에 비해 독특하다는 인식을 갖게 하는 서비스를 창출하는 데 있다.
⑤ 집중화 전략은 경쟁자와의 경쟁이 유리한 기업이나 보유하고 있는 역량이나 자원이 우세한 기업에게 적합하다.

**28** 원가우위 전략 방안 중 원가우위 전략 실행방안에 해당하지 않는 것은?

① 저가격을 찾는 고객을 목표로 한다.

② 고객 서비스를 표준화한다.

③ 서비스 전달에서 개인적 요소를 줄임으로써 표준화시킨다.

④ 고가격의 원재료 및 부품을 저가품으로 대체한다.

⑤ 네트워크 비용을 감소시킨다.

**29** 시장방어 전략에는 저지 전략, 보복 전략, 적응 전략이 있다. 〈보기〉 중 보복 전략에 해당하는 것을 모두 선택한 것은?

| 보기 | |
|---|---|
| 가. 전환비용 | 나. 집중광고 |
| 다. 장기간의 계약기간 | 라. 다양한 혜택 제공 |
| 마. 판매촉진 | 바. 입지 및 유료통제 |
| 사. 서비스 보증 | 아. 서비스 추가 및 수정 |
| 자. 서비스 패키지 확장 | 차. 경쟁우위 개발 |

① 가, 나, 다　　　　　　② 다, 라, 마

③ 마, 바, 사　　　　　　④ 가, 나, 바, 사

⑤ 아, 자, 차

**30** 슈미트가 제안한 체험(경험) 마케팅의 구성요소 중 〈보기〉에 해당하는 마케팅 전략은?

보기

고객들의 지성에 호소하여 고객들을 창조적으로 몰두하게 만들며, 놀람, 호기심, 도발, 흥미 같은 자극을 활용해 고객의 수렴적, 확산적 사고를 갖도록 하는 데 효과적이다.

① 인지 마케팅　　　　　② 감각 마케팅

③ 감성 마케팅　　　　　④ 행동 마케팅

⑤ 관계 마케팅

01 **VOC의 성공조건에 해당하지 않는 것은?**

　① 고객의 건의, 불평, 신고는 접수하되 칭찬, 문의는 VOC에 포함시키지 않고 현장 대응한다.

　② VOC와 보상을 연계할 방안을 모색한다.

　③ 통계보고서를 작성하여 트렌드를 분석하고 변화를 파악한다.

　④ 코딩으로 분류하여 체계적으로 관리한다.

　⑤ VOC로 인해 발생된 조직의 변화를 평가한다.

02 **미스터리 쇼핑의 목적에 해당되지 않는 것은?**

　① 고객에게 전달되는 서비스 수준의 측정

　② 직원들에 대한 교육효과 측정과 개선

　③ 직원이나 부서의 미흡분야 지적 및 미흡분야에 대한 책임소재 파악

　④ 점포의 효율적인 관리

　⑤ 경쟁업체 서비스 표준과 절차의 벤치마킹 및 강·약점 비교

03 **다음 중 MOT 및 MOT 사이클 차트에 대한 설명이 올바르지 않은 것은?**

　① 서비스의 기본용어가 된 고객접점은 서비스 인카운터라고도 한다.

　② MOT 사이클 차트는 서비스 전달 시스템을 종업원의 입장에서 이해하기 위한 방법으로 활용하며 고객이 경험하는 MOT를 원형차트의 1시 방향에서 시작하여 순서대로 기입한다.

　③ MOT는 리차드 노먼이 서비스 품질 관리에 처음 사용하였다.

　④ MOT 사이클 차트는 서비스 프로세스에 나타나는 일련의 MOT를 보여 주는 도표이다.

　⑤ MOT 사이클 차트는 고객이 기업과 접하는 부분을 전체적으로 이해하고 더 향상된 서비스의 전달과정이 될 수 있도록 서비스 전달시스템을 재구축하는 데 목적이 있다.

**04** MOT 사이클 차트 분석 5단계를 올바르게 나열한 것은?

① 서비스 접점 진단하기 − 서비스 접점 설계하기 − 고객 접점 사이클 세분화하기 − 고객 접점 시나리오 만들기 − 새로운 표준안으로 행동하기
② 서비스 접점 설계하기 − 서비스 접점 진단하기 − 고객 접점 사이클 세분화하기 − 고객 접점 시나리오 만들기 − 새로운 표준안으로 행동하기
③ 서비스 접점 설계하기 − 고객 접점 사이클 세분화하기 − 서비스 접점 진단하기 − 고객 접점 시나리오 만들기 − 새로운 표준안으로 행동하기
④ 서비스 접점 진단하기 − 고객 접점 사이클 세분화하기 − 서비스 접점 설계하기 − 고객 접점 시나리오 만들기 − 새로운 표준안으로 행동하기
⑤ 서비스 접점 설계하기 − 고객 접점 사이클 세분화하기 − 고객 접점 시나리오 만들기 − 서비스 접점 진단하기 − 새로운 표준안으로 행동하기

**05** 서비스 패러독스의 탈피방안으로 적절하지 않은 것은?

① 성의 있고 신속하며 미소로써 응대하는 서비스를 제공한다.
② 고객의 소리를 무조건 반영하게 되면 서비스 제공의 기준이 무너지므로 기업이 정한 기준에 따른 서비스를 제공하기 위해 노력하여야 한다.
③ 서비스는 혁신적이고 신선해야 한다. 조금씩 새로운 서비스를 추가한다.
④ 서비스는 감명 깊어야 한다. 기쁨과 감동을 통해 고객만족을 실천한다.
⑤ 서비스는 고객을 환대해야 한다. 진심으로 고객을 즐겁게 맞이하고 정성껏 응대한다.

**06** 수잔 키비니 교수가 제시한 고객전환발생요인 중 영향도가 가장 낮은 유형은?

① 윤리적 문제
② 서비스 실패에 대한 반응
③ 경쟁자
④ 가격 문제
⑤ 핵심서비스 실패

**07** 고객이 추구하는 일곱 가지 서비스 회복 방안 중 기업에 가격비용을 발생시키지 않는 회복과 거리가 먼 것은?

① 기업의 진심어린 사과
② 같은 문제를 반복시키지 않겠다는 기업의 확신
③ 서비스의 수정
④ 고객의 불만사항을 기업에 표현할 수 있는 기회
⑤ 발생한 불만에 대한 기업의 설명

**08** 애프터서비스 품질차원의 영향요인에 해당되지 않는 것은?

① 서비스 센터의 위치 및 접근성
② 전문성과 기술적 품질
③ 기능적 품질
④ 서비스 가격
⑤ 기업이미지

**09** 다음 중 레빗의 제품차원을 모두 선택한 것은?

| | | |
|---|---|---|
| 가. 핵심제품 | 나. 기대제품 | 다. 확장제품 |
| 라. 실체제품 | 마. 확장제품 | 바. 기본제품 |
| 사. 잠재적 제품 | | |

① 가, 나, 다
② 가, 나, 다, 라
③ 나, 바, 사
④ 라, 마, 바, 사
⑤ 가, 라, 마

**10** 제품이나 서비스 속성에 기초한 차별화 방법의 차별화 수단이 아닌 것은?

① 제품의 형태
② 제품의 복잡성
③ 고객 맞춤형 제품
④ 제품 출시의 타이밍
⑤ 입지조건

**11** 부오리가 제시한 의료서비스 품질요소가 아닌 것은?

① 수용성                 ② 효과
③ 효율                    ④ 의학적/기술적 수준
⑤ 적합성

**12** KS-SQI의 모델에서 제시한 품질의 속성 중 그 특징이 서로 다른 것은?

① 신뢰성             ② 고객응대 시 친절성
③ 고객응대 시 적극지원성    ④ 접근 용이성
⑤ 본원적 서비스

**13** 서비스 회복 시 e-서비스 품질의 3가지 차원을 모두 선택한 것은?

| | | |
|---|---|---|
| 가. 반응성 | 나. 보상성 | 다. 신뢰성 |
| 라. 효율성 | 마. 실행성 | 바. 접촉성 |
| 사. 보안성 | | |

① 가, 나, 다          ② 가, 나, 바
③ 나, 라, 마          ④ 가, 나, 마
⑤ 라, 바, 사

**14** 그뢴루스가 제시한 내부 마케팅의 선행되어야 할 영향요인과 거리가 먼 것은?

① 내부 커뮤니케이션      ② 보상제도
③ 직무 표준화에 따른 권한 최소화   ④ 복리후생 제도
⑤ 경영층 지원

**15** 서비스 종업원의 역할모호성 발생 원인이 아닌 것은?

① 상의하달식의 의사소통일 때
② 기준이 되는 서비스 표준이 없을 때
③ 서비스 표준대로 의사소통이 되지 않을 때
④ 우선순위가 없는 서비스 표준일 때
⑤ 서비스 표준이 성과측정, 평가, 보상시스템과 연결되지 않을 때

**16** CS 평가 시스템 프로세스 중 〈보기〉에 해당하는 단계는?

보기

> QFD기법을 통해 주요 고객요구와 핵심관리요소를 도출한다. 대표성 및 전략적 중요성 등을 고려하여 평가지표를 도출한다.

① 1단계 - 고객의 요구 파악
② 2단계 - 고객 만족도 조사
③ 3단계 - CS 평가지표 개발
④ 4단계 - CS 평가 시스템 실행체계 구축
⑤ 5단계 - CS 평가 시스템 실행

**17** 고객의 요구 파악을 위한 마케팅 자료 수집방법 중 〈보기〉에 해당하는 것은?

보기

> 고객들의 구매기록, 점포조사자료 및 고객자료에 구매행위를 분석하여 고객의 선호성을 파악하는 방법으로 설문지보다 신뢰성이 높다.

① 패널조사
② 관찰법
③ 서베이법
④ 행동조사법
⑤ 실험법

**18** 투사법에 해당하는 조사방법에 해당하지 않는 것은?

① 단어 연상법
② 문장완성법
③ 그림묘사법
④ 만화완성법
⑤ 심층면접법

**19** 탐험조사 방법 중 〈보기〉에 해당하는 것은?

보기

> 전문 면접원이 1명의 조사대상자를 대상으로 주제와 관련된 비구조화된 질문을 하는 기법이다.

① 표적집단면접법
② 심층면접법
③ 문헌조사
④ 전문가 의견조사
⑤ 정성조사

**20** 신제품 테스트에 많이 사용되는 조사법 중 〈보기〉에 해당하는 것은?

> 보기
>
> 다수의 조사 대상자들을 일시에 정해진 장소에 오도록 하여 동시에 서베이를 실시하는 방법으로 조사 대상자는 자신의 동기에 의해 특정 장소로 오게 되므로 조사에 대한 협조가 높다.

① Gang Survey
② HUT(Home Usage Test)
③ CLT(Central Location Test)
④ 탐험조사
⑤ 기술조사

**21** 마케팅 계획수립의 장점에 해당하는 것은?

① 직원 개개인의 시간 관리에 제한을 준다.
② 직원의 업무 집중도가 떨어진다.
③ 직원의 행동지침이 된다.
④ 세부적인 마케팅 계획은 조직의 유연성을 낮춘다.
⑤ 조직 구성원들의 권한 부여의 근원이 된다.

**22** 마케팅 계획 수립 시 고려사항으로 보기 어려운 것은?

① 측정이 가능해야 한다.
② 마케팅 활동계획은 방향만 제시하여 업무담당자들이 상황에 맞게 적용하도록 한다.
③ 구체적인 진행계획이 수립되어야 한다.
④ 기간이 명시되어야 한다.
⑤ 달성 가능한 것이어야 한다.

**23** 고객만족 계획 수립절차가 바르게 나열된 것은?

① 기업목표 기술 – 기업환경 분석 – 마케팅 목표 설정 – 목표달성을 위한 전략 수립
   – 전략 수행을 위한 프로그램 작성 – 시행 및 재검토

② 기업환경 분석 – 기업목표 기술 – 마케팅 목표 설정 – 목표달성을 위한 전략 수립
   – 전략 수행을 위한 프로그램 작성 – 시행 및 재검토

③ 기업환경 분석 – 마케팅 목표 설정 – 기업목표 기술 – 목표달성을 위한 전략 수립
   – 전략 수행을 위한 프로그램 작성 – 시행 및 재검토

④ 기업목표 기술 – 마케팅 목표 설정 – 기업환경 분석 – 목표달성을 위한 전략 수립
   – 전략 수행을 위한 프로그램 작성 – 시행 및 재검토

⑤ 기업목표 기술 – 기업환경 분석 – 마케팅 목표 설정 – 전략 수행을 위한 프로그램
   작성 -목표달성을 위한 전략 수립 – 시행 및 재검토

**24** 계획수립을 위한 예측기법 중 당초 계획이 부적절할 때 새로운 환경에 대응할 수 있도록 행동을 수정하는 과정은?

① 전술적 계획                    ② 전략적 계획
③ 운영계획                      ④ 상황대응 예측법
⑤ 시나리오 계획법

**25** 벤치마킹 유형 중 〈보기〉에 해당하는 것은?

> **보기**
>
> • 조직 내의 기능별, 계층별, 지역별 업무단위 간 비교로서 서로 다른 위치의 사업장이나 부서, 사업부 사이에서 일어나는 벤치마킹 활동이다.
> • 정보 수집이 용이하지만 근시안적인 조사와 분석의 한계를 가지고 있다.

① 전략적 벤치마킹                 ② 내부 벤치마킹
③ 경쟁력 벤치마킹                 ④ 기능 벤치마킹
⑤ 포괄 벤치마킹

**26** 자이다믈이 제시한 고객가치의 4가지 개념에 해당되지 않는 것은?

① 고객이 얻고자 하는 혜택          ② 저렴한 가격
③ 가격대비 품질                  ④ 고가의 고급제품
⑤ 비용대비 혜택

**27** 〈보기〉에서 고객가치의 특성을 모두 선택한 것은?

> 보기
>
> 가. 동적성 　　　나. 기능성 　　　다. 전문성
> 라. 주관성 　　　마. 예측성 　　　바. 상황성
> 사. 다차원 　　　아. 지속성

① 나, 다, 마, 아　　　　　② 가, 나, 다, 라
③ 가, 라, 바, 사　　　　　④ 나, 라, 바, 사
⑤ 다, 라, 사, 아

**28** 고객가치 측정요소에 해당되지 않은 것은?

① 고객 점유율　　　　　② 연간 누적 구매비용
③ 고객 구매력　　　　　④ 할인율
⑤ 공헌마진

**29** 브랜드명(상표)의 요건에 해당되지 않는 것은?

① 독특성　　　　　② 고급화
③ 연관성　　　　　④ 기억용이성
⑤ 유연성

**30** 성과관리의 필요성에 해당되지 않는 것은?

① 상사의 경험전수를 통한 일방향 커뮤니케이션으로 업무성과를 높일 수 있다.
② 목표달성에 따른 합리적이고 공정한 보상을 받을 수 있다.
③ 성과달성을 위한 동기유발을 높일 수 있다.
④ 혜택을 통한 전사적 목표를 공유할 수 있다.
⑤ 효율적인 비즈니스의 선택과 집중을 할 수 있다.

**01**   **다음 중 고객이 사무실에 도착 시 안내에 대한 설명이 잘못된 것은?**

① 고객의 방문이 예정되어 있었다면 선호도를 확인 후 해당 차를 준비한다.

② 고객의 직위에 따라 상석을 고려하여 안내한다.

③ 차는 내방객부터 내며 고객이 많을 경우 내방객의 직급, 연장자, 상석, 오른쪽 방향 순으로 낸다.

④ 고객이 돌아갈 때는 입구까지 안내하고 미소를 지으며 감사의 인사를 한다.

⑤ 차는 면담 시작 전에 내며 차의 온도는 60~70도, 찻잔의 60~70%를 채운다.

**02**   **다음 중 직무수행 매너에 대한 설명이 잘못된 것은?**

① 출근 시 복장은 업무수행에 지장을 주거나 동료들의 시선이 불편하지 않도록 단정함을 유지한다.

② 지각이나 결근 시에는 직속상관에게 유선 보고 후 조치를 받는다.

③ 퇴근 시간 전까지 계획된 업무를 완료하지 못하였을 때는 상사에게 보고 후 일정 조정 등 지침을 받는다.

④ 출근 시에는 정해진 출근 시간에 출입문을 통과할 수 있도록 한다.

⑤ 업무상 외출 시에는 상사에게 보고 후 외출한다.

**03**   **다음 중 보고요령에 대한 설명으로 옳지 않은 것은?**

① 지시한 사람에게 지시한 사항이 완료되면 즉시 보고한다.

② 결론부터 말하고 진행경과, 이유, 자신의 의견 순으로 보고한다.

③ 상급자가 요구하거나 결과에 대해 물을 때 보고한다.

④ 필요시 중간 보고를 실시한다.

⑤ 보고가 길어지더라도 상급자의 권유가 있기 전까지 자리에 앉지 않는다.

**04** 다음 중 레스토랑 이용매너에 대한 설명이 맞지 않는 것은?

① 예약된 레스토랑에 도착하면 바로 들어가 빈자리에 앉은 후 직원의 안내를 받는다.

② 예약할 때는 예약자 이름, 예약일시, 참석인원, 메뉴, 모임의 성격, 연락처를 알려준다.

③ 직원을 부를 때는 호출용 벨을 이용하거나 벨이 없을 때는 종업원과 눈이 마주칠 때 손을 든다.

④ 음식이 담겨진 식기에 입을 대고 먹지 않는다.

⑤ 테이블 위에 팔꿈치를 올리고 턱을 괴거나 다리를 꼬거나 허리를 구부정하게 앉지 않는다.


**05** 다음 중 메라비언 법칙에 대한 설명이 잘못된 것은?

① 면대면 커뮤니케이션에서의 정보량은 시각적 요소 55%, 청각적 요소 38%, 언어적 요소 (말의 내용) 7%이다.

② 시각적 요소는 표정, 복장, 시선, 제스처 등이 해당된다.

③ 청각적 요소는 말투, 음색, 억양, 고저 등이 해당된다.

④ 면대면 커뮤니케이션에서의 정보량이 가장 많은 것은 청각적 요소이다.

⑤ 언어적 요소는 전달하는 말의 내용, 전문지식 등이 해당된다.

**06** 남성의 복장에 대한 설명 중 잘못된 것은?

① 슈트의 컬러는 감색, 회색, 검정이 기본이다.

② 셔츠의 소매와 깃은 슈트로부터 2~2.5cm 정도 나오도록 한다.

③ 셔츠는 긴팔이 기본이며 공식석상에서 반팔 셔츠는 적합하지 않다.

④ 타이의 색상은 슈트와 동일한 계열이 적당하며 동일색상은 차분하고 보색은 활동적이고 화려한 이미지와 매칭이 된다.

⑤ 양말의 색상은 정장바지보다 진하거나 같은 색, 구두와 같은 계통이 적당하다.


**07** 여성의 복장에 대한 설명 중 잘못된 것은?

① 스타킹은 검은색이 기본이다.

② 여성 정장은 복잡한 무늬, 화려한 색상은 피하는 것이 좋다.

③ 폭이 과도하게 넓거나 몸에 꽉 끼는 바지, 반바지는 피한다.

④ 사무실에서 슬리퍼 대신 낮은 굽의 정장용 구두로 갈아 신는 것은 가능하다.

⑤ 과도하게 화려하고 큰 액세서리는 피한다.

**08** 씽(J Singh)의 4가지 유형별 불평고객 중 표현 불평자에 대한 설명이 아닌 것은?

① 지인에게 부정적 구전을 전하고 기업을 떠날 의도가 높다.
② 서비스 제공자에게 적극적으로 불평하고자 한다.
③ 적극적 불평을 통해 기업에게 2번의 기회를 준다.
④ 불평결과가 서비스 제공자에게 긍정적일 것이라 믿는다.
⑤ 서비스 제공자에게 최고의 고객으로 전환될 수 있다.

**09** 고객 불만 발생의 유형이 아닌 것은?

① 효용 불만
② 심리적 불만
③ 균형 불만
④ 상황적 불만
⑤ 관계 불만

**10** 불만고객 처리서비스 프로세스에 해당되지 않는 것은?

① 신속처리 및 공정성 유지원칙
② 관대한 보상을 통한 효과적인 대응원칙
③ 언어절제의 원칙
④ 고객 개인정보 보호를 통한 프라이버시 보장원칙
⑤ 고객불만 재발 방지를 위한 체계적 관리원칙

**11** 코칭의 필요성이 요구되는 상황이 아닌 것은?

① 구성원의 변화 또는 조직의 재편으로 업무 목표 선정 및 수행에 대한 방향제시가 필요할 때
② 직무를 효율적으로 수행할 수 있는 능력이 부족할 때
③ 업무수행방식 및 태도가 업무성과에 직접적인 영향을 미칠 때
④ 업무수행에 방해되는 문제가 발생했을 때
⑤ 조직 및 직무에 대한 적응 및 훈련이 신입직원에게 요구될 때

**12** 콜센터의 효율적인 생산성 관리를 위한 고려사항에 해당되지 않는 것은?

① 상담원의 적절한 직무배치
② 근속연한에 따른 임금체계
③ 상담원으로서의 잠재역량을 갖춘 우수자원 채용
④ 공정한 평가와 보상
⑤ 기업이익 실현에 도움이 되는 우수 상담원의 재택근무 지원

**13** 스크립트 구성 3단계 중 본론단계에서의 상담진행 방법이 적절하지 않은 것은?

① 용건 및 핵심내용을 전달하고 고객반응을 확인한다.
② 질문을 통해 고객에 대한 정보를 파악하고 이를 토대로 고객에게 맞는 제품 및 정보제공이 전화상담의 핵심이다.
③ 반론에 대한 스크립트를 미리 작성하여 대응방법을 준비하고 고객 질문에 대하여 대응화법을 이용해 답변한다.
④ 구매욕구 자극을 위해 직접적인 제품설명을 적극적으로 하는 것이 유리하다.
⑤ 어떠한 질문과 상황하에서도 답변과 대응이 가능하도록 훈련한 사항과 사전 숙지한 스크립트를 충분히 숙지하여 응대한다.

**14** 다음 중 〈보기〉의 내용에 해당하는 콜센터 조직 구성원은?

> 보기
>
> 텔레마케터들의 업무를 지휘감독하고 모니터링을 통해 성과를 분석 및 관리하는 실질적 관리자

① 슈퍼바이저
② 콜센터 리더
③ 유니트 리더
④ 텔레마케터
⑤ 통화품질 관리자

**15** 모니터링 코칭 방법 중 〈보기〉의 설명에 해당되는 것은?

> 보기
>
> 모니터링 평가표에 따라 업무 및 2~3개의 통화품질 기준에 관한 내용을 가지고 진행하는 코칭으로 코칭시간이 길고 코칭의 내용이 구체적인 장점이 있다.

① 풀 코칭
② 개별 코칭
③ 스팟 코칭
④ 프로세스 코칭
⑤ 그룹 코칭

**16** 공정거래위원회가 위해정보 제출기관으로 지정·운영할 수 있는 기관이 아닌 것은?

① 경찰서, 소방서, 보건소 등 위해정보수집이 가능한 행정관서
② 소비자단체
③ 병원 및 종합병원
④ 대한상공회의소
⑤ 초등학교, 중학교, 고등학교 등 보건실을 운영하고 있는 학교

**17** 한국소비자원의 피해구제 및 조정에 대한 설명 중 내용이 옳지 않은 것은?

① 소비자는 물품 등의 사용으로 인한 피해를 한국소비자원에 신청할 수 있다.
② 국가·지방자체단체 또는 소비자단체는 소비자로부터 피해구제의 신청을 받은 때에는 한국소비자원에 그 처리를 의뢰할 수 있다.
③ 사업자는 소비자로부터 피해구제의 신청을 받은 날로부터 60일이 경과하여도 합의에 이르지 못하는 경우 한국소비자원에 처리를 의뢰할 수 있다.
④ 한국소비자원원장은 피해구제의 신청을 받은 경우 그 내용이 한국소비자원에서 처리하는 것이 부적합하다고 판단되는 때에는 신청인에게 그 사유를 통보하고 그 사건의 처리를 중지할 수 있다.
⑤ 한국소비자원원장은 피해구제신청의 당사자에 대하여 피해보상에 관한 합의를 권고할 수 있다.

**18** 소비자분쟁조정위원회의 설치 및 구성에 대한 설명이 맞지 않는 것은?

① 소비자와 사업자 사이에 발생한 분쟁을 조정하기 위하여 한국소비자원에 소비자분쟁조정위원회를 둔다.
② 조정위원회는 위원장 1명을 포함한 150명 이내의 위원으로 구성한다.
③ 위원장을 포함한 5명은 상임으로 하고 나머지는 비상임으로 한다.
④ 위원의 임기는 3년으로 하며, 연임할 수 있다.
⑤ 위원장은 상임위원 중에서 국무총리가 임명한다.

**19** 소비자분쟁조정과 관련된 내용이 맞지 않은 것은?

① 조정위원회는 분쟁조정절차에 앞서 이해관계인·소비자단체 또는 관계기관의 의견을 들을 수 있다.

② 조정위원회는 분쟁조정을 위하여 필요한 경우에는 전문위원회에 자문할 수 있다.

③ 조정위원회는 분쟁조정을 신청받은 때에는 그 신청을 받은 날부터 60일 이내에 그 분쟁조정을 마쳐야 한다.

④ 조정위원회는 ③의 규정에도 불구하고 정당한 사유가 있는 경우로서 정해진 기간 이내에 그 분정조정을 마칠 수 없는 때에는 그 기간을 연장할 수 있다.

⑤ 조정위원회 위원장은 분쟁조정을 마친 때에는 지체 없이 당사자에게 그 분쟁조정의 내용을 통지하여야 하며, 통지를 받은 당사자는 그 통지를 받은 날부터 15일 이내에 분쟁조정의 내용에 대한 수락여부를 조정위원회에 통보하여야 한다.

**20** 소비자단체소송을 제기할 수 있는 단체에 해당되지 않는 것은?

① 정관에 따라 상시적으로 소비자의 권익증진을 주된 목적으로 하며, 단체의 정회원수가 500명 이상이고, 등록 후 3년이 경과한 소비자단체

② 한국소비자원

③ 대한상공회의소

④ 중소기업협동조합중앙회

⑤ 법률상 또는 사실상 동일한 침해를 입은 50인 이상의 소비자로부터 단체소송의 제기를 요청을 받고, 정관에 소비자의 권익증진을 단체의 목적으로 명시한 후 최근 3년 이상 이를 위한 활동실적이 있으며, 단체의 상시 구성원수가 5천명 이상이고, 중앙행정기관에 등록되어 있는 비영리민간단체

**21** 개인정보 처리방침을 수립하거나 변경하는 경우에는 정보주체가 쉽게 확인할 수 있도록 공개하여야 한다. 다음 중 공개방법에 대한 설명으로 옳지 않은 것은?

① 개인정보처리자의 인터넷 홈페이지에 지속적으로 게재하여야 한다.

② 인터넷 홈페이지 게재가 불가능할 경우 정보주체자의 사업장 등의 보기 쉬운 장소에 게시한다.

③ 인터넷 홈페이지 게재가 불가능할 경우 관보, 일반일간신문, 일반주간신문 또는 인터넷신문에 싣는다.

④ 인터넷 홈페이지 게재가 불가능할 경우 같은 제목으로 연 2회 이상 발행하여 정보주체에게 배포하는 간행물·소식지·홍보지 또는 청구서 등에 지속적으로 싣는다.

⑤ 인터넷 홈페이지 게재가 불가능할 경우 개인정보처리자와 정보주체가 작성한 계약서 등에 실어 정보주체에게 발급한다.

**22** 개인정보처리자로서 개인정보 유출 통제방법 및 절차를 설명한 〈보기〉의 (   ) 안에 들어갈 알맞은 내용은?

> 보기
>
> (   가   )명 이상의 정보주체에 관한 개인정보가 유출된 경우에는 서면 등의 방법과 함께 인터넷 홈페이지에 정보주체가 알아보기 쉽도록 법 제34조 제1항의 정보유출 시 통지사항을 (   나   )일 이상 게재하여야 한다.

① 가 : 100,  나 : 3        ② 가 : 500,  나 : 5
③ 가 : 1000,  나 : 7       ④ 가 : 2000,  나 : 10
⑤ 가 : 3000,  나 : 30

**23** 정보주체는 개인정보처리자에 대하여 자신의 개인정보 처리의 정지를 요구할 수 있다. 개인정보 처리자가 개인정보처리의 정지 요구를 받았을 때 이를 거절할 수 있는 경우에 해당하지 않는 것은?

① 법률에 특별한 규정이 있거나 법령상 의무를 준수하기 위하여 불가피한 경우
② 다른 사람의 생명·신체를 해할 우려가 있거나 다른 사람의 재산과 그 밖의 이익을 부당하게 침해할 우려가 있는 경우
③ 공공기관이 개인정보를 처리하지 아니하면 다른 법률에서 정하는 소관 업무를 수행할 수 없는 경우
④ 개인정보의 분실, 도난, 유출에 대하여 개인정보처리자의 중대한 과실이 없는 경우
⑤ 개인정보를 처리하지 아니하면 정보주체와 약정한 서비스를 제공하지 못하는 등 계약의 이행이 곤란한 경우로서 정보주체가 그 계약의 해지 의사를 명확하게 밝히지 아니한 경우

**24** 개인정보 분쟁조정위원회의 설치 및 구성에 대한 내용이 맞지 않는 것은?

① 분쟁조정위원회는 위원장 1명을 포함한 20명 이내의 위원으로 구성하고 위원은 당연직 위원과 위촉위원으로 구성한다.
② 위원장은 위원 중 공무원이 아닌 사람으로 행정안전부장관이 위촉한다.
③ 위원장과 위촉위원의 임기는 2년으로 하되, 1차에 한하여 연임할 수 있다.
④ 위원이 공무원인 경우 그 직에 재직하는 동안 재임이 가능하다.
⑤ 조정부는 필요하면 조정사건의 분야별로 5명 이내의 위원으로 운영하며 조정부가 의결한 사항은 분쟁조정위원회가 의결한 것으로 본다.

## 25 분쟁조정에 대한 설명 중 맞지 않는 것은?

① 분쟁조정위원회는 분쟁조정 신청을 받은 날부터 30일 이내에 이를 심사하여 조정안을 작성하여야 한다.

② 분쟁조정위원회는 조정안을 작성하면 지체 없이 각 당사자에게 제시하여야 한다.

③ 조정안을 제시받은 당사자가 제시받은 날부터 15일 이내에 수락여부를 알리지 아니하면 조정을 거부한 것으로 본다.

④ 당사자가 조정내용을 수락한 경우 분쟁조정위원회는 조정서를 작성하고, 분쟁조정위원회의 위원장과 각 당사자가 기명날인하여야 한다.

⑤ 조정서의 조정내용은 재판상 화해와 동일한 효력을 갖는다.

## 26 〈보기〉의 내용은 기업교육훈련 중 한 가지 방법의 필요성을 설명한 것이다. 이에 해당하는 기업 교육훈련의 종류로 적합한 것은?

> 보기
>
> - 노동의 질, 기술혁신의 급격한 진행으로 지적 능력이 강하게 요구될 때
> - 소수정예화 추진으로 조직원 개개인의 많은 능력이 필요할 때
> - 집합연수 또는 자기계발만으로는 직무상의 인재 육성이 불충분할 때
> - 업적 향상을 위해 부하의 육성이 중요할 때

① Off-JT        ② OJT

③ SD        ④ SML

⑤ Off-JL

## 27 OJT 교육의 특성에 해당되지 않는 것은?

① 교육실시자로서 현장 경험이 있는 선임자의 지식과 기능을 생생하게 전달하고자 할 때 실시한다.

② 장시간에 걸쳐 학습자에게 임무를 숙달시킬 필요가 있을 때 실시한다.

③ 업무현장에서 학습자를 시급히 투입할 필요가 있을 때 실시한다.

④ 학습의 결과가 업무현장의 과제 해결로 연결된다.

⑤ 일의 내용이나 방식의 급격하고 대폭적 변화로 인해 현재의 지식 및 경험만으로 불충분할 경우 실시한다.

**28** 파워포인트 제작 시 유의사항으로 적절하지 않은 것은?

① 여백을 잘 살린다.
② 다양한 멀티미디어 기능을 사용한다.
③ 가급적 텍스트를 이용함으로써 청중들의 내용 이해도를 높인다.
④ 장식 효과의 치중을 피한다.
⑤ 배경색상에 유의한다.

**29** 오프닝에 대한 설명과 거리가 먼 것은?

① 발표 도입부분의 첫 마디나 행동은 프레젠터 및 발표내용의 첫인상으로 결정될 수 있다.
② 프레젠테이션 전략요점이며 깊은 인상을 심어준다.
③ 첫인상에 따라 청중들의 관심과 기대감이 결정되는 중요한 순간이다.
④ 교육에 대한 경직성을 해소하고 청중과의 라포 형성의 정도에 따라 발표에 대한 이해와 참여도에 영향을 미친다.
⑤ 발표 내용에 대한 큰 그림 제시, 분위기 조성, 동기유발, 신뢰구축, 내용요약, 추가시행 안내 등을 프레젠테이션 시작 단계에서 제시한다.

**30** 스피치 내용 구성에 대한 설명으로 적절하지 않은 것은?

① 본론에서 주제와 연관된 질문과 이슈 등을 소개함으로써 청중의 관심을 끌어낸다.
② 본론의 핵심 논점은 3개 이내로 구성한다.
③ 본론에서 실시하는 설명은 정의, 묘사, 분석, 시연의 방법을 활용한다.
④ 논점별 사례, 통계, 인용, 비교, 연구결과, 시청각 자료 활용 등은 본론에서 실시한다.
⑤ 클로징에서 주요 내용을 요약하고 재강조하며 긍정적 내용으로 마무리를 한다.

# 04<sub>형</sub> 기출기반 모의고사

정답 및 해설 : 336

## 제 01 과목 고객만족(CS) 개론

**01** 고객만족(CS)과 관련해 다음 〈보기〉의 (    )안에 들어갈 내용으로 알맞은 것은?

> 보기
> 올리버(Oliver)는 만족의 개념에 대하여 '만족이란 소비자의 (        )으로 판단된다.'라고 제시하였다.

① 성취반응  ② 상호반응
③ 확산반응  ④ 단일반응
⑤ 접근반응

**02** 다음 〈보기〉에서 설명하고 있는 고객만족 관련 이론은?

> 보기
> 한 개인이 어떤 행동을 하였을 때 왜 그러한 행동을 하였는지 그 원인을 규명해 볼 수 있게 설명한 것으로 즉, 어떤 사람의 행동이 내부적 원인에 의한 것인지 아니면 외부적 원인에 의한 것인지 그 판단기준을 제공해주는 이론을 말한다.

① 기대불일치 이론  ② 귀인이론
③ 공정성 이론  ④ 교환이론
⑤ 인지부조화 이론

**03** 켈리의 귀인이론 결정요인 중 유사한 상황에 직면한 모든 사람이 같은 방식으로 반응하는지에 대한 여부를 의미하는 것은?

① 합의성  ② 특이성
③ 차별성  ④ 일관성
⑤ 지속성

**04** 다음 〈보기〉의 내용 중 프로세스의 분류에서 '지원 프로세스'의 사례를 찾아 모두 선택한 것은?

> 보기
>
> 가. 재무 회계 프로세스　　　　　　나. 교육훈련 프로세스
> 다. 인적자원 관리 프로세스　　　　라. 신규제품 개발 프로세스
> 마. 학습조직 구축 프로세스

① 가, 다　　　　　　　　　　　② 가, 나, 다, 라
③ 가, 나, 다　　　　　　　　　④ 나, 다, 라
⑤ 다, 라, 마

**05** 슈매너가 제시한 서비스 프로세스 매트릭스의 내용 중 서비스 샵(Service Shop)의 내용으로 가장 거리가 먼 것은?

① 높은 상호작용　　　　　　　　② 병원 등의 업종
③ 높은 개별화 서비스　　　　　　④ 높은 노동집중도
⑤ 수리센터 등의 업종

**06** 우리나라 고객만족경영(SCM)의 시기별 흐름 중 1990년대의 내용과 거리가 먼 것은?

① 데이터베이스 마케팅 도입
② CS 경영팀 신설
③ 전사적 고객만족경영 체제 도입
④ 고객관계관리(CRM) 경영기업의 보편화
⑤ 사이버 고객 만족에 대한 관심 고조

**07** 다음 중 노드스트롬의 원칙과 거리가 먼 것은?

① 높은 동기를 지닌 사원들은 영웅적인 일 곧 월등한 고객 서비스를 행한다.
② 노드스트롬의 판매사원을 상대로 쇼핑하는 것은 소규모 자영업자를 대하는 것과 같다.
③ 사원들에게 의사결정의 자유와 권한을 주며 기꺼이 그들의 결정을 존중한다.
④ 일선 사원들이 주도성을 가지고 창조적인 생각을 하기를 기대하고 격려하며 설득하고 요구한다.
⑤ 사원들이 높은 판매율을 유지할 수 있도록 가장 선호도가 높은 특정 상품과 치수를 중점적으로 준비하여 제공한다.

08 데이(Day)와 랜던(Landon)이 제시한 불만족에 대한 소비자의 반응 중 공적 반응으로 보기 어려운 것은?

① 소송
② 교환
③ 구매중단
④ 소비자 단체 고발
⑤ 환불조치 요구

09 다음 〈보기〉 중 생산성 향상 운동의 하나인 '3S'로 보기 어려운 내용을 찾아 모두 선택한 것은?

| 보기 |
| --- |

가. 표준화　　　　　　나. 전문화　　　　　　　　　다. 유형화
라. 단순화　　　　　　마. 우량화

① 가, 나
② 가, 나, 다
③ 다, 마
④ 나, 다, 라
⑤ 다, 라, 마

10 다음 중 고객의 일반적 개념에 대한 설명으로 거리가 먼 것은?

① 반복 구매 또는 접촉이 없는 사람이라 할지라도 고객의 의미가 부여된다.
② 여러 번의 구매와 상호작용을 통해 형성된다.
③ 습관적으로 자사의 물품을 구매하거나 서비스를 이용하는 사람을 의미한다.
④ 단골 고객은 높은 친밀감과 애용 가치를 지니고 있으나 고객 로열티와는 다른 개념이라 할 수 있다.
⑤ 일정 기간 상호 접촉과 커뮤니케이션을 통해 반복 구매나 고객생애가치 수익을 창출해 줄 수 있는 사람을 의미한다.

**11** 다음 〈보기〉의 내용에 해당하는 고객 트렌드 유형에 가장 부합하는 것은?

> 보기
>
> KIE 쇼핑에 따르면 2019년 1월에 비해 동년 11월의 학습교구 매출은 70%나 상승한 것으로 나타났다. 전반적인 소비침체 속에서도 36개월 미만 영유아 엄마들을 대상으로 유모차 카시트 등 안전용품, 교육 완구 부문에서 외국 브랜드 선호도가 계속될 것으로 보인다며 이들 엄마들을 겨냥한 리뷰 사이트나 커뮤니티 대상 마케팅도 더욱 활발해질 것으로 예상했다.

① 딩크족                         ② 웹시족
③ 슬로비족                   ④ 보보스족
⑤ 얼리 어답터

**12** 제품 구매나 사용 시 소비자가 지각하는 위험 요인 중 구매한 상품이 준거집단으로부터 부정적으로 평가를 받을 수 있는 위험에 해당하는 것은?

① 심리적 위험                ② 신체적 위험
③ 재무적 위험                ④ 사회적 위험
⑤ 시간 상실의 위험

**13** 다음 〈보기〉의 내용 중 기업 및 제품 선택에 영향을 미치는 위험의 유형을 찾아 모두 선택한 것은?

> 보기
>
> 가. 심리적 위험                        나. 사회적 위험
> 다. 재무적 위험                       라. 기대반영의 위험
> 마. 시간상실의 위험                  바. 가치창조의 위험

① 가, 나, 다                   ② 가, 나, 다, 마
③ 나, 다, 라, 마             ④ 나, 마, 바
⑤ 나, 다, 라, 마, 바

**14** 마이어스브릭스유형 지표(MBTI)의 해석에 관한 유의사항으로 가장 올바르지 않은 것은?

① MBTI는 사람을 협소하게 범주화하거나 명명하기 위해 사용해서는 안 된다.

② MBTI 검사는 대중적이고 결과해석이 단순 명료하기 때문에 충분한 신뢰성을 담보할 수 있다.

③ MBTI는 해석을 통해 내담자가 다양한 상황에서 융통성 있게 행동할 수 있도록 지도해야 한다.

④ 일반적으로 성격검사를 사용하는 검사자는 검사의 장점과 더불어 제한점을 확실히 알고 있어야 한다.

⑤ 심리검사에 대한 전문적 지식이 부족한 사람들에 의해 MBTI가 실시, 해석되는 경우가 종종 있기 때문에 주의가 필요하다.


**15** 다음 〈보기〉의 내용 중 고객 1인당 고객생애가치(LTV)를 높이기 위한 핵심 활동을 찾아 모두 선택한 것은?

| 보기 |
|---|
| 가. 지역(연고지) 기반  나. 위탁 광고 |
| 다. 고객 유지  라. 추가 판매 |
| 마. 교차 판매 |

① 가, 나　　　　　　　　　　② 가, 나, 다
③ 가, 나, 다, 라　　　　　　 ④ 나, 다, 라
⑤ 다, 라, 마


**16** 고객관계관리(CRM) 시스템 구축 5단계 중 다음 〈보기〉의 내용에 해당하는 것은?

| 보기 |
|---|
| 데이터웨어하우스(Data warehouse), 백 오피스(Back Office)와 프론트 오피스(Front Office) 시스템, 전자상거래 등 새로운 커뮤니케이션 채널 확립 |

① 기업의 특성에 맞는 고객전략 수립
② 인프라 구축
③ 고객분석 결과를 실질적으로 판매과정에서 활용
④ 고객유지를 위한 서비스와 피드백 관리
⑤ 데이터마이닝을 통한 고객분석과 마케팅 실시

**17** 고객관계관리(CRM)의 실패 요인 중 의미 없는 데이터베이스 자료로 보기 어려운 것은?

① 단위당 판매가 작은 경우
② 정보수집에 비용이 많이 드는 경우
③ 상표에 대하여 충성심을 보이는 제품
④ 장기적 타산이 맞지 않는 경우
⑤ 평생 단 한번 구입하는 제품

**18** e-CRM 구성요소 중 인터넷상에서 상품이나 서비스를 온라인으로 판매하기 위한 활동이나 여기에 필요한 수단을 의미하는 것은?

① e-Sales
② e-Service
③ e-Security
④ e-Marketing
⑤ e-Community

**19** 대인지각 왜곡유형 중 판단을 함에 있어 최근에 주어진 정보와 비교하여 판단하는 경향을 보이는 유형은?

① 대조효과
② 투영효과
③ 고정관념
④ 스테레오 타입
⑤ 관대화 경향

**20** 자아의식 모델인 '조하리(Johari)의 창' 유형 중 '숨겨진 영역'에 대한 설명으로 올바른 것은?

① 고집이 세고 주관이 지나치게 강하다.
② 현대인에게 가장 많은 유형이다.
③ 자기표현과 경청을 잘한다.
④ 타인의 말에 귀를 기울일 줄 알아야 한다.
⑤ 지나치면 주책없고 경박스럽게 보일 수 있다.

**21** 의사소통의 장애 요인 중 수신자들이 전체 메시지를 수신하기 전에 미리 형성하고 있는 고정관념을 근거로 판단하는 경향을 의미하는 것은?

① 능동적 청취        ② 공간적 거리
③ 가치판단        ④ 정보의 과부하
⑤ 정보원의 신뢰도

**22** 의사소통 요소에서 발생하는 지각적 장애 요인 중 사회와 부모의 가치관을 비판을 통해 자기의 것으로 받아들이지 못하고 그냥 무비판적으로 받아들임으로써 내면적인 갈등을 일으키는 현상은?

① 전환        ② 투사
③ 상징화        ④ 내사
⑤ 가치판단

**23** 서비스 정의에 대하여 다음 〈보기〉 내용과 같이 주장한 학자는?

> 보기
>
> 서비스란 자신이 수행할 수 없거나 하지 않는 활동, 만족, 그리고 혜택으로 판매될 수 있는 것을 말한다.

① 세이(Say)        ② 마샬(Mashall)
③ 베솜(Bessom)        ④ 스탠턴(Stanton)
⑤ 자이다물(Zaithaml)

**24** 크리스토퍼(Christopher)가 제시한 고객 서비스의 3단계 중 거래 전 서비스에 해당하는 것은?

① 시스템의 유연성        ② 고객 클레임
③ 제품 포장        ④ 제품 추적
⑤ 주문 편리성

모의고사 기출문제 04형

**25** 러브룩이 제시한 다차원적 서비스 분류에서 다음 도표의 (가)에 들어갈 업종으로 맞지 않은 것은?

| 수요와 공급의 관계에 따른 분류 | | 시간에 따른 수요의 변동성 | |
|---|---|---|---|
| | | 많음 | 적음 |
| 공급이 제한된 정도 | 최대 피크 수요 충족 가능 | (가) | (나) |
| | 최대 피크 수요 충족 불가 | (다) | (라) |

① (가) : 전기　　　　　　　　　② (나) : 전화
③ (다) : 경찰　　　　　　　　　④ (가) : 호텔
⑤ (다) : 소방

**26** 다음 중 관광 서비스의 특징에 대한 설명으로 가장 올바르지 않은 것은?

① 인적, 물적 서비스가 혼합되어 존재하는 개념이다.
② 일반 서비스와는 달리 비용 산출이 쉽고 서비스 선택 시 지각의 위험도를 보이지 않는 특징이 있다.
③ 관광 수요의 계절성으로 수요가 불규칙적이다.
④ 인적 서비스에 대한 높은 의존성을 가지고 있다.
⑤ 고객의 직접 참여를 통해서만 서비스를 창출한다.

**27** 매슬로우(Maslow)의 욕구 5단계 중 가장 마지막 단계로 자기 발전을 이루고 자신의 잠재력을 끌어내어 극대화하려는 단계에 해당하는 것은?

① 존경의 욕구　　　　　　　　② 소속과 애정의 욕구
③ 자아실현 욕구　　　　　　　④ 생리적 욕구
⑤ 안전의 욕구

**28** 감성 리더십을 구성하는 요소 중 자신의 기분, 감정, 본능적 욕구 등이 타인에게 미치는 영향을 인식하고 이해하는 것을 의미하는 요소는?

① 자아의식　　　　　　　　　　② 자기통제
③ 감정이입　　　　　　　　　　④ 대인관계 기술
⑤ 동기부여

**29** 다음 중 서비스 기업과 일반 제조 기업의 차이에 대한 설명으로 올바르지 않은 것은?

① 규모의 경제를 실현하기 어렵다.

② 진입장벽이 상대적으로 낮다.

③ 수요의 변동이 심하다.

④ 고객충성도 확보가 핵심이다.

⑤ 외부 고객을 최우선으로 만족시켜야 한다.

**30** 체험 마케팅의 5가지 구성요소에 해당되지 않는 것은?

① 인지 마케팅        ② 경험 마케팅

③ 감성 마케팅        ④ 행동 마케팅

⑤ 관계 마케팅

01  **서비스 청사진의 설계와 작성 시 기본적인 요건에 대한 설명으로 맞지 않는 것은?**

① 전체 부서가 아닌 특정 부서가 작업을 전담하여 효율성과 전문성을 재고해야 한다.
② 허용된 서비스의 변동 정도를 명확하게 정해야 한다.
③ 에러, 병목과 다른 프로세스상의 특징을 추정하고 파악해야 한다.
④ 프로세스 차트의 형식은 시간과 활동의 흐름을 시계열적으로 나타내어야 한다.
⑤ 접점 종업원과 내부 과정에서 어떠한 영향을 미칠 것인지 파악하고 전반적인 효율성과 생산성을 평가한다.

02  **다음 중 VOC(Voice Of Customer)의 장점에 대한 설명으로 가장 거리가 먼 것은?**

① 고객의 요구와 기대의 변화를 파악할 수 있다.
② 개별화된 서비스 응대를 통해 서비스 제공자 각자의 다양성을 극대화시킬 수 있다.
③ 고객과의 관계를 개선하고 유지할 수 있다.
④ VOC를 통해 예상 밖의 아이디어를 얻을 수 있다.
⑤ CRM의 한계를 극복하여 데이터를 통한 분석이 아닌 고객의 실제 성향을 파악할 수 있다.

03  **다음 중 서비스 표준안 작성 시 고려해야 할 사항으로 거리가 먼 것은?**

① 업무 명세와 수행 개요를 명문화한다.
② 서비스 표준은 관찰 가능하고 객관적으로 측정 가능해야 한다.
③ 예측 불가능한 상황에서 서비스가 제공되어야 하기 때문에 너무 구체적으로 작성되지 않고 일반적으로 따라야 할 지침을 제공해야 한다.
④ 고객의 요구를 바탕으로 작성되어야 한다.
⑤ 예측 불가능한 상황에서 서비스가 제공되어야 하기 때문에 너무 구체적으로 작성되지 않고 일반적으로 따라야 할 지침을 제공해야 한다.

**04** 세분시장 유형과 관련해 다음 중 부분시장 도달 전략에 해당되지 않는 것은?

① 단일시장 집중 전략
② 시장 전문화 전략
③ 제품 전문화 전략
④ 단일제품 전체시장 도달 전략
⑤ 선택적 전문화 전략

**05** 아커(Aaker)와 샨비(Shanby)가 제시한 포지셔닝 전략 수행 절차 6단계 중 다음 ( )안에 들어갈 내용으로 가장 올바르지 않은 것은?

- 1단계 : ( 가 ) 확인
- 2단계 : 경쟁자 인식 및 평가 분석
- 3단계 : 경쟁 기업과 제품 시장에서의 ( 나 ) 결정
- 4단계 : ( 다 ) 분석 수행
- 5단계 : ( 라 ) 의사 결정
- 6단계 : ( 마 ) 실시

① (가) : 소비자
② (나) : 포지셔닝
③ (다) : 소비자
④ (라) : 포지셔닝
⑤ (마) : 모니터링

**06** 확장된 마케팅믹스 '7Ps' 중 Promotion의 내용에 해당하는 것은?

① 고객 개입 및 접촉
② 할부거래 조건
③ 시설 설계
④ 판매 수익
⑤ 웹(Web)전략

**07** 다음 중 서비스 패러독스의 발생원인으로 가장 적절하지 않은 것은?

① 기술의 복잡화
② 서비스의 이질화
③ 서비스의 인간성 상실
④ 서비스 표준화
⑤ 종업원 확보의 악순환

**08** 서비스 실패처리에서 고객이 기대하는 공정성 유형 중 종사원의 친절, 배려, 사과 등 서비스 제공자의 응대 태도에 가장 부합하는 것은?

① 고객지향적 공정성      ② 긍정적 공정성

③ 절차적 공정성      ④ 분배적 공정성

⑤ 상호작용 공정성

**09** 브래디(Brady)와 크로닌(Cronin)이 제시한 애프터서비스의 품질 차원 중 상호작용 품질에 해당하는 것은?

① 편의성      ② 전문성

③ 기술      ④ 정책

⑤ 처리시간

**10** 다음 중 고객인지 프로그램의 활용에 따른 장점과 거리가 먼 것은?

① 고객에게 차별화된 서비스를 제공하고 고객의 행동을 예측할 수 있다.

② 서비스 기업은 고객 각자의 개인 취향에 맞는 서비스를 제공할 수 있다.

③ 고객정보 파일은 관계 마케팅을 수행하는 데 있어 여러 가지 측면에서 기초가 된다.

④ 고객과의 원활한 의사소통을 가능하게 해주며 기존 고객 유지의 측면이 아닌 잠재 고객 확보를 기본으로 하고 있다.

⑤ 서비스 기업에서 가장 중요한 고객을 파악하여 적절한 제품이나 서비스를 적시에 제공할 수 있으므로 효율적인 마케팅 활동을 가능하게 한다.

**11** 서비스 전달 시스템의 종류 중 고객화 위주의 서비스 전달 시스템에 대한 설명으로 거리가 먼 것은?

① 일관되고 표준화된 서비스를 제공하기 어렵다.

② 고객의 욕구가 서로 다양하고 다르다는 점에 착안하여 서비스 전달 시스템을 설계한다.

③ 다양한 고객의 욕구를 충족시킬 수 있다.

④ 계획과 관리가 중요하며 PERT/CPM, 간트차트 등과 같은 관리 기법들을 이용한다.

⑤ 기능위주의 전달 시스템보다 폭 넓은 업무를 수행할 수 있다.

**12** 소비자의 쇼핑 습관을 기준으로 한 소비재의 분류에서 다음 〈보기〉의 설명에 해당하는 것은?

보기

제품의 시장 노출과 포장이 구매에 촉진적인 역할을 하며 사전 계획이나 정보탐색의 노력 없이 구입하는 제품 유형을 말한다.

① 비탐색품
② 충동제품
③ 선매품
④ 필수제품
⑤ 긴급제품

**13** 다음 중 의료서비스의 특성에 대한 설명으로 가장 올바른 것은?

① 의료서비스는 의사결정자가 다양하다.
② 의료서비스는 수요예측이 손쉽게 가능하다.
③ 의료서비스의 비용은 직접 지불 형태를 갖는다.
④ 의료서비스는 기대와 실제 성과가 대부분 일치한다.
⑤ 의료서비스는 기본적으로 유형적인 제품 특성을 가지고 있다.

**14** 서비스 품질 결정 요인 중 다음 〈보기〉의 내용에 해당하는 것은?

보기

소비자들이 구매하는 기간 중이나 구매한 후에 판단할 수 있는 속성으로 맛, 착용 가능성 및 확실성 같은 특성을 포함한다.

① 탐색품질
② 경험품질
③ 파생품질
④ 기회품질
⑤ 배열품질

**15** SERVQUAL의 5가지 품질에 따른 차원별 설문 내용 중 공감성에 대한 내용과 가장 거리가 먼 것은?

① 소비자에게 편리한 업무시간 운영
② 소비자에 대한 개인적 관심
③ 소비자 개개인에 대한 관심
④ 업무 수행을 위한 직원의 전문지식
⑤ 소비자의 이익을 진심으로 생각

**16** 카노(Kano)의 품질 모형을 그래프로 표현할 경우, 다음의 (가)에 들어갈 내용으로 알맞은 것은?

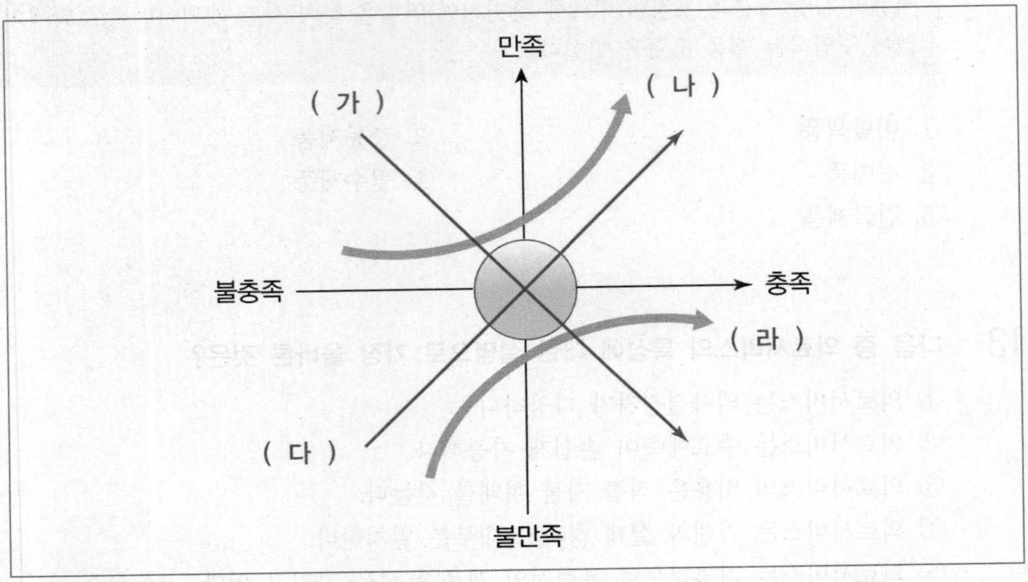


① 역품질 요소
② 일원적 품질
③ 당연적 품질 요소
④ 무관심 품질요소
⑤ 매력적 품질 요소

**17** 다음 중 스콧(Scott)과 미첼(Michell)이 제시한 내부 커뮤니케이션의 주요 기능에 대한 설명으로 거리가 먼 것은?

① 조직원들의 행동이 통제받지 않도록 방치하는 기능을 가지고 있다.
② 종업원들이 감정을 표현하고 사회적 욕구를 충족시키는 주요 수단이다.
③ 종업원들의 동기유발을 촉진시킨다.
④ 종업원들이 자신의 감정을 표출하고 다른 사람과의 교류를 넓혀나갈 수 있다.
⑤ 의사결정을 하는 데 중요한 기능을 담당한다.

**18** 고객 만족도 측정원칙 중 〈보기〉의 설명에 해당하는 것은?

> 보기
>
> 고객의 니즈는 주변 환경에 따라 항상 변하기 때문에 고객 만족도를 파악하기 위해서는 과거, 현재, 미래와 비교할 수 있어야 하며 이를 통해 미래에 어떻게 변할 것인지에 대해 파악할 수 있어야 한다.

① 정량성의 원칙    ② 계속성의 원칙
③ 정확성의 원칙    ④ 목적성의 원칙
⑤ 작용성의 원칙

**19** 다음 중 정량조사의 장점으로 거리가 먼 것은?

① 유연성     ② 자료의 대표성
③ 신뢰도 측정   ④ 자료의 객관성
⑤ 다목적성

**20** SERVQUAL의 5가지 GAP 모델 중 GAP 4가 발생 되었을 경우 해결 방안으로 올바른 것은?

① 고객의 기대조사   ② 서비스 업무의 표준화
③ 고객 기대의 효과적인 관리 ④ 수요와 공급의 연결
⑤ 기술-직무 적합성 보장

**21** 2005년 IBM CX 포럼에서 발표한 소비자 태도 변화추세에 관한 내용으로 거리가 먼 것은?

① 도시와 농촌의 격차 심화
② 정보에 대한 승인과 거부감 감소
③ 시장의 구조조정
④ 대형 유통업체의 진출
⑤ 소비자의 가치 변화

**22** 〈보기〉에서 계획수립 기법 중 예측기법에 해당하는 유형을 찾아 모두 선택한 것은?

보기

| | | |
|---|---|---|
| 가. MBO | 나. 벤치마킹 | 다. 상황대응 계획법 |
| 라. 시나리오 계획법 | 마. 참여적 계획수립 | 바. 외부조직 계획법 |

① 가, 나　　　　　　　　　　　② 가, 나, 다

③ 가, 나, 다, 라　　　　　　　　④ 다, 라

⑤ 다, 라, 바

**23** 다음 〈보기〉의 (　)안에 들어갈 알맞은 말은?

보기

(　)란 1948년 미국 심리학자 버트럼 포러가 성격 진단 실험을 통해 처음으로 증명한 이론으로서 자신이 가르치는 학생들을 대상으로 각각의 성격 테스트를 하고 이후 결과와 상관없이 신문 점성술 란의 내용 일부만을 고쳐서 다음과 같이 학생들 개개인에게 나누어 주었다.
"당신은 남들에게서 사랑과 존경을 받고 싶어 하는 강한 욕구가 있습니다. 당신은 때때로 외향적이고 상냥하고 사교적이지만 어떤 때는 내향적이고 신중하며 수줍어합니다. 당신의 내면에는 아직 활용하지 않은 큰 에너지가 잠재해 있습니다.
테스트 결과 학생들은 자신에게만 적용되는 것으로 착각하고 대부분 자신의 성격과 잘 맞는다고 대답했다. 하지만 포러가 학생들의 성격 진단 결과로 나누어준 이와 같은 내용은 대부분의 사람들이 갖고 있는 보편적인 특성을 기술한 것이다.

① 바넘 효과　　　　　　　　　② 헤일로 효과

③ 플라시보 효과　　　　　　　④ 스티그마 효과

⑤ 링겔만 효과

**24** 제품에 관한 소비자의 관여 수준 유형 중 고관여도 관점 내용과 거리가 먼 것은?

① 소비자는 능동적 수신자이기 때문에 태도 변경을 위한 광고의 효과는 약하다.

② 집단의 규범과 가치는 제품 구매에 중요하지 않다.

③ 소비자는 정보탐색자이다.

④ 소비자는 목표지향적인 정보처리자이다.

⑤ 소비자는 기대 만족을 극대화하려고 노력하며 최선의 선택을 위해 다수의 속성을 검토한다.

**25** 고객경험관리(CEM)특징에 대한 설명으로 맞지 않는 것은?

① 고객중심적 프로세스이다.

② 기업에 대하여 생각하고 느끼는 것을 파악한다.

③ 고객과 상호작용의 순간인 접점에서부터 시작된다.

④ 고객의 기대와 경험 간의 차이가 있는 곳에 제품이나 서비스를 위치시켜 판매하는 선행적 성격이 강하다.

⑤ 고객의 욕구가 아닌 기업의 목표 자체에 초점을 두고 마케팅 및 교차판매를 목적으로 고객의 정보를 수집하고 분석한다.

**26** 한국능률협회컨설팅에서 제시한 고객가치지수 측정모델의 측정 단계 중 〈보기〉의 (　　)안에 들어갈 내용이 맞지 않는 것은?

보기

- 1단계 : 고객니즈 수집 및 분석
- 2단계 : (　가　)
- 3단계 : (　나　)
- 4단계 : (　다　)
- 5단계 : (　라　)
- 6단계 : (　마　)

① (가) : 고객가치 요소 발굴　　　② (나) : 리서치 시행
③ (다) : 내부적 품질 가치 설정　　④ (라) : 고객가치 콘셉트 도출
⑤ (마) : 고객가치 향상을 위한 전략과제 도출

**27** 가격정책 전략 중 기업이 신제품을 출시할 때 처음에는 경쟁제품보다 낮은 가격을 제시한 후 점차적으로 가격을 올리는 전략으로 가장 올바른 것은?

① 종속가격 전략　　　　　　② 정산가격 전략
③ 흡수가격 전략　　　　　　④ 침투가격 전략
⑤ 할증가격 전략

**28** 다음 〈보기〉의 설명에 해당하는 고객만족 측정 모형의 명칭은?

> 보기
>
> 한국능률협회컨설팅과 서울대학교가 함께 공동개발한 측정 모형으로 공기업 및 정부산하기관관리 기본법을 제정하고 고객만족도 조사를 도입, 측정항목으로는 품질지수, 만족지수, 성과지수 등으로 구성되어 있다.

① NCSI      ② ACSI
③ NPS      ④ KCSI
⑤ PCSI

**29** 다음 중 서베이법에 대한 설명과 거리가 먼 것은?

① 객관적 해석이 가능하다.
② 다양한 측면에서 분석이 가능하다.
③ 직접 관찰할 수 없는 요인이나 개념의 추정이 가능하다.
④ 설문지 개발의 어려움이 있다.
⑤ 시간이 오래 걸리지만 응답률이 매우 높다.

**30** 레이나르츠(Reinartz)와 쿠머(Kumar)가 제시한 충성도 전략과 관련해 〈보기〉에 해당하는 고객 유형은?

> 보기
>
> • 회사의 제공 서비스와 소비자 욕구 간의 적합도가 제한되고 낮은 잠재이익을 가지고 있다.
> • 지갑점유율이 낮으면 상향, 교체구매를 유도해야 한다.

① Humming Bird      ② True Friends
③ Strangers      ④ Barnacles
⑤ Butterflies

제 **03** 과목  고객관리 실무론     정답 및 해설 : 342

**01** 다음 중 비즈니스 상황에서 지켜야 할 전자우편(e-mail) 네티켓에 대한 설명으로 올바른 것은?

① 대다수의 비즈니스 메일은 빠른 답변을 원하기 때문에 회신 일자가 정해지지 않았을 경우 가능하면 24시간 안에 답장을 보내는 것이 좋다.

② 약어 및 속어 사용을 통해 보다 명확한 의미가 전달될 수 있도록 한다.

③ 수신자의 동의에 상관없이 유머 메일 또는 정보성 메일을 통해 상대방과의 유대감을 강화하는 것이 중요하다.

④ 상세한 정보를 전달하기 위해 첨부파일은 용량에 상관없이 모든 경우에 예외를 두지 않고 발송하여야 한다.

⑤ 첨부파일의 경우 바이러스 감염의 위험성이 있기 때문에 압축하지 않고 원본 상태로 발송하는 것이 원칙이다.

**02** 전통 예절에서 절하는 방법에 대한 설명으로 가장 올바른 것은?

① 살아있는 사람에게는 기본 횟수만 한다.

② 의식행사에서는 기본 횟수만 한다.

③ 남자는 기본 횟수로 두 번을 한다.

④ 여자는 기본 횟수로 한 번을 한다.

⑤ 고인에게는 기본 횟수만 한다.

**03** 인사의 종류 중 정중례를 해야 될 경우에 해당되는 것은?

① 직장에 출근하여 사무실에서 상사에게 인사를 할 경우

② 부서 직원을 대표해 사내 대회의실에서 임원에게 표창장을 수여받는 경우

③ 아버지의 고향 친구이신 어른을 만났을 경우

④ 다른 부서에서 근무하는 입사 동료를 만났을 경우

⑤ 사람들이 길게 줄을 서 있는 구내식당에서 직장 선배를 만났을 경우

**04** 다음 중 비즈니스 상황에서 필요한 명함 교관 예절에 대한 설명으로 맞지 않는 것은?

① 상대방에게 명함을 건넬 때는 양손으로 명함의 여백을 잡고 자신의 소속과 이름을 말하면서 건네는 것이 일반적이다.

② 상대방이 2명 이상일 때는 연장자에게 먼저 건네는 것이 좋다.

③ 앉아서 대화를 나누다가도 명함을 교환할 때는 일어서서 건네는 것이 좋다.

④ 명함은 상대방이 바로 볼 수 있도록 건네는 것이 원칙이다.

⑤ 동시에 주고받을 때는 왼손으로 주고 오른손으로 받는다.

**05** 다음 중 사회 문화에 따른 구성원의 가치관과 이에 대한 행동의 연관성을 설명하기 위해 홈스테드가 제시한 문화차원이론의 5가지 범주에 포함되지 않는 것은?

① 개인주의적 성향　　　　　　　② 경험 중심의 성향
③ 불확실성 회피 성향　　　　　　④ 권위주의적 성향
⑤ 남성적 성향

**06** 컨벤션(Convention) 관련 용어 중 공식적인 회의에서 다루어질 주된 의제를 의미하는 것은?

① Agenda　　　　　　　　　　　② Annual Report
③ Draft Report　　　　　　　　　④ Rhetoric
⑤ Ballot

**07** 국제 비즈니스 에티켓과 관련해 올바른 테이블 매너에 대한 설명으로 가장 거리가 먼 것은?

① 서양의 경우 부부 동반으로 참석했을 때 사각 테이블을 기준으로 서로 마주 보고 앉는 것이 일반적이다.

② 중요한 비즈니스 관계되었을 때는 옷차림에 격식을 갖추어 참석하는 것이 예의이다.

③ 식사 주문 시 메뉴판에 잘 알고 있거나 자주 즐기는 메뉴가 있더라도 웨이터에게 음식에 대한 설명을 따로 부탁하는 것이 예의이다.

④ 테이블의 상석은 나이나 지위를 기준으로 하되 나이보다는 직위를 우선으로 해야 하며 같은 조건이면 여성이 우선이다.

⑤ 규모가 큰 레스토랑을 이용할 때는 사전에 예약하는 것이 일반적이다.

**08** 인상 형성과 관련해 다음 〈보기〉의 설명에 해당하는 용어는?

> 보기
>
> 어떤 사람에 대한 초기의 정보가 나중의 정보보다 그 사람에 대한 인상 형성에 더욱 큰 비중을 차지한다.

① 초두효과
② 맥락효과
③ 최신효과
④ 후광효과
⑤ 부정성 효과

**09** 다음 중 시선처리에 대한 설명 중 옳지 않은 것은?

① 아래 위로 훑어보는 것은 불쾌감을 주게 되므로 주의한다.
② 부정적인 생각을 갖는 것은 시선에도 나타나므로 주의한다.
③ 위로 치켜뜨는 시선은 거만한 느낌을 주게 되므로 주의한다.
④ 여러 사람 중 한 사람에게 시선을 집중하면 나머지 사람은 소외감을 느낀다.
⑤ 곁눈질을 하는 것은 상대방을 무시하는 느낌을 주는 것으로 주의한다.

**10** 다음 중 판매자 측의 잘못으로 발생하는 고객 불만의 원인과 거리가 먼 것은?

① 제품, 브랜드, 회사 등에 대한 고객의 잘못된 지식과 인식
② 고객에 대한 직원의 인식 부족
③ 상품에 대한 지식의 결여로 인한 정보 제공의 미흡
④ 무성의한 접객 행위
⑤ 잘못된 애프터서비스

**11** 불만 고객 응대방법 중 고객에게 문제가 있는 경우 처리방법 설명과 거리가 먼 것은?

① 고객의 자존심이 상하지 않도록 배려한다.
② 적극적인 자세로 응대한다.
③ 무엇이든지 모두 다 이야기할 수 있도록 진지하게 경청한다.
④ 고객의 잘못에 대해 반격하지 않고 간접적으로 인지하게 한다.
⑤ 고객의 이야기는 도중에 절대로 변명하지 않는다.

**12** 다음 중 코칭의 장점에 대한 설명과 거리가 먼 것은?

① 상하 간 커뮤니케이션 능력을 향상시킬 수 있다.

② 업무 수행성과에 직접적으로 관련되어 있다.

③ 일대일로 지도하므로 교육 효과가 높다.

④ 코치와 학습자 간의 계약 관계는 학습 능률 향상을 위해 반드시 필요하다.

⑤ 코치와 학습자의 동시 성장이 가능하다.

**13** 전화응대 자세에 대한 설명으로 적절하지 않은 것은?

① 통화도중 상대방을 기다리게 할 때는 대화 내용이나 소음이 들리지 않도록 수화기를 손으로 가리거나 대기 단추를 누른다.

② 상대를 마주 보고 대하는 것처럼 정중하고 친절한 태도로 응대한다.

③ 도중에 통화가 끊어지면 상대방이 전화를 먼저 걸었다 하더라도 기다리지 말고 즉시 재통화를 시도해야 한다.

④ 전문용어의 사용은 가급적 자제하고 고객이 쉽게 이해 할 수 있는 용어를 선택하여 응대한다.

⑤ 전화기 옆에 필기도구를 준비하여 항상 메모할 수 있도록 한다.

**14** 바람직한 경어 사용을 위한 방법 중 간접높임의 사례와 맞지 않는 것은?

① 사장님 말씀이 옳으십니다.

② 고객님! 수선한 옷이 나오셨습니다.

③ 팀장님께서도 독감에 걸리셨습니까?

④ 상무님 오늘 의상이 참 멋지십니다.

⑤ 현재 고객님의 재정상태는 넉넉하십니다.

**15** 콜센터의 업무 성격에 따른 분류 중 인바운드 콜 서비스의 활용 사례와 가장 거리가 먼 것은?

① A/S 센터 위치 안내      ② 상품신청

③ 상품 가입 접수      ④ 고객 만족도 조사

⑤ 상품 문의

**16** 다음 〈보기〉에서 스크립트 작성 원칙으로 보기 어려운 내용을 모두 선택한 것은?

> 보기
>
> 가. 상황 관리　　　　　　　나. 상황 대응　　　　　　　다. 기업 중심
> 라. 차별성　　　　　　　　　마. 문어체 활동　　　　　　바. 활용 목적 명확화

① 가, 나, 다　　　　　　　　　　② 가, 나, 다, 라
③ 나, 다, 라　　　　　　　　　　④ 다, 마
⑤ 라, 마, 바

**17** 다음 중 콜센터 조직의 일반적인 특성과 거리가 먼 것은?

① 비정규직 중심의 전문조직　　　② 개방적인 내부 커뮤니케이션 구조
③ 개인 편차　　　　　　　　　　④ 특정 업무의 선호
⑤ 콜센터만의 독특한 집단의식

**18** 다음 중 텔레마케터 성과관리에 관한 내용으로 거리가 먼 것은?

① 성과관리 모니터링 방법 중 QC(Quality Control)는 잘된 점을 찾아 칭찬 해주는 유형을 말한다.
② 사전 목표 설정과 실현을 위한 전략 및 사업계획을 준비한다.
③ 주로 통화품질관리자의 모니터링과 슈퍼바이저의 코칭을 통해 이루어진다.
④ 모니터링을 통해 문제를 발견 후 그 문제를 처리할 수 있는 능력을 개발시켜 준다.
⑤ 텔레마케터의 업무 수행 능력을 향상시키기 위해 지속적이고 개별적으로 지도, 강화, 교정하는 활동을 말한다.

**19** 다음 중 소비자기본법 및 시행령의 기본개념과 정의에 대한 설명이 바르지 않은 것은?

① 소비자라 함은 사업자가 제공하는 물품 또는 용역을 소비생활을 위해 사용하는 자 또는 생산활동을 위해 사용하는 자로서 대통령령이 정하는 자를 말한다.
② 사업자라 함은 물품을 제조, 수입, 판매하거나 용역을 제공하는 자를 말한다.
③ 소비자 단체라 함은 소비자의 권익을 증진하기 위하여 소비자가 조직한 단체를 말한다.
④ 사업자 단체라 함은 2 이상의 사업자가 공동의 이익을 증진할 목적으로 조직한 단체를 말한다.
⑤ 제공된 물품 등을 농업 및 어업활동을 위하여 사용하는 자는 소비자의 범위에서 제외된다.

**20** 소비자 보호법의 내용 중 〈보기〉의 내용에 해당하는 것은?

> **보기**
> 국가 및 지방자치단체는 소비자의 기본적인 권리가 실현될 수 있도록 소비자의 권익과 관련된 주요 시책 및 주요결정사항을 소비자에게 알려야 한다.

① 광고의 기준(제11조)　　　　　　② 거래의 정확화(제12조)
③ 소비자에의 정보제공(제13조)　　④ 소비자의 능력 향상(제14조)
⑤ 개인정보의 보호(제15조)

**21** 소비자 단체의 업무(제28조)에 대한 내용으로 거리가 먼 것은?

① 소비자 단체는 업무상 알게 된 정보를 소비자의 권익을 증진하기 위한 목적이 아닌 용도에 사용하여서는 안 된다.
② 소비자 단체는 제1항 제2호의 규정에 따른 조사, 분석 등의 결과를 공표할 수 있다.
③ 소비자 단체는 제78조의 규정에 따라 자료 및 정보의 제공을 요청하였음에도 사업자 또는 사업자 단체가 정당한 사유없이 이를 거부, 방해, 기피하거나 거짓으로 제출한 경우에는 그 사업자 또는 사업자 단체의 이름을 제외한 거부 등의 사실과 사유를 방송문화진흥회법에 따른 일간 뉴스에 게재할 수 있다.
④ 공표되는 사항 중 물품 등의 품질, 성능 및 성분 등에 관한 시험, 검사로서 전문적인 인력과 설비를 필요로 하는 시험, 검사인 경우에는 대통령령이 정하는 시험, 검사기관의 시험, 검사를 거친 후 공표하여야 한다.
⑤ 소비자 단체는 사업자 또는 사업자 단체로부터 제공받은 자료 및 정보를 소비자의 권익을 증진하기 위한 목적이 아닌 용도로 사용함으로써 사업자 또는 사업자 단체에 손해를 끼친 때에는 그 손해에 대하여 배상할 책임을 진다.

**22** 다음 중 소비자분쟁조정위원회의 위원에 임명 또는 위촉되기 위한 자격 조건으로 보기 어려운 것은?

① 5급 이상의 공무원 또는 이에 상당하는 공공기관의 직에 있었던 자로서 소비자 권익과 관련된 업무에 실무경험이 있는 자
② 소비자 단체의 임원의 직에 있거나 있었던 자
③ 판사, 검사, 또는 변호사 자격이 있는 자
④ 사업자 또는 사업자단체의 임원의 직에 있거나 있었던 자
⑤ 대학이나 공인된 연구기관에서 부교수 이상 또는 이에 상당하는 직에 있거나 있었던 자로서 소비자 권익 관련 분야를 전공한 자

**23** 다음 〈보기〉의 소비자기본법 제70조 단체소송의 대상과 관련해 공정거래위원회에 등록된 소비자단체의 요건을 모두 선택한 것은?

> 보기
>
> 가. 정관에 따라 상시적으로 소비자의 권익증진을 주된 목적으로 하는 단체일 것
> 나. 단체의 상시 구성원 수가 5천 명 이상일 것
> 다. 단체의 정회원 수가 1천 명 이상일 것
> 라. 제29조의 규정에 따른 등록 후 3년이 경과하였을 것
> 마. 법률상 또는 사실상 동일한 침해를 입은 50인 이상의 소비자로부터 단체소송의 제기를 요청받을 것

① 가, 나, 다                      ② 가, 다, 라
③ 가, 나, 다, 라                 ④ 가, 다, 라 마
⑤ 가, 나, 다, 라, 마

**24** 다음 중 개인정보의 정의와 개념에 대한 설명으로 거리가 먼 것은?

① 개인정보란 개인의 신념, 신체, 재산, 사회적 지위, 신분 등에 관한 사실, 판단 그리고 평가를 나타내는 일체의 정보를 의미한다.

② 개인과 관련된 사실적인 정보와는 달리 해당 개인에 대한 타인이 가진 주관적인 정보 (신용평가 정보) 등은 관련성이 떨어진다고 볼 수 있다.

③ 일반적으로 법인의 상호, 영업소재지, 임원 정보, 영업실적 등의 정보는 개인정보보호법에서 보호하는 개인정보의 범위에 해당하지 않는다.

④ 일반적으로 사망하였거나 실종신고 등 관계 법령에 따라 사망한 것으로 간주되는 자의 개인정보는 인정되지 않으나 그에 따른 정보가 유족 등 후손과 관련이 있는 경우에는 적용대상이 될 수 있다.

⑤ 혈액형과 같이 고유 식별이 불가능한 정보라 하더라도 주민등록번호 및 주소 등의 정보와 결합하여 개인 식별이 가능할 경우는 개인정보에 해당한다.

**25** 다음 중 개인정보 보호법에 명시된 개인정보 보호 원칙(제3조)과 거리가 먼 것은?

① 개인정보처리자는 정보주체의 경미한 사생활 침해라 하더라도 피해가 발생되지 않는 방법을 최대한 강구하여 개인정보를 처리하여야 한다.

② 개인정보처리자는 개인정보의 처리 목적에 필요한 범위에서 개인정보의 정확성, 완전성 및 최신성이 보장되도록 하여야 한다.

③ 개인정보처리자는 개인정보의 처리 목적에 필요한 범위에서 적합하게 개인정보를 처리하여야 하며, 그 목적 외의 용도로 활용하여서는 아니 된다.

④ 개인정보처리자는 개인정보의 처리 목적을 명확하게 하여야 하고 그 목적에 필요한 범위에서 최소한의 개인정보만을 적법하고 정당하게 수집하여야 한다.

⑤ 개인정보처리자는 개인정보 처리방침 등 개인정보의 처리에 관한 사항을 공개하여야 하며 열람청구원 등 정보주체의 권리를 보장하여야 한다.

**26** 다음 중 개인정보 보호법에 명시된 고유식별정보의 범위(시행령 제19조)와 거리가 먼 것은?

① 개인통관 고유부호  ② 주민등록번호
③ 외국인 등록번호   ④ 여권번호
⑤ 운전면허의 면허번호

**27** 인적자원개발에 대하여 〈보기〉와 같이 정의한 학자는?

> 보기
>
> 인적자원개발은 조직의 개인, 집단, 조직 수준에서 장기적이고 직무와 관련된 학습능력을 고양하기 위한 연구와 실천 분야이다.

① 존스(Johnes)    ② 맥라간(Mclagan)
③ 길리(Gilley)    ④ 하버슨(Harbison)
⑤ 왓킨스(Watkins)

**28** 일반적으로 기업에서 실시하고 있는 교육훈련 방법 중 〈보기〉의 설명에 해당하는 것은?

> 보기
>
> 독서나 자기 계발 활동과 같이 담당 업무와 직접적인 관련은 없지만, 학습자의 역량향상에 장기적으로 도움이 되는 학습자 중심의 의도적인 활동을 말한다.

① OJT  
② OFF-JT  
③ OFF-JL  
④ SD  
⑤ OJL

**29** 다음 중 파워포인트 자료를 제작할 때 유의할 점으로 거리가 먼 것은?

① 다양한 멀티미디어 기능을 활용한다.  
② 청중에게 부담감을 주지 않도록 여백을 살려서 제작한다.  
③ 환경에 따른 배경 색상에 주의한다.  
④ 장식 효과에 치중하지 않도록 한다.  
⑤ 도형, 표, 도표보다는 텍스트를 사용하여 이해하기 쉽게 전달해야 한다.

**30** 앤드라고지 이론의 설명과 거리가 먼 것은?

① 앤드라고지는 성인의 학습을 돕는 기예와 과학을 의미하는 성인학습 방법이다.  
② 교육 주도권이 있는 교수자에 의해 교육계획 및 목표설정, 평가 등 교육에 대한 모든 것이 결정된다.  
③ 성인 학습자는 자신의 학습요구 분석 및 학습계획에 적극적이다.  
④ 학습시간이 많을수록 직무수행 효과는 반비례하므로 적정한 시간의 학습이 중요하다.  
⑤ 스스로 목표설정 및 결과에 대한 평가과정에의 참여를 희망한다.

모기의출고기사반

04
형

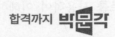
합격까지 **박문각**

# CS리더스관리사
# 기출유형
## 정답 및 해설

CS리더스
관리사

# 제01과목 고객만족(CS) 개론 정답 및 해설

---

☑ **Chapter 01 고객만족(CS) 관리 개론**

| | | | | | | | | | | | | | | | | | | | |
|---|---|---|---|---|---|---|---|---|---|---|---|---|---|---|---|---|---|---|---|
| **01** ① | **02** ② | **03** ② | **04** ④ | **05** ⑤ | **06** ③ | **07** ④ | **08** ① | **09** ③ | **10** ① |
| **11** ⑤ | **12** ② | **13** ⑤ | **14** ② | **15** ④ | **16** ③ | **17** ⑤ | **18** ⑤ | **19** ③ | **20** ① |
| **21** ② | **22** ⑤ | **23** ⑤ | **24** ④ | **25** ② | **26** ① | **27** ④ | **28** ① | **29** ② | **30** ① |
| **31** ④ | **32** ④ | | | | | | | | |

---

**01** ① 설문은 굿맨(Goodman)이 정의한 '고객만족'에 대한 내용이다.

**02** ② 설문은 앤더슨(Anderson)이 정의한 '고객만족'에 대한 내용으로, 앤더슨은 고객의 만족, 불만족을 하나의 과정으로 이해하여 고객의 사용 전 기대와 사용 후 성과를 평가한 결과로 이해하였다.

**03** ② 〈보기〉는 1980년대 고객만족을 심리적 관점에서 파악한 개념이다.

**04** ④ 1970년대 연구 경향에 해당한다.

**05** ⑤ 고객만족은 제품과 서비스 가격에 대해 고객이 덜 민감하게 만들기 때문에 기업의 경쟁력에 커다란 영향을 미친다. 즉, 처음에는 선뜻 제 가격을 지불하지 않으려 하던 고객들도 제품에 대한 만족을 느끼게 되면 가격을 지불하는 데 크게 주저하지 않게 된다.

**06** ①② 1980년대 CS무관심 단계
④⑤ 2000년대 CS시대

**07** ④ 지각판단은 고객이 소비 이전에 가지고 있던 기대와 소비 경험 후를 비교해 판단되는 긍정 및 부정의 평가로, 〈보기〉는 올스하브스키가 설명한 고객만족의 의미이다.

**08** ② 고객의 감정
③ 서비스 성패의 원인
④ 공평성의 지각
⑤ 다른 고객, 가족, 구성원 동료

**09** ③ 교환 이론에 대한 설명이다. 귀인 이론은 자신이나 다른 사람들의 행동의 원인을 찾아내기 위해 추론하는 과정을 설명하는 이론으로, 사람들이 왜 특정한 행동을 했는가에 대해 이해하고 설명하는 데 적절한 이론이다.

**10** ① 〈보기〉는 고객의 기대와 제품(노트북)의 성능이 일치하여 고객만족이 발생하는 단순 일치에 해당한다.

11 ⑤ 메이요의 호손효과는 공정성 이론과 관련이 없다.
①②③④ 공정성 이론은 애덤스가 페스팅거의 인지 부조화 이론과 호만스의 교환 이론을 기초로 보상의 공정성에 대한 이론을 정립한 것이며, 이솝우화의 여우와 신 포도는 인지 부조화 이론의 한 예이다.

12 ② '공정성 이론'의 3가지 분류는 '절차상의 공정성 – 상호작용의 공정성 – 도출 결과의 공정성'이다.

13 ⑤ 제시된 지문은 절차상의 공정성에 대한 내용이다.

14 ② 〈보기〉는 귀인 이론에 대한 내용이다.

15 ④ 워너의 귀인 이론 범주화 체계에는 인과성의 위치 차원, 안정성, 통제성이 있는데, 설문은 안정성에 대한 내용이다.

16 ③ 사회적 규범은 외적귀인요인에 해당한다.
• 내적귀인요인 : 서비스 제공자가 통제할 수 있는 서비스 시스템, 서비스 제공자의 태도, 기질, 성격 등
• 외적귀인요인 : 서비스 제공자가 통제할 수 없는 것들로 갑작스러운 기계고장, 정전, 운수, 사회적 규범 등

17 ⑤ 경영학의 아버지 마이클 해머(Michael Hammer) 교수는 비즈니스 프로세스를 '고객을 위한 결과물 또는 고객을 위해 가치를 창출하는 모든 관련 활동들의 집합'이라고 정의하였다.

18 ①③④ 변혁프로세스, ② 경쟁프로세스

19 ③ 서비스 프로세스의 단계와 전달자의 처리능력은 고객에게 가시적으로 보이는 데에 기인한다.

20 ① 설문은 슈메너의 서비스 프로세스 매트릭스 분류 중 서비스 팩토리에 해당한다.

21 ② 수요와 공급이 일정한 경우 예약 시스템의 활용을 적용할 수 있다.

22 ⑤ 생산기술은 대기에 대한 수용 가능성에 영향을 미치는 요인이 아니다.
※ 대기에 대한 수용 가능성에 영향을 미치는 7가지 요인
• 지각된 대기시간    • 기대불일치    • 거래 중요도    • 기회비용
• 통제 가능성       • 안정성       • 대기환경

23 ①②③④ 고객의 인식관리 방법에 해당한다.

24 ② 제시된 지문은 스웨덴의 마케팅학자 리처드 노먼이 주장한 내용이다.

25 ⑤ 제공되는 서비스에 따라 제한을 받는다.

26 ① 일본의 품질 전문가인 카오루 이시카와에 의해 개발된 피시본 다이어그램은 프로세스 설계의 문제점을 찾고 이를 보완하기 위해 고안된 기법으로, 잘못된 결과에 대해 원인을 찾아 연결하기 때문에 인과관계도표라 불리기도 하며, 현상과 결과에 대한 근본적인 원인과 이유를 시각적으로 분석·정리하는 기법이다.

27 ④ 4단계 : 주요원인 범주의 세부사항 검토

28 ① 기업이 아니라 고객의 요구사항에 대한 이해를 돕는다.

**29** ② 마켓 쉐어 축소는 품질기능전개의 효과 및 장점이 아니다.

**30** ① 제시된 지문은 품질의 집(HOQ : House Of Quality)에 대한 내용이다.

**31** ④ 복수경로 복수단계 시스템에 해당한다.
- 단일경로 단일단계 : 단일창구에서 한 가지 서비스 받는 형태
- 단일경로 복수단계 : 단일창구에서 여러 가지 서비스 받는 형태
- 복수경로 단일단계 : 여러 창구에서 한 가지 서비스 받는 형태
- 복수경로 복수단계 : 여러 창구에서 여러 가지 서비스 받는 형태

**32** ④ 후방 인력이 기내청소 지연 요인에 해당한다.
- 고객 : 도착지연, 규격미상 수하물, 티켓 카운터를 지나침
- 시설, 장비 : 항공기 출구 진입 지연(도착 지연, 출구 혼합), 기계적 실수
- 전방 인력 : 출구관리인의 신속하지 못한 처리(관리인 숫자, 훈련 부족, 지연도착), 조종사와 기내 승무원의 도착 지연과 부재
- 절차 : 체크인 절차 지연(좌석선택의 혼잡), 지연승객의 탑승(출구의 나쁜 위치, 지체승객 보호)
- 기타원인 : 날씨, 항공교통
- 원자재 공급 : 기내식 서비스 지연, 수하물 탑재 지연, 연료공급 지연
- 후방 인력 : 기내청소 지연
- 정보 : 출발 방송의 부실, 웨이트 앤 밸런스

☑ Chapter 02 고객만족(CS) 경영

| 01 ⑤ | 02 ② | 03 ① | 04 ① | 05 ⑤ | 06 ① | 07 ⑤ | 08 ③ | 09 ④ | 10 ② |
|---|---|---|---|---|---|---|---|---|---|
| 11 ② | 12 ③ | 13 ⑤ | 14 ① | 15 ④ | 16 ② | 17 ⑤ | 18 ⑤ | 19 ⑤ | 20 ④ |
| 21 ① | | | | | | | | | |

01　⑤ 고객만족경영의 도입배경에 있어서 중요한 요소이다.

02　①③④ 하드웨어, ⑤ 휴먼웨어

03　②③④ 2000년대 완성기, ⑤ 1980년대 도입기

04　① 2000년대 완성기에 해당한다.

05　⑤ 최고의 시스템은 노드스트롬의 경영원칙에 해당하지 않는다. 노드스트롬의 경영원칙은 최고의 서비스, 최고의 품질, 최고의 가치, 최고의 구색이다.

06　① 설문은 MBWA(Management By Wandering Around; 현장배회경영)에 대한 설명이다.

07　⑤ 개인별 고객 수첩의 활용은 외부고객 만족을 위한 제도이다.

08　③ 권한위임은 내부고객 만족을 위한 제도이다.

09　④ 구전은 개인들의 경험에 기초한 주관성이 강한 대면 커뮤니케이션 활동이다.
　　① 구전은 단순하게 언어적 커뮤니케이션에 한정되지 않는다.
　　②③ 구전은 부정적 내용과 긍정적 내용을 포함하여 자신의 직·간접 경험을 비공식적으로 교환하는 활동 또는 행동이다.
　　⑤ 구전은 쌍방향 의사소통이 이루어진다.

10　② 부정적 구전은 많은 사람들에게 빠른 속도로 전파되는 특성이 있다. 따라서 기업의 입장에서 잠재고객 상실과 매출감소의 주요소가 된다.

11　② 제시된 지문은 브랜드 로열티에 대한 내용이다.

12　③ 충동적 충성도는 올리버의 4단계 충성도 모델에 해당되지 않는다.

13　⑤ 구매 중단 및 부정적 구전의 전파는 사적 반응에 해당한다.
　　①②③④ 공적 반응에 해당한다.

14　① 마이클 해머의 3C : Customer(고객만족), Change(끊임없는 혁신), Competition(글로벌 무한 경쟁)

15　④ 제시된 지문은 신규 진입자에 대한 내용이다.

16　② 포드주의가 도입한 3S 운동은 단순화, 표준화, 전문화이다.

**17** ⑤ 프로세스 혁신, 인사조직 등 변화관리, 시설환경관리, 전략적 성과관리 등은 내부 핵심역량 강화 요소이다.

**18** ⑤ 구성원들이 고객을 중시하는 마인드 즉, 시장 중심의 마인드를 가져야 한다.

**19** ⑤ 감성 경영(Emotional Management)이라는 개념을 도입한 심리학자는 데니얼 골먼이다.

**20** ④ ㉠ 감성마케팅, ㉡ 감성리더십

**21** ②③④⑤ 고객만족 경영 혁신의 실패요인에 해당한다.

☑️ **Chapter 03 고객(소비자) 행동**

| | | | | | | | | | |
|---|---|---|---|---|---|---|---|---|---|
| 01 ⑤ | 02 ⑤ | 03 ① | 04 ③ | 05 ⑤ | 06 ④ | 07 ⑤ | 08 ② | 09 ③ | 10 ③ |
| 11 ① | 12 ⑤ | 13 ① | 14 ③ | 15 ③ | 16 ④ | 17 ④ | 18 ④ | 19 ⑤ | 20 ① |
| 21 ① | 22 ① | 23 ② | 24 ② | 25 ④ | | | | | |

**01** ⑤ 단골 고객은 기업과의 높은 친밀감을 가지고 있으나, 해당 기업을 적극적으로 추천하는 로열티 고객과는 다소 차이가 있다.

**02** ⑤ 접촉이나 반복구매를 한 적이 없는 사람은 고객이 아니라 구매자에 불과하다.

**03** ① 프로세스적 관점에 따르면 고객을 외부고객, 중간고객, 내부고객으로 분류한다.

**04** ③ 내부고객은 동료 및 부하직원 등 "나" 이외의 모든 기업 구성원이다.

**05** ① 프로세스 관점의 중간고객, ②③ 가치생산고객(사내고객), ④ 가치전달고객(중간고객)

**06** ④ 문화적 고객은 그레고리 스톤의 고객 분류에 해당하지 않는다. 그레고리 스톤은 고객을 경제적 고객, 윤리적 고객, 개인적 고객, 편의적 고객으로 분류하였다.

**07** ⑤ 제시된 지문은 편의적 고객에 대한 내용으로 부유계층형 고객(Carriage Trade)이라고도 한다.

**08** ② 제시된 지문은 의사결정고객에 대한 내용이다.

**09** ③ 제시된 지문은 얼리어답터에 대한 내용이다.

**10** ③ 설문은 웹시족에 대한 내용이다. 웹시족(Websy)은 웹(Web) + 미시(Missy)의 합성어로, 인터넷을 활용해 육아, 쇼핑, 여가생활 등과 관련된 정보를 얻거나 여가를 즐기는 20대 후반~30대 초반의 젊은 주부들을 일컫는 말이다.

**11** ① 고객의 행동에 영향을 미치는 요인은 크게 문화적 요인, 사회적 요인, 개인적 요인이 있다.

**12** ⑤ 준거 집단은 사회적 요인이다.

**13** ① 문화는 태어날 때부터 타고나는 것이 아니라 학습을 통해 형성된다.

**14** ③ 고객의사결정단계 : 욕구(문제)인식 – 정보탐색 – 대안평가 – 구매 – 구매 후 행동

**15** ③ 정보원천의 영향력은 고객의 특성에 따라 다르게 나타난다.

**16** ④ 대중매체는 공공적 원천에 해당한다.

**17** ④ 시험조작, 제품 검사 및 사용은 경험적 원천에 해당한다. 경험적 원천은 고객의 직접적 경험을 통한 정보로 신뢰도가 가장 높다.

**18** ④ 의존적 위험은 고객 불안의 유형에 해당하지 않는다. 고객 불안의 유형에는 신체적, 재무적, 심리적, 성능적, 사회적, 시간적 위험이 있다.

**19** ⑤ 자기 정체성에 부합하지 않을 가능성에 대한 불안은 심리적 위험이다.

**20** ②③④⑤ 고객 프로필 정보이다.

**21** ② 가족, 친구 : 관계 정보
③ 취미, 특기, 기호, 성격 : 고객 성향 정보
④ 소득 수준, 소득의 원천 : 구매력 정보
⑤ 구입 상품명, 시기, 구입빈도 : 계약 정보

**22** ① 공헌자 : 서비스 성과가 고객 참여에 의존하며, 고객이 공헌자로서의 역할을 효과적으로 수행하여야 좋은 성과를 기대할 수 있다.

**23** ② 제시된 지문은 감각형 대 직관형에 대한 설명으로, 첫 번째 지문은 감각형(S, Sensing), 두 번째 지문은 직관형(N, iNtuition)에 대한 내용이다.

**24** ② 〈보기〉는 감정형(F, Feeling)에 대한 내용이다.

**25** ④ 〈보기〉는 판단형(J, Judging)에 대한 내용이다.

☑ Chapter 04 **고객관계관리(CRM)**

| 01 ② | 02 ② | 03 ③ | 04 ③ | 05 ⑤ | 06 ⑤ | 07 ① | 08 ③ | 09 ④ | 10 ⑤ |
|------|------|------|------|------|------|------|------|------|------|
| 11 ⑤ | 12 ⑤ | 13 ⑤ | 14 ② | 15 ① | 16 ② | 17 ① | 18 ① | 19 ③ | 20 ④ |
| 21 ① | 22 ① | 23 ② | 24 ② | 25 ① | 26 ② | 27 ② | 28 ① | 29 ③ | 30 ④ |

**01** ② 고객관계관리(CRM)는 특정고객의 요구에 초점을 맞춤으로써 표적화가 용이하다.

**02** ② 고객관계관리(CRM) 사이클 : 신규고객 획득 → 우수고객 유지 → 고객가치 증진 → 잠재고객 활성화 → 평생 고객화

**03** ③ 개인의 생활방식이 다양하고 복잡하게 변화하였다.

**04** ③ 메타 그룹이 분류한 CRM은 분석 CRM, 운영 CRM, 협업 CRM이며, 〈보기〉는 운영 CRM에 대한 내용이다.
- 분석 CRM : 시장점유율 및 수익성 제고를 목적으로 고객 데이터를 추출, 분석하는 시스템으로서 모든 정보를 통합, 분석하고 이를 마케팅에 응용된 정보로 피드백하는 전 과정
- 협업 CRM : 고객과의 관계를 증진시키기 위해 기업이 고객과 지속적으로 협력하고 정보를 나눔으로써 고객과의 친밀도를 강화하고 이로써 고객 유지 및 신규고객 창출을 지원

**05** 나. ODS : 분석 CRM
라. Web – log Solution : 운영 CRM

**06** ① 고객지향적이다.
② 개별 고객의 생애 전체에 걸쳐 거래를 유지하거나 늘려나가고자 한다.
③ 고객과의 직접적인 접촉을 통해 일방향이 아닌 쌍방향 커뮤니케이션을 지속한다.
④ 단순히 마케팅에만 초점을 두는 것이 아닌 기업의 모든 내부 프로세스의 통합을 요구한다.

**07** ① 고객평생가치 제고를 위한 3가지 핵심 활동에는 교차 판매, 추가 판매(업그레이드 상품 판매 유도), 고객 유지가 있는데 설문은 교차 판매에 대한 내용이다.

**08** ③ e – 비즈니스가 가능한 산업은 CRM이 필요하다.

**09** ④ DM의 반응률 향상과 같은 미세한 목표들을 중심으로 관리하는 것은 DBM이다.

**10** ①②③④ 2단계에 해당한다.

**11** ⑤ 설문은 RFM 점수에 대한 내용이다.
② 위험성 점수는 고객별 기업에 대한 나쁜 영향력의 정도를 나타내는 점수이다.
③ 커버리지 점수는 고객이 자사의 상품 중에서 얼마나 많은 종류의 상품을 구매하는지를 나타내는 점수이다.
④ 수익성 점수는 고객별 매출액, 순이익, 거래기간 등 자사에 기여하는 수익에 대한 점수이다.

**12** ①② 사전적 유인, ③ 개별적 가격적용, ④ 맞춤 상품 제공

**13** ⑤ 설문은 대화 설계에 대한 내용이다.

**14** ② 복수 채널의 운영으로 인한 불필요한 관리비용의 절감이 가능하다.

**15** ① 서스펜션 서비스에 해당한다.
② 어드바이스 서비스 : 고객이 상품 구입을 망설이고 있을 때 사람이 직접 조언을 해주거나 안내해 주는 서비스 전략
③ 매스 커스터마이즈 서비스 : 개별 고객이 원하는 사양을 가진 제품을 제공하는 서비스 전략
④ 저스트 인 타임 서비스 : 시간이나 장소에 구애받지 않고 고객의 상황에 맞추어 상품을 제공해 주는 서비스 전략
⑤ 리마인드 서비스 : 고객의 과거 구매력 등의 속성으로부터 향후 행동을 예측하거나, 생일, 기념일 등을 등록하도록 유도하여 이를 프로모션에 활용하는 서비스 전략

**16** ② 매슬로우의 욕구단계론에서 가장 먼저 충족되어야 하는 욕구로 기본적인 욕구에 해당하는 것은 생리적 욕구이다.
※ 매슬로우의 욕구단계론 : 생리적 욕구(기본적인 욕구) → 안전 욕구 → 사랑과 소속감의 욕구(사회적 욕구) → 존경의 욕구 → 자아실현의 욕구

**17** ① 설문은 호손실험을 연구한 엘튼 메이요에 대한 설명이다.

**18** ① 휴스턴과 레빙거가 제시한 인간관계 형성단계는 면식 단계, 접촉 단계, 상호의존 단계로 구분되며, 설문은 상호의존 단계에 대한 내용이다.

**19** ③ 설문은 종적 관계에 대한 내용이다.
① 공유적 관계 : 가족과 친구 사이에 주로 나타나며 호혜성의 원칙이 무시됨
② 교환적 관계 : 거래적이고 교환적 관계로 호혜성과 형평성의 원칙을 요구
④ 횡적 관계 : 사회적 위치가 유사한 사람들 사이의 상호작용으로 자발적 속성을 가짐

**20** ④ 패배주의형은 문화적 목표와 제도적 수단을 모두 거부하고 사회로부터 도피하는 유형으로 만성적 약물중독자, 은둔자 등이 해당된다. 사기, 횡령, 강도는 혁신형에 해당한다.

**21** ① 최근 효과는 가장 나중에 혹은 최신에 제시된 정보를 더 잘 기억하는 현상이다. 판단을 함에 있어 최근에 주어진 정보와 비교하여 판단하는 경향은 대비효과(대조효과)이다.

**22** ① 〈보기〉는 대조효과(대비효과)에 대한 내용이다.

**23** ② 설문은 '조하리의 창'에서 맹목 영역에 해당하는 내용이다.

**24** ② 설문은 존 포웰의 자아개방 5단계 중 4단계에 해당하는 사실 정보들을 교환하는 단계이다.

**25** ① 의사소통은 Sender(발신자) → Encoding(부호화) → Channel(채널) → Decoding(해독) → Receiver(수신자)의 과정을 거친다.

**26** ② 공식적 의사소통 방법에는 상의하달(하향적 의사소통), 하의상달(상향적 의사소통), 수평적 의사소통이 있으며, 비공식적 의사소통에는 포도넝쿨 유형과 뜬소문(루머)이 있는데, 설문은 포도넝쿨 유형에 대한 내용이다.

**27** ② 에드워드 홀은 근접학에서 친밀한 거리(가족이나 연인), 개인적 거리(친한 친구 또는 동료), 사회적 거리(사무실 또는 제3자), 대중적 거리(전혀 모르는 타인)를 제시하였으며, 〈보기〉는 개인적 거리에 대한 내용이다.

**28** ① 정보의 여과란 수신자가 더욱 선호하도록 발신자가 정보를 조작하는 현상이다. 이러한 현상은 주로 조직 내 상향적 커뮤니케이션에서 나타나는데, 하급자가 불리한 정보를 은폐한 채 상급자에게 긍정적인 정보만을 전달하여 자신의 성과에 대해 유리한 평가를 끌어내고자 할 때 정보를 여과하려는 경향이 나타난다.

**29** ③ 설문은 한 발 들여놓기 기법에 대한 내용이다.
① 그랬구나 기법은 효과적인 거절의 기술로, 도움이 필요한 상대방의 상황을 충분히 이해했음을 표현하고(그랬구나),
도움을 주지 못하는 자신의 상황이나 이유를 분명하게 설명하는 방법이다.
② 얼굴 부딪히기 기법은 효과적인 부탁의 기술로, 자신이 원하는 것보다 훨씬 큰 것을 상대방에게 요청하고 그가 이를
거절하면 요구의 규모를 조금씩 축소해 나가며 자신이 원하는 것을 얻어내는 방법이다.
④⑤ 자기 표현하기에는 Yes, but화법과 I-Message화법이 있는데, I-Message화법은 상대를 비난하지 않고 나의 감
정 표현으로 상대방의 마음을 움직이는 방법이다.

**30** ④ 개방은 시간의 구조화 영역에 포함되지 않는다. 에릭 번이 제시한 시간의 구조화 영역에는 폐쇄, 의식, 활동, 잡담,
게임, 친교가 있다.

PART **02** 서비스 이론 기출유형

---

☑ **Chapter 01 서비스의 개념**

| | | | | | | | | | |
|---|---|---|---|---|---|---|---|---|---|
| **01** ② | **02** ③ | **03** ① | **04** ⑤ | **05** ③ | **06** ④ | **07** ② | **08** ① | **09** ④ | **10** ⑤ |
| **11** ⑤ | **12** ③ | **13** ③ | **14** ① | **15** ① | **16** ③ | **17** ④ | **18** ① | **19** ⑤ | **20** ③ |
| **21** ⑤ | **22** ③ | | | | | | | | |

---

01 ② 라스웰이 정의한 내용이다.

02 ③ 스탠턴, 블루아, 자이다믈, 배솜은 서비스를 판매와 관련한 일련의 활동이라는 활동론적으로 정의하였다.

03 ② 거래현장에서 제공되는 서비스, ③④⑤ 거래 전 제공되는 서비스

04 ①②④ 거래현장에서 제공되는 서비스, ③ 거래 후 제공되는 서비스

05 ① 유통 서비스, ② 생산자 서비스, ④ 비영리 서비스, ⑤ 도·소매업 서비스

06 ① 생산자 서비스, ② 소비자 서비스, ③ 도·소매업 서비스, ⑤ 유통 서비스

07 ② 숙박업, 운수업, 헬스 센터 등은 순수 서비스 중 시설편익 서비스에 해당된다.

08 ① 필립 코틀러의 서비스 분류 4가지는 순수유형 재화, 서비스 수반의 유형 재화, 유형재와 혼합된 서비스, 유형재와 추가적 서비스가 수반된 서비스가 주요 제품인 경우가 있다. 〈보기〉는 유형재와 추가적 서비스가 수반된 서비스가 주요 제품인 경우로, 항공기 여객 또는 크루즈 관광 서비스를 구매한 고객에게 항공기 및 유람선의 제품과 함께 추가적으로 음식, 영화, 음료 등의 유형 재화를 제공하는 경우가 대표적 예이다.

09 ④ 현장직원의 업무능력, 태도가 중요한 서비스 유형은 사람의 신체에 대한 유형적 서비스이다.

10 ⑤ 전문적 조언, 종교는 정신에 대한 무형적 서비스이다.

11 ⑤ 〈보기〉의 내용은 러브락의 다차원적 서비스 분류 중 서비스 행위의 특성(성격)에 따른 분류이다.

12 ③ 회계는 사람에 근거한 정도가 높고, 설비 또는 시설에 근거한 정도가 낮으므로 (나)에 해당한다.

13 ③ 유형성이 큰 순서는 소금, 음료, 세제, 자동차, 화장품, 패스트푸드점, 광고, 에이전시, 항공, 투자매니지먼트, 컨설팅, 교육 순이다.

14 ② 비분리성, ③⑤ 소멸성, ④ 이질성

15 ① 비분리성에 대한 설명이다.

16 ①②④는 비분리성, ⑤는 무형성에 대한 해결방안이다.

17 ④ 간호사 유니폼은 병원에서의 기타 유형적 단서에 해당된다.

18 ① 〈보기〉는 관광서비스의 기능적 정의에 대한 내용이다.

19 ⑤ 관광서비스의 가장 중요한 요인은 서비스를 제공하는 인적자원이다.

20 ③ 고객은 물리적 증거보다 정신적 만족과 감동을 주는 서비스 제품을 선호한다.

21 ⑤ 유형성이 큰 제품부터 순서대로 나열하면 '소금 – 음료 – 세제 – 자동차 – 화장품 – 패스트푸드점 – 광고에이전시 – 항공 – 투자매니지먼트 – 컨설팅 – 교육'의 순서이다. 따라서 (마)에 패스트푸드가 들어가는 것은 적절하지 않다.

22 ③ 관광종사원의 태도와 행동에 미치는 요인으로는 지식, 기술, 능력, 인성, 신체적 특성 등이 있다. 학력은 해당하지 않는다.

☑ **Chapter 02 서비스 리더십**

| 01 ④ | 02 ③ | 03 ② | 04 ⑤ | 05 ① | 06 ⑤ | 07 ⑤ | 08 ⑤ | 09 ① | 10 ④ |
|------|------|------|------|------|------|------|------|------|------|
| 11 ④ | 12 ④ | 13 ① | 14 ④ | 15 ① | 16 ⑤ | 17 ① | 18 ⑤ | 19 ⑤ | 20 ① |

01 ①⑤ 특성론, ② 행동이론(행위론), ③ 상황론

02 ③ 알더퍼는 인간의 욕구를 존재욕구 – 관계욕구 – 성장욕구 3단계로 제시하였는데, 개인의 자아실현과 성장에 대한 욕구로 매슬로의 욕구단계론에서 존경의 욕구 일부와 자아실현의 욕구에 해당하는 것은 성장욕구이다.

03 ② 제시된 지문은 생리적 욕구에 대한 내용이다.
   ※ 매슬로의 욕구 5단계
   – 1단계(생리적 욕구) : 인간의 가장 기초적인 욕구
   – 2단계(안전의 욕구) : 위험과 위협으로부터 자기보존의 욕구
   – 3단계(사회적 욕구) : 소속감, 사랑, 우정에 대한 욕구
   – 4단계(존경의 욕구) : 타인으로부터 인정받으려는 욕구
   – 5단계(자아실현의 욕구) : 자기발전을 이루고 싶은 욕구

04 ⑤ 서비스 리더십의 구성요소에는 서비스 신념, 서비스 태도, 서비스 능력이 있는데, 〈보기〉는 서비스 태도에 대한 내용이다.
   • 서비스 신념 : 서비스 리더십의 기초를 세워주는 철학과 전체가 공유해 나가고자 하는 비전
   • 서비스 능력 : 고객의 니즈를 파악하고 이를 충족시키기 위해 필요한 서비스 창조 능력, 관리운영 능력, 인간관계 형성, 개선능력

05 ① 서비스 리더십에서 C, M, S가 의미하는 것은 신념(Concept), 태도(Mind), 능력(Skill)이다.

06 ⑤ 구성원에게 기업에서 추구하는 가치가 무엇인지 알려주어 원하는 방향으로 기업문화를 변화한다.

07 ⑤ 카리스마 리더십에서 부하들은 리더를 무조건적, 맹목적으로 추종하거나 혹은 자발적으로 수용하므로 타협은 부하의 관계형성에 따른 특성으로 옳지 않다.

08 ⑤ 감성 리더십에 대한 설명이다.

09 ②③④⑤ 참여적 리더십의 장점에 해당한다.

10 ④ 감성지능이란 자신의 한계와 가능성을 객관적으로 판단해 자신의 감정을 잘 다스리고, 상대방의 입장에서 그 사람을 진정으로 이해하고 타인과 좋은 관계를 유지할 수 있는 능력을 말한다.

11 ④ 설문은 감성 리더십의 구성요소 중 감정이입 능력에 대한 내용이다.

12 ④ 현대사회에서 소비자의 욕구는 단순한 생존을 위한 욕구가 아니라 생활을 즐기고 쾌락을 추구한다는 측면으로 다양화 되고 있다.

13 ① 서비스기업의 경쟁 환경이 제조기업과 다른 점은 낮은 진입장벽, 내부고객 만족도 향상, 고객충성도 확보, 수요변동의 심화, 규모 경제의 어려움 등이 있다.

**14** ④ 적응 전략의 3가지는 서비스 추가 및 수정, 서비스패키지 확장, 경쟁우위 개발이다.
①②⑤ 저지 전략, ③ 보복 전략에 해당한다.

**15** ① 원가우위 전략은 저가격을 찾는 고객을 목표로 한다.

**16** ⑤ 원가우위 전략의 실행 방안이다.

**17** ① 설문은 보복 전략에 대한 내용이다. 보복 전략은 신규서비스를 줄이고 시장점유율을 유지하기 위해 공격적으로 경쟁한다.

**18** ⑤ 체험마케팅의 5가지 구성요소는 감각, 감성, 인지, 행동, 관계이다.

**19** ⑤ 〈보기〉는 감성마케팅에 대한 내용이다.

**20** ① 〈보기〉는 바이럴마케팅에 대한 내용이다.

# 제**02**과목 고객만족(CS) 전략론 정답 및 해설

## PART 01 서비스 기출유형

☑ Chapter 01 **서비스 기법**

| 01 ③ | 02 ② | 03 ① | 04 ⑤ | 05 ② | 06 ⑤ | 07 ⑤ | 08 ④ | 09 ⑤ | 10 ① |
|------|------|------|------|------|------|------|------|------|------|
| 11 ① | 12 ④ | 13 ⑤ | 14 ① | 15 ⑤ | 16 ② | 17 ④ | 18 ① | 19 ① | 20 ⑤ |

**01** ③ 서비스 청사진은 서비스 시스템을 정확하게 묘사해서 서비스 시스템을 이해하고 다룰 수 있도록 해주는 그림 또는 지도를 말한다.

**02** ② 서비스 청사진 구성요소에는 고객의 행동, 종업원의 행동, 지원 프로세스, 물리적 증거, 상호작용선, 가시선, 내부적 상호작용선이 있다.

**03** ① 제시된 지문은 상호작용선에 대한 내용이다.

**04** ⑤ 설문은 후방 종업원의 행동에 대한 내용이다. 후방 종업원의 행동은 고객의 눈에 직접적으로 보이진 않지만, 접점 종업원을 지원하는 후방에 있는 종업원의 행위를 나타낸다.

**05** ② 서비스 실패 가능점을 파악하게 함으로써 품질 개선 및 창조적 사고를 하도록 도와준다.

**06** ⑤ 서비스 시스템의 전반적인 효율성과 생산성을 평가한다.

**07** ⑤ 고객만족과 로열티, 수익성 향상을 위한 관리 수단이다.

**08** ④ 제시된 지문은 서비스품질 측정의 대표적인 방법 중 하나인 서비스 모니터링에 대한 내용이다.

**09** ⑤ 일원적 품질 요소는 서비스 모니터링의 측정요소가 아니다.

**10** ① 제시된 지문은 서비스 모니터링의 여섯 가지 요소 중 신뢰성에 대한 내용이다.
　　※ 서비스 모니터링의 6가지 요소 : 객관성, 차별성, 대표성, 타당성, 유용성, 신뢰성
　　　– 객관성 : 객관적인 기준으로 평가하여 누구든 인정할 수 있게 한다.
　　　– 차별성 : 모니터링 평가는 서로 상이한 스킬 분야의 차이를 인정하고 반영한다.
　　　– 대표성 : 모니터링 대상접점을 통해 전체 접점 서비스의 수준과 특성을 추정한다.
　　　– 타당성 : 고객이 어떻게 대우를 받았는지에 대한 고객의 평가와 모니터링 점수가 일치해야 하고 이를 반영한다.
　　　– 유용성 : 정보는 조직과 고객에 영향을 줄 수 있어야만 가치를 발휘한다.

**11** ① 제시된 지문은 서비스 모니터링 조사 기법 중 고객패널에 대한 내용이다.

**12** ④ 결론이 서로 다른 다양한 분석이 고객 피드백을 훼손한다.

**13** ⑤ 제품 및 서비스의 전 수명과 주기에 걸쳐 VOC를 추구하여야 한다.

**14** ① 제시된 지문은 미스터리 쇼퍼의 자격 요건 중 계획성에 대한 내용이다.

**15** ⑤ 현장 교육은 고객패널의 활동사항으로 옳지 않다. 고객패널의 활동사항에는 시장조사, 모니터링, 설문조사, 현장비교 체험 등이 있다.

**16** ② 제시된 지문은 MOT 사이클 차트에 대한 내용이다.

**17** ④ 롱테일의 법칙은 80%의 사소한 다수가 20%의 핵심소수보다 뛰어난 가치를 창출한다는 이론으로 결과물의 80%는 조직의 20%에 의해 생산된다는 파레토의 법칙에 배치되는 이론이다.

**18** ① MOT 사이클 차트의 분석 5단계에서 3단계는 '고객 접점 사이클 세분화'이다.
※ MOT 사이클 차트의 분석 5단계
　1단계 : 서비스 접점 진단 → 2단계 : 서비스 접점 설계 → 3단계 : 고객 접점 사이클 세분화 → 4단계 : 고객 접점 시나리오 만들기 → 5단계 : 새로운 표준안으로 행동하기

**19** ① MOT 사이클 차트의 분석 5단계에서 2단계는 '서비스 접점 설계'이다.

**20** ⑤ 서비스 표준은 객관적인 측정이 가능해야 한다.

---

☑ Chapter 02 마케팅 전략과 서비스 차별화

| 01 ② | 02 ⑤ | 03 ⑤ | 04 ④ | 05 ② | 06 ③ | 07 ④ | 08 ③ | 09 ⑤ | 10 ② |
|------|------|------|------|------|------|------|------|------|------|
| 11 ④ | 12 ① | 13 ⑤ | 14 ④ | 15 ③ | 16 ⑤ | 17 ③ | 18 ① | 19 ① | 20 ④ |
| 21 ④ | 22 ⑤ | 23 ③ | 24 ② | 25 ④ | 26 ④ | | | | |

---

**01** ①③⑤ 생산개념, ④ 판매개념에 대한 설명이다.

**02** ⑤ 복합적 마케팅의 4가지 구성요소는 관계 마케팅, 통합적 마케팅, 내적 마케팅, 사회적 마케팅이다.

**03** ⑤ 설문은 STP전략에 대한 내용이다. STP전략은 시장 세분화(Maket Segmentation)를 통해 표적시장(Maket Targeting)을 선정한 후 고객에게 경쟁사와 자사를 구분할 수 있는 시장을 자리매김(Maket Positioning)하려는 전략이다.

**04** ④ 재고관리는 촉진활동에 해당하지 않는다. 촉진활동으로는 광고, 판매촉진, 인적 커뮤니케이션, 홍보, 커뮤니케이션 도구, 기업 디자인, 공중관계, 직접마케팅 등의 방법이 있다.
⑤ 공중관계(PR : Public Relationship) : 공중(이해관계자)과 우호적인 관계를 형성하려는 목적으로 의도적이고 계획적으로 수행하는 마케팅 커뮤니케이션 활동을 말한다.

**05** ② ㉠은 내부 마케팅, ㉡은 외부 마케팅, ㉢은 상호작용 마케팅이다.

**06** ③ 설문은 S－T 전략(강점－위협 전략)에 대한 내용이다.

**07** ④ STP분석 전략은 ㉡ 시장 세분화 － ㉢ 표적 선정 － ㉺ 포지셔닝의 단계로 이루어진다.

**08** ③ 이익 가능성이 높은 몇 개의 세분화 시장에 대해서만 판매 촉진비를 설정할 수 있도록 범위를 지정할 수 있다.

**09** ⑤ 소비재 시장에서 가능한 시장 세분화 방법 중 인구 통계적 특성변수에 따른 세분화 변수이다.

**10** ② 기업의 물리적 증거는 표적세분시장 선정 시 고려해야 할 사항과 거리가 멀다.

**11** ④ 〈보기〉는 부분시장 도달 전략 유형 중 시장 전문화 전략에 대한 내용이다.

**12** ① 마이클 포터가 제시한 매력성 판단 5대 경쟁요인은 산업 내 경쟁자, 잠재적 진출자, 대체재, 구매자, 원자재 공급업자이다.

**13** ⑤ 세분시장의 분류는 포지셔닝 전략 수행절차의 여섯 단계에 해당하지 않는다.
※ 포지셔닝 전략 수행절차의 여섯 단계
　　－1단계 : 경쟁자 확인
　　－2단계 : 경쟁자 인식 및 평가분석을 통한 파악
　　－3단계 : 경쟁자 기업과 제품 시장에서의 포지셔닝 결정
　　－4단계 : 소비자에 대한 분석
　　－5단계 : 포지셔닝 의사결정 실천
　　－6단계 : 모니터링 실시

**14** ④ 설문은 Physical Evidence(물리적 증거)에 대한 내용이다.

**15** ③ 제시된 지문은 유통(Place)에 대한 내용이다.

**16** ⑤ 고객의 만족은 4C에 해당하지 않는다. 4C는 고객의 요구(Consumer Solution), 고객과의 소통(Communication), 고객의 편의성(Convenience), 고객의 비용(Cost)이다.

**17** ③ 기업은 자사가 소비자로부터 구축해 놓은 신뢰 관계를 바탕으로 주요 경쟁자들의 공격을 방어할 수 있어야 한다.

**18** ① 파레토 법칙은 80%의 작은 일에 집중하기보다는 20%의 핵심적인 일을 선택하여 자원을 집중하는 것이 최고의 효율을 발생시킨다는 것이다. 따라서 다양한 가능성에 눈 뜰 수 있는 계기가 된다는 것은 옳지 않은 내용이다.

**19** ① 롱테일 법칙은 사소한 상품 80%가 차지하는 판매량이 상위 20%의 매출을 압도한다는 의미이다.
②⑤ 롱테일 법칙은 20%의 핵심고객으로부터 80%의 매출이 나온다는 파레토 법칙과는 반대되어 '역 파레토 법칙'이라고도 불린다.
③ 롱테일 법칙은 80%를 차지하는 '사소한 다수'가 만들어 내는 새로운 시장과 지식 등 다양성의 힘을 강조한다.

**20** ④ 설문은 서비스 패러독스에 대한 내용이다.

**21** ④ 서비스는 무형의 상품으로 눈에 보이지 않지만 무서운 잠재력을 갖는다.

**22** ⑤ 제시된 지문은 절차 공정성에 대한 내용이다.

**23** ③ 〈보기〉는 안정성에 대한 내용이다.

**24** ② 고객이 아니라 직원의 태도와 행동이다.

**25** ④ '결과 품질'에 해당하는 것은 전문성, 태도 및 행동이다.
※ 브래디&크로닌의 애프터서비스 품질차원
　　– 상호작용 품질 : 태도 및 행동, 처리시간
　　– 결과 품질 : 전문성, 기술
　　– 물리적 환경 품질 : 편의성, 정책

**26** ④ 가 : 경쟁자, 나 : 경쟁자, 다 : 포지셔닝, 라 : 소비자, 마 : 포지셔닝, 바 : 모니터링

☑ Chapter 03 **서비스 차별화 사례연구**

| **01** ② | **02** ④ | **03** ① | **04** ④ | **05** ③ | **06** ③ | **07** ④ | **08** ④ | **09** ⑤ | **10** ⑤ |
|---|---|---|---|---|---|---|---|---|---|
| **11** ④ | **12** ⑤ | **13** ② | **14** ③ | **15** ② | **16** ③ | **17** ④ | **18** ② | **19** ① | **20** ⑤ |

**01** ② 〈보기〉는 사회적 가치에 대한 내용이다.
　　※ 가치의 다섯 가지 구분 요소(세스, 뉴먼, 그로스)
　　　– 기능적 가치 : 제품의 품질, 기능, 가격, 서비스 등과 같은 실용성, 물리적 기능과 관련된 가치
　　　– 사회적 가치 : 제품을 소비하는 사회계층집단과 관련된 가치
　　　– 정서적 가치 : 제품의 소비에 의해 유발되는 긍정적, 부정적 감정 등과 관련된 가치
　　　– 상황적 가치 : 제품 소비의 특정상황과 관련된 가치
　　　– 인식된 가치 : 제품 소비를 자극하는 신선함, 새로움, 호기심과 관련된 가치

**02** ④ 설문은 페스팅어(Festinger)의 인지불협화(부조화) 이론에 대한 내용이다.

**03** ① 다른 조건이 같고 의사결정의 중요도가 크면 클수록 부조화의 크기는 커진다.

**04** ④ 제시된 지문은 고객인지 프로그램에 대한 내용이다.

**05** ③ 설문은 고객인지 프로그램에 대한 내용이다.

**06** ③ 신규고객을 창출시키는 것보다 충성고객을 확보하고자 하는 것이 목적이다.

**07** ④ 리츠칼튼 호텔은 고객인지 프로그램, 고객 코디네이터, 고객 취향수첩을 활용하여 차별화된 개별 맞춤형 서비스를 제공한다.

**08** ④ 직원은 고객의 문제를 책임지고 즉시 해결한다.

**09** ⑤ 제임스 헤스켓이 제창한 서비스 수익 체인을 형성하는 네 가지 요소는 표적시장, 운영 전략, 서비스 가치, 서비스 전달 시스템이다.

**10** ⑤ 고객충성도가 수익성과 성장을 창출시킨다.
　　① 서비스 가치는 고객만족을 창출하는 기능이다.
　　③ 고객만족은 고객 충성도를 창출하는 기능이다.
　　④ 내적품질은 직원 만족을 창출하는 기능이다.

**11** ④ 서비스 수익 체인에서 종업원의 만족을 가져오는 요소는 내부 서비스 품질이다.

**12** ⑤ 만족거울 이론은 직원들이 서비스마인드를 갖고 일에 대한 만족감을 느끼게 되면 고객만족으로 이어져 기업의 이익이 증가하게 된다는 이론이다.

**13** ①③ 고객화 위주의 서비스 전달 시스템
　　④⑤ 프로젝트 위주의 서비스 전달 시스템

14  ③ 필립 코틀러가 제시한 5가지 제품 품질 차원은 핵심 혜택, 기본 제품, 기대 제품, 확장 제품, 잠재적 제품이다.

15  ② 레빗은 세 가지 제품 차원으로 핵심 제품, 실체 제품, 확장 제품을 제시하였는데, 제시된 지문은 실체 제품에 대한 내용이다.

16  ③ 설문은 선매품에 대한 내용이다.

17  ④ 설문은 산업재에 대한 내용이다.

18  ② 설문은 스타일에 대한 내용이다.

19  ① 〈보기〉는 감성적 요소 차별화 수단이다. 감성적 요소 차별화 수단은 독특한 감성, 개성, 이미지브랜드를 이용한 차별화 수단이다.

20  ⑤ 질병 발생 시 제공되는 의료서비스 종류, 범위의 선택은 공급자에게 편중되어 있으며 이를 정보의 비대칭성이라 한다.
    ① 면허제도를 통해 생산부분에서 독점이 형성되어 있어서 경쟁이 제한적이다.

☑ Chapter 04 서비스 품질

| 01 ② | 02 ③ | 03 ③ | 04 ① | 05 ④ | 06 ⑤ | 07 ① | 08 ③ | 09 ② | 10 ② |
| 11 ④ | 12 ③ | 13 ① | 14 ④ | 15 ⑤ | 16 ③ | 17 ② | 18 ⑤ | 19 ③ | 20 ④ |
| 21 ⑤ | | | | | | | | | |

01 ② 서비스 품질은 실제적 품질과 다르며 객관적이기 어렵다.
※ 자이다믈의 지각된 서비스 품질의 성격 : 추상적 개념, 전반적인 서비스 평가, 객관적이기 어려움, 비교개념으로 이루어지고 고·저로 평가

02 ③ 고객으로부터 서비스 품질 관련 데이터를 수집하는 데 시간과 비용이 많이 들며, 회수율도 낮다.

03 ③ 물리적 환경은 그뢴루스의 6가지 품질 구성요소에 해당하지 않는다.
※ 그뢴루스의 6가지 품질 구성요소 : 전문성과 기술, 태도와 행동, 접근성과 융통성, 신뢰성과 믿음, 서비스 회복, 평판과 신용

04 ① 〈보기〉는 공감성에 대한 내용이다.
※ 서브퀄(SERVQUAL)의 품질 평가 5가지 차원
 – 유형성 : 물리적 시설, 장비, 직원의 외모, 커뮤니케이션 자료의 제공, 시설 내의 다른 고객 등 물리적 요소의 외형
 – 신뢰성 : 약속된 서비스를 정확하게 수행할 수 있는 능력
 – 응답성 : 고객을 도와주고 즉각적이고 신속한 서비스를 제공하려는 의지
 – 확신성 : 직원의 지식, 공손함, 능력 및 신뢰와 안정성을 전달하는 능력
 – 공감성 : 고객에게 제공하는 개별적 주의와 관심으로 고객의 문제와 어려움에 대해 공감

05 ① 응답성, ② 신뢰성, ③⑤ 유형성

06 ⑤ 인지된 품질에 대한 설명이다. 지속성은 제품이 고객에게 지속적으로 가치를 제공할 수 있는 기간을 의미한다.

07 ① 〈보기〉는 가빈이 제시한 품질의 5가지 차원 중 선험적 접근에 대한 내용이다.

08 ③ 〈보기〉는 카노의 품질 모형 중 당연적 품질 요소에 대한 내용이다. 당연적 품질 요소는 최소한 마땅히 있을 것으로 생각되는 기본적인 품질 요소로서 충족 시 당연한 것이기 때문에 별다른 만족감을 주지 못하는 반면, 충족되지 않으면 불만을 일으키는 불만 요소이다.

09 ② 서비스 제공능력은 쥬란의 서비스 품질 차원에 해당하지 않는다.
※ 쥬란의 서비스 품질 차원 : 사용자의 눈에 보이지 않는 내부적 품질, 사용자의 눈에 보이는 하드웨어적 품질, 사용자의 눈에 보이는 소프트웨어적 품질, 서비스 시간성과 신속성, 심리적 품질

10 ② 설문은 사용자의 눈에 보이지 않는 내부적 품질 요소에 대한 내용이다.

11 ④ 가, 라는 성과 측면의 내용이다.

**12** ③ 기능성은 e-service 품질의 핵심 차원에 해당하지 않는다.
 ※ e-service 품질의 4가지 핵심 차원
  - 신뢰성 : 사이트의 기술적인 기능이 유용하고 정확하게 작동하는지 여부
  - 효율성 : 고객이 원하는 정보에 빠르게 접근할 수 있고, 거래를 신속히 완료할 수 있는지의 여부
  - 실행성(이행성) : 상품을 보유하고 약속한 시간에 상품 전달이 가능한지의 여부
  - 보안성(프라이버시) : 신용정보의 안전보장, 구매 행동 자료 비공개의 여부

**13** ① 설문은 효율성에 대한 내용이다.

**14** 서비스 품질의 영향요소 : ①②③⑤ + 직원에 대한 부적절한 서비스

**15** 서비스 품질 개선방법 : ①②③④ + 기업 내 전사적 품질문화 정착, 고객에게 서비스 내용 제공, 변화하는 고객 기대에 대응, 기업 이미지 향상 모색, 가시적 평가기준 제공, 서비스 품질 기준 설계 및 실행, 서비스 품질 전달 시스템의 설계에 피드백

**16** ③ 직원에게 적절한 수준의 재량권을 부여하여 고객에게 최상의 서비스를 제공할 수 있는 환경을 조성해야 한다.

**17** ② 그뢴루스가 제시한 내부 마케팅에서 선행되어야 할 영향요인 6가지 : 내부 커뮤니케이션, 보상제도, 교육훈련, 복리후생 제도, 권한위임, 경영층 지원

**18** ⑤ 조직 구성원들의 자율성을 부여하는 것은 내부 커뮤니케이션의 주요기능에 해당하지 않는다.

**19** ③ 상향적 의사소통이 수행될 경우는 서비스 직원의 역할 모호성 발생원인으로 옳지 않다.

**20** ④ 역할 모호성 감소 방안에는 하향식 의사소통으로 명확한 역할 전달 및 역할 명료성 확립이 있다.
 ①②③⑤ 역할 모호성 발생원인

**21** ⑤는 SERVQUAL모형을 서비스 산업에 적용할 때 제기되었던 문제점에 해당하지 않는다.
 ※ SERVQUAL모델의 한계점
  - 기대수준에 대한 측정, 신뢰성 및 타당성의 한계점
  - 서비스 기대가 성과 항목에 의한 영향을 받음
  - 가격이나 비용에 관련된 부분이 배제
  - SERVQUAL의 차원성 및 기대의 해석과 조작화

☑ Chapter 01 **고객만족(CS) 평가조사**

| 01 ⑤ | 02 ⑤ | 03 ② | 04 ③ | 05 ④ | 06 ③ | 07 ② | 08 ④ | 09 ① | 10 ① |
|---|---|---|---|---|---|---|---|---|---|
| 11 ④ | 12 ⑤ | 13 ① | 14 ② | 15 ④ | 16 ③ | 17 ③ | 18 ⑤ | 19 ② | 20 ① |

01 　⑤ 자사의 경쟁력과 관련된 품질성과를 연구할 수 있다.

02 　⑤ 고객만족 측정의 3원칙에는 계속성의 원칙, 정량성의 원칙, 정확성의 원칙이 있으며, 〈보기〉는 계속성의 원칙에 대한 내용이다.

03 　② ACSI는 미국의 소비자 고객만족지수의 대표적인 측정 모형이다.

04 　③ 직원만족지수가 아니라 고객만족지수이다.
　　※ 국가고객만족도(NCSI) 설문 구성 내용 : 고객 기대수준, 인지제품 및 서비스 품질수준, 인지가치수준, 고객만족지수, 고객불만, 고객충성도

05 　④ 설문은 인지가치수준에 대한 내용이다.

06 　③ 〈보기〉는 인지제품 품질수준에 대한 내용이다.

07 　② 기업성과에서 고객 만족보다 중요한 것은 고객의 충성도이다.

08 　④ NCSI에 해당하는 내용이다.

09 　① 〈보기〉는 서베이법에 대한 내용이다.

10 　① 가설의 질적 검증 및 의미를 확인할 때 적용한다.

11 　④ 객관성은 정량조사의 장점이다. 정성조사의 장점은 유연성, 현장성, 신속성, 심층적, 저비용이다.

12 　⑤ 〈보기〉는 투사법에 대한 내용이다. 투사법은 조사의 목적 혹은 연구주제를 응답자가 모르도록 하면서 간접적으로 조사하는 방법으로, 응답자 내면에 있는 동기, 생각, 감정 등이 응답에 투사된다고 본다.

13 　① 유연성은 정성조사의 장점이다. 정량조사의 장점은 신뢰도 측정, 자료의 객관성, 자료의 대표성, 다목적성이다.

14 　② 서베이법은 1차 자료(조사자 직접 조사자료) 수집 방법이다. 탐험조사에는 심층면접법, 표적집단면접, 문헌조사, 전문가 의견조사가 있다.

15 　④ 설문지 개발 시 고려해야 할 개별 질문의 내용은 '그 질문이 반드시 필요한가?', '하나의 질문으로 충분한가?', '적절한 응답자를 선별할 질문이 필요한가?', '응답자가 응답할 수 있는 질문인가?', '응답자가 질문에 응답할 것인가?' 등이다.

**16**  ③ 대안을 명시적으로 표현한다.

**17**  ③ 포괄적인 질문을 한 다음 구체적인 질문을 한다.

**18**  ⑤ 감정적 충성도는 올리버가 제시한 충성도 4단계의 동태적 발전 중 2단계에 해당한다.

**19**  ② 설문은 고객에 대한 내용이다.
　※ 라파엘과 레이피의 충성도 단계별 분류
　　 − 예비 고객 : 특정 제품이나 서비스 구매에 관심을 보임
　　 − 단순 고객 : 관심을 가지고 적어도 한 번 이상 구매
　　 − 고객 : 제품이나 서비스를 빈번하게 구매
　　 − 단골 고객 : 정기적으로 구매
　　 − 충성 고객 : 주변 지인에게 서비스에 대한 칭찬, 긍정적인 구전을 함

**20**  ① 〈보기〉는 감정적 충성에 대한 내용이다.
　※ 올리버의 충성도 4단계의 동태적 발전
　　 − 인지적 충성 : 브랜드 신념에만 근거한 충성 단계이며, 사용하는 브랜드가 대체안보다 선호될 수 있음을 제시
　　 − 감정적 충성 : 브랜드에 대한 선호가 만족스러운 경험이 누적됨에 따라 증가하지만, 경쟁사로 이탈하기 쉬운 단계
　　 − 행동 의욕적 충성 : 반복적인 경험에 의해 영향을 받고 행위의도를 가지게 되는 단계
　　 − 행동적 충성 : 의도가 행동으로 전환되는 단계

**☑ Chapter 02 고객만족 컨설팅**

| 01 ③ | 02 ② | 03 ① | 04 ① | 05 ③ | 06 ② | 07 ① | 08 ② | 09 ④ | 10 ③ |
|---|---|---|---|---|---|---|---|---|---|
| 11 ① | 12 ④ | 13 ① | 14 ③ | 15 ⑤ | 16 ④ | 17 ② | 18 ④ | 19 ⑤ | 20 ⑤ |
| 21 ⑤ | | | | | | | | | |

**01** ③ GAP3에 대한 설명이다. GAP2는 서비스 기준이 경영자의 인식과 일치하지 않을 때 발생한다.

**02** ② GAP1의 발생원인은 경영자가 고객의 기대 파악 실패, 마케팅 조사의 중요성에 대한 이해 부족, 상향식 커뮤니케이션 결여, 지나치게 많은 관리 단계, 불충분한 서비스 회복이다.

**03** ① GAP2의 발생원인은 고객의 기대를 반영하지 못한 서비스 설계, 고객 중심적 서비스 업무 표준화 결여, 부적합한 물리적 증거이다.

**04** ① GAP3의 해결방안은 기술–직무 간 적합성 보장, 팀워크 형성, 역할 갈등 및 역할 모호성 해소, 경영 통제시스템 개발, 직원에게 인식된 통제 권한 제공이다.

**05** ③ 설문은 적정 서비스에 대한 내용이다.

**06** ② 설문은 이상적 서비스에 대한 내용이다.

**07** ① 외적 요인에는 경쟁대안, 사회적 상황, 구전이 있다.
②③⑤ 내적 요인, ④ 기업 요인에 해당한다.

**08** ② 내적 요인에는 개인적 욕구, 관여도, 과거 경험, 서비스 철학이 있다.
①③④ 외적 요인, ⑤ 상황적 요인에 해당한다.

**09** ④ 상황적 요인에는 고객의 기분, 구매 동기, 날씨, 시간적 제약이 있다.
①⑤ 내적 요인, ② 외적 요인, ③ 기업 요인에 해당한다.

**10** ③ 외적 요인에 해당한다.
①②④⑤ 기업 요인에는 가격, 접근성과 이용가능성(유통), 촉진활동, 직원의 용모, 서비스 실패의 유형적 단서, 대기시간, 기업의 이미지 등이 있다.

**11** ① 〈보기〉는 메타 트렌드에 대한 내용이다.

**12** ④ 〈보기〉는 소비자 트렌드에 대한 내용이다.

**13** ① 메타 트렌드에 대한 설명이다.

**14** ③ 조직 구성원의 행동을 자유롭게 하는 것은 마케팅 플래닝의 장점에 해당하지 않는다.
※ 마케팅 플래닝의 장점
– 직원의 행동지침이 된다.
– 직원의 시간 관리를 용이하게 한다.

- 직원의 업무 집중도를 높이며 조직의 유연성을 향상시킨다.
- 조정의 역할을 한다.
- 구성원 통제의 근원이 된다.

**15** ⑤ 직원 통제가 용이하여야 하는 것은 마케팅 플래닝의 고려사항에 해당하지 않는다.

**16** ④ 〈보기〉는 4단계인 목표달성을 위한 전략 수립 단계이다.

**17** ② ⓒ 기업목표 기술 → ⊙ 기업환경 분석 → ⓛ 마케팅 목표 설정 → ⓔ 목표달성을 위한 전략 수립 → ⓗ 전략수행을 위한 프로그램 작성 → ⓜ 실행 및 재검토

**18** ④ 〈보기〉는 계획수립의 적용범위에 따른 구분 중 운영계획에 대한 내용이다.

**19** ⑤ 〈보기〉는 내부 벤치마킹에 대한 내용이다.
   ※ 외부 벤치마킹 : 전략적 벤치마킹, 경쟁력 벤치마킹, 기능 벤치마킹, 포괄 벤치마킹
   - 전략적 벤치마킹 : 성공한 우수기업의 장기적 전략과 방법, 핵심역량 등을 조사하며 회사의 전체성과를 향상하는 것을 목표로 한다.
   - 경쟁력 벤치마킹 : 동일한 영역의 회사에 관해 핵심제품과 서비스 성능, 특징에 대해 경쟁사와 비교하는 방법으로 동종 업종이기 때문에 비교 가능한 장점이 있지만 자료수집이 어렵다.
   - 기능 벤치마킹 : 최신 제품과 서비스, 프로세스를 운영하는 기업을 대상으로 하며 새롭고 혁신적인 기법을 발견할 수 있는 장점이 있지만 이업종일 경우 방법 이전에 어려움이 있다.
   - 포괄 벤치마킹 : 서로 다른 이업종 기업들에 대한 벤치마킹이다.

**20** ⑤ 객관적 행동이 벤치마킹의 특징에 해당한다.

**21** ⑤ 주로 중장기 사업전략 수립 시 사용한다.

☑ Chapter 03 고객만족(CS) 혁신 전략

| 01 ③ | 02 ② | 03 ⑤ | 04 ① | 05 ② | 06 ③ | 07 ① | 08 ② | 09 ④ | 10 ② |
| 11 ③ | 12 ① | 13 ⑤ | 14 ② | 15 ④ | 16 ④ | 17 ③ | 18 ① | 19 ② | 20 ① |
| 21 ⑤ | 22 ③ | 23 ⑤ | 24 ③ | 25 ② | 26 ① | | | | |

**01** ③ 〈보기〉는 베블런 효과에 대한 내용이다.

**02** ② 〈보기〉는 밴드왜건 효과에 대한 내용이다.

**03** ⑤ 〈보기〉는 프레이밍 효과에 대한 내용이다.

**04** ① 고관여에서 상품은 소비자의 자아 이미지에 중요하며 라이프스타일에 많은 영향을 미친다.

**05** ② 고관여에 대한 설명이다.

**06** ③ 〈보기〉는 AIO 분석에 대한 내용이다. AIO 분석은 소비자의 라이프스타일을 측정하는 방법으로 Activities(명백한 행동), Interest(특별한 관심정도), Opinions(자신과 주위 환경 등에 대한 생각을 조사)을 의미한다.

**07** ① 〈보기〉는 RFM 분석에 대한 내용이다 RFM 분석은 최근성(Recency), 구매빈도(Frequency), 구매금액(Momentary)을 기초로 고객의 등급을 분석하는 방법이다.

**08** ② 〈보기〉는 CLV 분석[고객평생가치(Customer Lifetime Value) 분석]에 대한 내용이다.

**09** ④ 고객만족경영의 목적에 대한 설명이다. 고객경험관리의 목적은 만족을 경험한 기존 고객의 재구매와 고객 경험의 개선을 통한 잠재 고객의 신규 구매 및 기존 고객의 재구매 활성화이다.

**10** ② 고객만족경영(CRM)의 특징이다.

**11** ③ 〈보기〉는 행동적 경험에 대한 내용이다.

**12** ① 〈보기〉는 인지적 경험에 대한 내용이다.

**13** ⑤ 〈보기〉는 관계적 경험에 대한 내용이다.

**14** ② 슈미트의 고객경험관리 5단계 : 경험과정 분석 → 경험적 기반 확립 → 상표경험 디자인 → 고객 상호접촉 구축 → 지속적 혁신

**15** ④ 가격 프리미엄을 제공한다.
※ 슈미트의 고객경험관리의 효과 : 영업비용의 절감, 고객유지비용 절감, 판매수익의 증대, 고객 1인당 매출 증대, 가격 프리미엄 제공, 고객유치의 선순환

**16** ④ 일관성은 고객가치의 특성에 해당되지 않는다.
※ 고객가치의 특성 : 동적성, 주관성, 상황성, 다차원

**17** ③ 감성적 가치는 스위니와 수타르가 제시한 고객가치 구성에 해당된다.

※ 고객 가치의 구성

| 스위니 & 수타르 | 파라수라만 & 그루얼 |
|---|---|
| • 감성적 가치 : 서비스 구매과정, 제공과정에서 느끼는 감정<br>• 사회적 가치 : 사회적인 개념을 증대시키는 서비스 효용 가치<br>• 비용 대비 가치(기능적 가치) : 서비스 이용에 따른 시간과 비용절감에 의한 가치<br>• 품질, 성과 가치 : 기대한 품질과 지각된 품질과의 성과의 차이 | • 거래가치 : 거래를 통한 즐거움과 같은 감정적 가치<br>• 사용가치 : 제품이나 서비스의 효용성에 대한 가치<br>• 획득가치 : 금전적 비용의 희생을 통해 얻는 가치<br>• 상환가치 : 거래 이후 장기간 지속되는 잉여가치 |

**18** ① 〈보기〉는 공헌마진에 대한 내용이다.

**19** ② 고객 선순환 사이클을 통해 내부 고객의 가치를 우선적으로 개선한다.

**20** ① 상품의 단순화가 아니라 상품의 다양화이다.

**21** ⑤ 비수기 수요 진작 전략이다.

**22** ③ 비수기 공급 조정 전략이다.

**23** ①④ 전문품, ②③ 편의품

**24** ③ 서비스 상표는 서비스의 속성이나 효익을 가지고 있어야 한다(연관성).
① 기억의 용이성, ②⑤ 독특성, ④ 연관성

**25** ② 〈보기〉는 유인가격에 대한 내용이다.

**26** ① 플래그십 마케팅은 해당하지 않는다.
※ 슈미트의 고객경험 제공수단 7가지
 - 인적요소
 - 커뮤니케이션
 - 웹사이트 상호작용
 - 시각적, 언어적 아이덴티티
 - 제품의 외형
 - 공동 브랜딩 경험
 - 공간적 환경

기출유형 / 정답 및 해설

# 제03과목 고객관리 실무론 정답 및 해설

---

☑ Chapter 01 비즈니스 매너와 에티켓

| 01 ① | 02 ④ | 03 ⑤ | 04 ② | 05 ② | 06 ③ | 07 ① | 08 ② | 09 ③ | 10 ⑤ |
|------|------|------|------|------|------|------|------|------|------|
| 11 ④ | 12 ④ | 13 ① | 14 ⑤ | 15 ② | 16 ① | 17 ② | 18 ③ | 19 ④ | 20 ⑤ |
| 21 ④ | 22 ① | 23 ③ | 24 ③ | 25 ② | 26 ④ | 27 ⑤ | 28 ③ | 29 ② | 30 ① |

---

**01** ① 법적 구속력은 없으나 원활한 사회생활을 위해 구성원들이 지켜야 할 사회적 약속은 에티켓이다.

**02** ④ 수신한 비즈니스 메일은 24시간 이내에 답신한다.

**03** ⑤ 메시지 창의 내용은 간결하게 핵심만 작성하고 내용이 많은 경우 문서 작성 후 첨부파일로 보내되 꼭 필요한 경우에만 보낸다.

**04** ② 삼강오륜에 근간을 두고 발전한 동양적인 개념이다.

**05** ② 남자가 큰절을 할 경우 팔꿈치를 바닥에 붙이며 이마를 손등에 댄 후 잠시 머문다. 평절의 경우 큰절과 같은 동작으로 하나 이마가 손등에 맞닿으면 머물러 있지 말고 즉시 오른 무릎을 세운다.

**06** ①② 기본횟수는 남자는 양이기 때문에 최소 양수인 한 번을 하고, 여자는 음이기 때문에 최소 2번을 한다.
④ 죽은 사람에게는 기본횟수의 배를 한다.
⑤ 제사 시에는 기본횟수를 한다.

**07** ① 평상시 기본상황에서는 남자는 왼손이, 여자는 오른손이 위로 가도록 한다.

**08** ② 엄지손가락은 엇갈려 깍지를 끼고 나머지 4손가락은 모두 포갠다.

**09** ③ 바르게 선 자세의 발의 뒤꿈치는 붙이고 내각은 남자는 30도, 여자는 15도를 유지한다.

**10** ⑤ 시선은 상대방의 눈 → 지시할 방향 → 상대방의 눈을 순차적으로 보면서 안내한다.

**11** ④ 먼저 본 사람이 인사한다.

**12** ④ 인사 대상과 방향이 다를 경우 30보에서 인사하며 식별 가능 시 먼 거리에서도 한다.

**13** ① 시선은 상대방의 눈이나 미간을 번갈아 쳐다본다.

**14** ⑤ 상체를 올릴 때는 굽힐 때보다 천천히 들어올린다.

15 ② 출근하여 상사에게 인사할 때는 보통례를 한다.

16 ① 처음 만나는 고객을 첫 대면 시에는 정중례를 한다.

17 ② 기존부터 알고 있었던 고객을 오늘 첫 응대 시에는 보통례를 한다.

18 ③ 보통례는 상체를 30도 정도 숙이고 2~3초 정도 멈춘다. 상체를 45도 정도 숙여서 가장 공손하게 하는 인사는 정중례이다.

19 ④ 회사 사람을 고객에게 소개한다.

20 ⑤ 남성이 여성을 소개받을 경우 남성은 반드시 일어난다. 여성이 남성을 소개받을 경우 나이 많은 여성이나 앉아 있던 여성은 반드시 일어나지 않아도 된다. 단 파티를 주최한 호스티스인 경우는 일어나는 것이 원칙이다.

21 ④ 상대방의 이름을 잊었을 경우 타인에게 묻는다.

22 ① 명함을 부득이하게 동시에 교환할 때는 오른손으로 주고 왼손으로 받은 후 오른손 바닥으로 받쳐 들고 읽어본 후 인사하며 명함을 명함지갑에 넣는다.

23 ③ 상사와 악수를 할 경우 고개, 허리를 숙여 악수를 하지 않는다.

24 ③ 악수 시 팔꿈치가 자연스럽게 굽혀지는 정도의 적당한 거리가 좋다.
※ 악수의 5대 원칙 : 미소, 눈맞춤, 적당한 거리, 적당한 힘, 리듬

25 ② 운전사가 있고 4명이 탑승 시 말석은 운전석 옆자리이다. 그 이유는 상석 탑승자가 탑승 후 문을 닫고 타고, 내릴 때 먼저 하차하여 문을 열어주고 안내를 하기 때문이다.

26 ④ 상급자를 수행할 때는 상급자의 좌측 1보, 후방 2~3보 위치에서 수행한다.

27 ⑤ 남성직원이 여성고객을 안내하여 올라갈 때는 고객의 좌측 앞에서 안내한다.

28 ③ 엘리베이터를 탈 때 승무원이 없는 경우 고객, 상급자, 여성이 먼저 타고 내릴 때에는 먼저 내리도록 한다.

29 ② 약속시간 전에 도착하고 약속한 정시부터 상담이 시작되도록 한다.

30 ① 레스토랑 입구에 도착하면 이름과 예약내용을 확인 후 반드시 안내를 받는다.

☑ **Chapter 02 이미지 메이킹**

| 01 ① | 02 ① | 03 ③ | 04 ② | 05 ④ | 06 ④ | 07 ⑤ | 08 ③ | 09 ③ | 10 ④ |
|------|------|------|------|------|------|------|------|------|------|
| 11 ③ | 12 ⑤ | 13 ⑤ | 14 ② | 15 ④ | 16 ⑤ | 17 ① | 18 ③ | 19 ③ | 20 ⑤ |
| 21 ⑤ | 22 ④ | 23 ① | 24 ② | 25 ④ | 26 ③ | 27 ③ | 28 ② | 29 ① | 30 ④ |

**01** ① 라틴어의 '흉내내다, 모방하다'의 뜻을 가진 imago의 동사 imitari에서 유래하였다.

**02** ① 설문은 다니엘 부어스틴이 주장한 이미지에 대한 내용이다.

**03** ③ 이미지는 개인이 어떤 대상에 대해 갖는 일련의 신념, 아이디어 및 인상의 총체로서 부분적이기보다 총체적이다.

**04** ② 로젠버그가 정의한 내적 이미지에 대한 설명이다. 라인은 내적 이미지를 '자아개념은 자신의 특성, 능력, 결점 및 외모에 대한 지각이며 지각의 객체로서 자아는 특별한 인간의 행동방향을 결정하는 단위'라고 정의하였다.

**05** ④ 〈보기〉는 라인이 제시한 내적 이미지에 대한 내용이다.

**06** ④ 지각과정에 대한 설명이다.

**07** ① 이미지는 이성과 합리성보다 감정으로 인해 형성된다.
② 이미지는 주관적 평가로서 주관적 경험과 심리상황에 따라 다르게 형성된다.
③ 라인이 제시한 내적 이미지에 대한 내용이다.
④ 이미지는 시각적 요소 이외에도 수많은 감각에 의해 형성된다.

**08** ① 사고과정, ② 지각과정, ④ 고정관념, ⑤ 감정과정

**09** ③ 이미지 메이킹은 외면의 모습과 내면의 모습을 통합적으로 관리함으로써 자신의 매력을 전달하기 위한 자기향상의 노력을 통칭하며 부분적인 면이 아니라 총체적 자기변화과정이다.

**10** ④ 이미지 메이킹은 주관적 자아와 객관적 자아의 인식 차이를 제거하고 축소하여 주관적이 아니라 객관적 자아상을 확보하는 것이다.

**11** ③ 사람의 첫인상은 머릿속에 오래 기억된다.

**12** ⑤ 총합성은 첫인상의 특징에 포함되지 않는다.
※ 첫인상의 특징 : 신속성, 일회성, 일방성, 연관성, 초두효과
 – 신속성 : 첫인상은 처음 대면하는 3초의 짧은 시간에 전달된다.
 – 일회성 : 첫인상이 전달되는 기회는 단 한 번뿐이다.
 – 일방성 : 첫인상은 대상의 사실이나 진가와 무관하게 평가하는 사람의 기준에 의해 각인된다.
 – 연관성 : 첫인상은 개인의 경험, 선입견 등을 통하여 연상되는 것에 의해 형성된다.
 – 초두효과 : 처음 들어온 정보가 뒤의 정보를 차단해 버리게 된다.

**13** ⑤ 일관성 오류에 대한 설명이다. 인지적 구두쇠는 인상 형성 과정에서 상대를 판단할 때 가능하면 노력을 최소화하면서 결론에 도달하는 것을 말한다.

**14** ② 〈보기〉는 첫인상 형성에 영향을 미치는 효과 중 후광효과에 대한 내용이다.

**15** ④ 〈보기〉는 첫인상 형성에 영향을 미치는 효과 중 일관성 오류에 대한 내용이다.

**16** ⑤ 〈보기〉는 첫인상 형성에 영향을 미치는 효과 중 인지적 구두쇠에 대한 내용이다.

**17** ① 〈보기〉는 첫인상 형성에 영향을 미치는 효과 중 방사효과에 대한 내용이다.

**18** ③ 얼굴 표정만으로 상대방의 정신적인 건강상태와 마음을 읽을 수 있다.

**19** ③ 감정조절이 아니라 감정이입 효과이다.

**20** ⑤ 상대방의 눈만 빤히 보는 것은 상대방에게 부담을 줄 수 있으므로 눈과 미간, 콧등을 번갈아 바라본다.

**21** ⑤ 메라비언이 제시한 면대면 커뮤니케이션에서 정보량은 시각적 요소 55%, 청각적 요소 38%, 말의 내용 7%이다.

**22** ④ (가) 시각적 요소 55%, (나) 청각적 요소 38%, (다) 언어적 요소(말의 내용) 7%

**23** ① 바른 용모와 복장 착용은 자신의 인격이 표현되는 수단이 될 수 있다.

**24** ② 자신의 개성을 나타내는 것은 좋으나 너무 튀거나 촌스러운 것은 피한다.

**25** ④ 드레스 셔츠의 소매와 깃은 슈트로부터 1~1.5cm 정도 나오도록 한다.

**26** ③ 바지 길이는 구두 등을 살짝 덮고 양말이 보이지 않아야 한다.

**27** ③ 드레스 셔츠는 긴팔이 기본이며 공식석상에서 반팔 셔츠는 적합하지 않다.

**28** ② 타이의 색상은 슈트와 동일한 계열이 적당하다.

**29** ① 여성 정장 자켓은 지나치게 복잡한 무늬, 너무 화려한 색상은 피한다.

**30** ④ 무늬가 있거나 망사, 원색의 스타킹은 피하는 것이 좋다.

☑ Chapter 03 고객상담 및 관리

| 01 ① | 02 ⑤ | 03 ③ | 04 ② | 05 ④ | 06 ④ | 07 ② | 08 ① | 09 ⑤ | 10 ② |
|---|---|---|---|---|---|---|---|---|---|
| 11 ① | 12 ③ | 13 ① | 14 ④ | 15 ⑤ | 16 ③ | 17 ② | 18 ① | 19 ③ | 20 ① |
| 21 ② | 22 ④ | 23 ⑤ | 24 ② | 25 ⑤ | 26 ④ | 27 ② | 28 ③ | 29 ① | 30 ③ |

**01** ① 커뮤니케이션은 라틴어의 공통, 공유 뜻을 가진 communis에서 유래하였으며 '나누다'의 의미가 있다.

**02** ⑤ 제스처는 커뮤니케이션의 구성요소에 해당하지 않는다.
※ 커뮤니케이션의 구성요소 : 발신인, 메시지, 채널, 피드백, 부호화(코드), 해독, 수신인, 반응(효과), 잡음, 맥락, 환경

**03** ③ 수신자의 경청자세는 효과적인 커뮤니케이션 요소에 해당하지 않는다.
※ 효과적인 커뮤니케이션 요소
 − 커뮤니케이션의 목표 인식
 − 효과적인 커뮤니케이션의 채널 선정
 − 수신자의 비언어적 메시지 관찰 및 피드백을 통한 이해 여부 확인
 − 메시지가 내포하고 있는 의미에 대한 공감 형성
 − 명확한 정보 전달을 위한 전달능력

**04** ② 편견과 선입견은 수신자의 오류이다.

**05** ④ 이중 메시지는 발신인의 오류이다.

**06** ④ 효과적인 커뮤니케이션 요소이다.
※ 효과적인 경청스킬
 − 경청에 대한 행동(온몸)으로 반응한다.  − 상대방의 말을 복창하며 의미를 확인한다.
 − 내용에 대한 부연설명을 한다.    − 추가적인 의견요청을 위한 질문을 한다.
 − 공감적 감정을 표현한다.

**07** ② 자신의 감정에 따라 상대방의 말을 끊거나 가로채어 말하지 않는다. 말하기를 선호하는 것은 경청의 방해요인이다.

**08** ① 〈보기〉는 후광화법에 해당하는 사례로, 후광화법은 유명한 사람 또는 사회의 저명인사가 사용하고 있거나 많은 사람들이 사용하고 있음을 제시하여 고객의 저항을 반감하는 심리적 표현기술이다.

**09** ⑤ 〈보기〉는 아론슨 화법에 대한 내용이다. 아론슨 화법에서 긍정적 의미의 마감은 말하는 상대방이 긍정적 관점을 가지고 있다는 생각이 들도록 하여 저항을 줄여 준다. '운동은 못하지만 수학은 무지 잘하는구나.'는 대표적인 아론슨 화법의 사례이다.

**10** ② 〈보기〉는 "네 또는 아니오."로 대답을 하도록 하는 단도직입적 질문기법인 선택형 질문에 대한 내용이다.

**11** ① 〈보기〉는 제한 없이 의견, 정보를 말할 수 있도록 묻는 질문기법인 개방형(확대형) 질문에 대한 내용이다.

**12** ③ 클레임에 대한 설명이다.

**13** ① 클레임은 어느 고객이든 객관적인 문제점에 대한 고객의 지적을 의미하며, 법적규정 등에 근거를 두며 합리적인 사실에 입각하여 제기한다.

**14** ④ 주관적인 것은 컴플레인이고, 클레임은 객관적이다.

**15** ⑤ 〈보기〉는 수동적 불평자에 대한 내용이다.

**16** ③ 〈보기〉는 화내는 불평자에 대한 내용이다.

**17** ② 〈보기〉는 행동 불평자에 대한 내용이다.

**18** ① 〈보기〉는 심리적 불만에 대한 내용이다.

**19** ③ 〈보기〉는 균형불만에 대한 내용이다.

**20** ① 〈보기〉는 감각적 상황에 대한 내용이다. 청결성 등 쾌적성 측면의 불만인 감각적 상황에 비해 물리적 상황은 인테리어, 주차시설 등 시설의 편의성 측면에 불만이 있음이 차이점이다.

**21** ② 불만고객 발생 초기의 신속한 처리는 그렇지 않은 경우보다 시간과 비용 등 투입된 노력 면에서 더 효과적이다.

**22** ④ 〈보기〉는 피뢰침의 원칙에 대한 내용이다.

**23** ⑤ 고객의 잘못은 반격하지 않고 간접적으로 지적함으로써 고객의 자존심이 상하지 않도록 한다.
①④ 기업문제의 원인에 대한 처리방법, ②③ 고객문제의 원인에 대한 처리방법

**24** ② 고객 불만처리방법의 기준 제시는 불만고객 처리 서비스 프로세스에 포함되지 않는다.
※ 불만고객 처리 서비스 프로세스
– 신속 처리 및 공정성 유지원칙
– 보상을 통한 효과적인 대응원칙
– 고객 개인정보 보호를 통한 프라이버시 보장원칙
– 고객불만 재발 방지를 위한 체계적 관리원칙

**25** ⑤ 카운슬링은 과거 어떠한 사건으로 인해 상처받은 사람을 치유하기 위해 과거지향적 시각에서 도움을 주는 것인 반면, 코칭은 성장과 변화를 추구하는 건강한 사람을 대상으로 강점을 강화하여 목표를 이루도록 미래 지향적 시각에서 지원과 지지를 한다는 차이가 있다.

**26** ④ 코칭리더가 아니라 멘토의 역할이다.

**27** ② 과거 성취경험 등 자기발견과 자기개발을 통해 성공을 이룬다.

**28** ①②④⑤ 코칭의 장점에 대한 설명이다.

**29** ② 코칭은 학습자의 문제에 대한 스스로의 해결능력을 개발한다.
③ 멘토링에 비해 코칭은 즉각적인 수행향상을 목적으로 한다.
④ 코칭과 멘토링의 공통점이다.
⑤ 멘토링은 문제를 해결하거나 문제해결능력을 개발한다.

**30** ③ 멘티가 원하거나 조직운영 및 업무진행의 과정상 필요할 때 지원한다.

## ☑ Chapter 04 전화 서비스

| 01 ② | 02 ③ | 03 ⑤ | 04 ② | 05 ⑤ | 06 ④ | 07 ② | 08 ④ | 09 ④ | 10 ④ |
|------|------|------|------|------|------|------|------|------|------|
| 11 ② | 12 ③ | 13 ① | 14 ③ | 15 ⑤ | 16 ② | 17 ⑤ | 18 ⑤ | 19 ① | 20 ④ |
| 21 ④ | 22 ① | 23 ④ | 24 ① | 25 ⑤ | 26 ③ | 27 ③ | 28 ④ | 29 ② | 30 ③ |
| 31 ① | | | | | | | | | |

**01** ② 전화는 비언어적 커뮤니케이션에 의한 오해가 발생한다.

**02** ③ 올바른 전화응대는 기업에 대한 첫 이미지 형성의 중요한 서비스 접점이며 호감도를 높일 수 있다.

**03** ⑤ 먼저 전화를 건 쪽이 먼저 끊는다. 그러나 고객 또는 상사가 먼저 전화를 걸었더라도 전화를 끊는 경우 상대방이 먼저 끊을 때까지 기다린다.

**04** ①③ 정확성, ④⑤ 친절성을 높이기 위한 방법이다.

**05** ⑤ 중요사항에 대한 메모 습관은 전화응대의 구성요소에 포함되지 않는다.

**06** ④ 잘못된 점을 지적하려는 마음보다 고객의 말에 집중하여 동화되도록 한다.

**07** ② 간접높임은 상대방의 소유물, 신체부분, 성품, 심리 등 밀접한 관계를 맺고 있는 대상을 통하여 상대방을 간접적으로 높이는 것이다.

**08** ④ 직장 내에서 동급자 또는 동료 간에는 성과 직위 또는 직명을 부르는 것이 좋으며 직위가 없을 시에는 이름을 부른다. 친구나 동급자, 또는 동료는 사석에서 자연스럽게 이름으로 부른다.

**09** ④ 문서에는 상사에 대하여 존칭을 사용하지 않는다.

**10** ④ 아웃바운드형 콜센터는 기업이 뚜렷한 목적을 위해 전화를 거는 기업주도형 콜센터로, 판매 촉진형 및 목적 지향형이다. 활용사례로는 만족도 조사, 고객설득, 판매촉진, 해피콜 등이 있다.
①②③⑤ 인바운드형 콜센터 활용사례이다.

**11** ② 인바운드형 콜센터는 고객으로부터 전화를 받는 고객주도형 콜센터이다.
①③④⑤ 아웃바운드형 콜센터 활용사례이다.

**12** ③ 고객접근의 용이성은 인바운드형 콜센터의 특징이다.

**13** ① 〈보기〉는 CTI 시스템 콜센터에 대한 내용이다.

**14** ④ 콜센터 운용 시 고려사항 : 합목적성, 전문성, 적응성, 효율성과 생산성, 고객 서비스성, 복잡상황 대응성

**15** ⑤ 기업이익실현에 도움이 되는 직원의 재택근무를 지원한다.

16  ② 기업 마케팅 전략가는 콜센터 조직원의 역할과 거리가 멀다.
    ※ 콜센터 조직원의 역할 : 고객관리 및 분석가, 고객 설득을 위한 전문성 보유, 텔레커뮤니케이터, 고객 상담원, 텔레마
      케팅 코디네이터, 기업 홍보요원

17  ⑤ 기업경영 측면에서 콜센터의 역할이다.

18  ⑤ 스크립트는 명확하고 표준화하여 작성해야 한다.

19  ① 시놉시스는 텔레마케팅의 4가지 요소에 해당하지 않는다.

20  ④ 불필요한 표현 자제로 통화시간 조절 등 콜센터의 생산성 향상에 기여한다.

21  ④ 반론에 대한 스크립트를 미리 작성하여 대응방법을 준비한다. 상품 선택에 대한 올바른 판단이라는 긍정적 확신을
      심어주는 것은 제품설명 마무리 단계에서 상품 선택 시에 실시한다.

22  ① 회화체를 사용한다.

23  ④ 콜센터 조직은 정규직과 비정규직 간의 의식 내지는 시각차, 참여도, 학습능력의 차이, 근속기간의 차이 등 보이지
      않는 커뮤니케이션 장벽이 존재한다.

24  ① 〈보기〉는 사회적 요인에 대한 내용이다.

25  ⑤ 〈보기〉는 슈퍼바이저에 대한 내용이다.

26  ③ 〈보기〉는 풀 코칭에 대한 내용이다.

27  ③ 〈보기〉는 Peer Monitoring에 대한 내용이다.

28  ④ 〈보기〉는 Recording Monitoring에 대한 내용이다.

29  ② Side by Side Monitoring은 QAD가 상담원의 근처에서 콜을 듣는 방법으로, 관리자가 상담원의 근처에서 상담내용
      및 업무처리 과정, 행동을 직접 관찰하고 즉각적으로 피드백하는 형식이다.
      ①③ Call Taping의 장점, ④⑤ Silent Monitoring의 장점에 해당한다.

30  ③ 상대방의 답변 확인을 위해 반복한다.

31  ① 콜센터의 문화현상에는 콜센터 심리공황, 철새둥지, 커뮤니케이션 장벽, 콜센터 바이러스, 무력감과 스트레스, 유리벽,
      만족감 등이 있다.

## PART 02 고객관리 기출유형

☑ **Chapter 01 소비자기본법**

| | | | | | | | | | |
|---|---|---|---|---|---|---|---|---|---|
| 01 ③ | 02 ⑤ | 03 ② | 04 ③ | 05 ⑤ | 06 ① | 07 ⑤ | 08 ② | 09 ④ | 10 ④ |
| 11 ② | 12 ① | 13 ⑤ | 14 ④ | 15 ③ | 16 ③ | 17 ① | 18 ② | 19 ② | 20 ⑤ |
| 21 ④ | 22 ④ | 23 ① | 24 ② | 25 ④ | 26 ④ | 27 ② | 28 ④ | 29 ② | 30 ⑤ |

**01** ③ 소비자란 제공된 물품 등을 최종적으로 사용하는 자로서, 제공된 물품 등을 원재료(중간재를 포함한다), 자본재 또는 이에 준하는 용도로 생산 활동에 사용하는 자는 제외한다.

**02** ⑤ 소비자기본법상 소비자에 대한 정의이다. 와이블은 개인정보의 유형과 종류를 연구하였다.

**03** ② 표시기준은 국가가 정한다.

**04** ③ 소비자 교육을 받을 권리는 소비자 4대 권리에 해당되지 않는다.
 ※ 케네디 대통령의 '소비자 이익보호에 관한 특별교서'에 나타난 소비자의 4대 권리 : 정보를 제공받을 권리, 안전에 대한 권리, 선택의 권리, 의견을 반영시킬 권리

**05** ⑤ 사업자와의 갈등을 최소화하는 것은 소비자의 책무에 해당하지 않는다.

**06** ① 고객정보 보호는 국제소비자 기구의 소비자 5대 책무에 포함되지 않는다.
 ※ 국제소비자 기구의 소비자 5대 책무 : 비판적 의식, 자기주장과 행동, 사회적 관심, 환경에의 자각, 연대

**07** ⑤ 기업정보 보호가 아니라 개인정보 보호이다.

**08** ② 사업자의 책무에 해당한다.

**09** ④ 통관 고유번호는 표시기준에 포함되지 않는다.

**10** ④ 국가는 물품 등의 잘못된 소비 또는 과다한 소비로 인하여 발생할 수 있는 소비자의 생명·신체 또는 재산에 대한 위해를 방지하기 위하여 광고의 기준을 정하여야 한다.

**11** ② 〈보기〉는 국가 및 지방자치단체의 책무 중 소비자분쟁의 해결에 대한 내용이다.

**12** ① 사업자는 물품 등의 하자로 인한 소비자의 불만이나 피해를 해결하거나 보상하여야 하며, 채무불이행 등으로 인한 소비자의 손해를 배상하여야 한다.

**13** ⑤ 연간 수익기준 등에 대한 기준은 없다.

**14** ④ 파산 기업의 회생 및 구제는 소비자정책의 목표에 해당되지 않는다.
 ※ 소비자정책의 목표 : 소비자안전의 강화, 소비자와 사업자 사이의 거래의 공정화 및 적정화, 소비자교육 및 정보제공의 촉진, 소비자피해의 원활한 구제, 국제소비자문제에 대한 대응, 그 밖에 소비자의 권익과 관련된 주요한 사항

**15** ③ 공정거래위원회는 매년 12월 31일까지 중앙행정기관별 시행계획 및 시·도별 시행계획을 취합·조정하여 소비자정책위원회의 심의·의결을 거쳐 종합적인 시행계획을 수립하여야 한다.

**16** ③ 국가 및 지방자치단체의 소비자의 권익과 관련된 시책에 대한 건의가 소비자단체의 업무에 해당한다.

**17** ① 공정거래위원회 또는 지방자치단체의 장은 소비자단체가 거짓 그 밖의 부정한 방법으로 등록을 한 경우에는 등록을 취소하여야 한다.

**18** ② 중대한 결함의 범위는 다음과 같다.
- 물품 등의 제조·설계·표시·유통 또는 제공에 있어서 통상적으로 기대할 수 있는 안전성이 결여된 결함으로서 소비자에게 다음의 위험을 야기하거나 야기할 우려가 있는 결함
  - 사망
  - 의료기관에서 3주 이상의 치료가 필요한 골절·질식·화상·감전 등 신체적 부상이나 질병
  - 2명 이상의 식중독
- 물품 등이 관계 법령이 정하는 안전기준을 위반한 결함

**19** ② 소비자의 권익과 관련된 제도와 정책의 연구 및 건의가 한국소비자원의 업무에 해당한다.

**20** ⑤ 국가·지방자치단체 또는 소비자단체는 소비자로부터 피해구제의 신청을 받은 때에는 한국소비자원에 그 처리를 의뢰할 수 있다.

**21** ④ 한국소비자원의 원장은 피해구제 신청을 받은 날부터 30일 이내에 합의가 이루어지지 아니하는 때에는 지체 없이 소비자분쟁조정위원회에 분쟁조정을 신청하여야 한다.

**22** ④ 60일 이내의 범위에서 처리기간을 연장할 수 있다.

**23** ① 소비자분쟁조정위원회는 위원장 1명을 포함한 150명 이내의 위원으로 구성하며, 위원장을 포함한 5명은 상임으로 하고, 나머지는 비상임으로 한다.

**24** ② 위원은 대통령령이 정하는 바에 따라 위원장이 제청하고 공정거래위원장이 임명 또는 위촉한다.

**25** ④ 조정위원회는 분쟁조정절차에 앞서 이해관계인·소비자단체 또는 관계기관의 의견을 들을 수 있다.

**26** ④ 분쟁조정 내용의 통지를 받은 당사자는 그 통지를 받은 날부터 15일 이내에 분쟁조정의 내용에 대한 수락 여부를 조정위원회에 통보하여야 한다. 이 경우 15일 이내에 의사표시가 없는 때에는 수락한 것으로 본다.

**27** ② 유상으로 수리한 날부터 2개월 이내이다.

**28** ④ 품질보증기간은 소비자가 물품 등을 구입하거나 제공받은 날부터 기산한다.

**29** ② 단체의 상시 구성원수가 5천 명 이상이어야 한다.

**30** ⑤ 소비자기본법에 따른 등록 후 3년이 경과한 소비자단체이다.

☑ Chapter 02 개인정보보호법

| 01 ③ | 02 ① | 03 ② | 04 ④ | 05 ① | 06 ⑤ | 07 ④ | 08 ③ | 09 ① | 10 ② |
|------|------|------|------|------|------|------|------|------|------|
| 11 ③ | 12 ① | 13 ④ | 14 ③ | 15 ② | 16 ① | 17 ⑤ | 18 ④ | 19 ① | 20 ② |
| 21 ② | 22 ④ | 23 ① | 24 ③ | 25 ⑤ | 26 ③ | 27 ② | 28 ① | 29 ④ | 30 ① |

01 ③ 정보주체에 대한 정의이다. 개인정보처리자란 업무를 목적으로 개인정보파일을 운용하기 위하여 스스로 또는 다른 사람을 통하여 개인정보를 처리하는 공공기관, 법인, 단체 및 개인 등을 말한다.

02 ① 개인정보의 구체적 예로 신분관계, 내면의 비밀, 심신의 상태, 사회경력, 경제관계가 있으며, 기타 유형으로 ⊙ 생체인식정보(지문, 홍채 등), 위치정보, 태아 관련 정보, ⓒ 각종 모임, 서비스 단체 등의 회원가입에 필요한 이름, 주민등록번호, 주소, 생년월일, 성별, 가족관계, 학력 등의 정보, ⓒ 은행, 병원 등 서비스를 제공받는 과정에서 생성되는 서비스 이용기록, 사이트 접속기록, 결제정보, 접속IP주소, 회원가입 시 제공된 정보 등이 개인 식별정보와 연계되어 개인의 프라이버시가 침해될 우려가 있을 경우 등이 있다.

03 ② 소득정보에 해당한다.

04 ④ 정보통신공사업법은 정보통신공사의 적절한 시공과 공사업의 건전한 발전을 도모함을 목적으로 하는 법률로, 개인정보보호에 관한 법률에 해당되지 않는다.

05 ① 개인정보처리자는 개인정보의 처리 목적을 명확하게 하여야 하고 그 목적에 필요한 범위에서 최소한의 개인정보만을 적법하고 정당하게 수집하여야 한다.

06 ⑤ 이용제한의 원칙이다.
※ 개인정보 보호에 관한 OECD 8원칙 : 수집제한의 원칙, 정보정확성의 원칙, 목적명확화의 원칙, 이용제한의 원칙, 안전보호의 원칙, 공개의 원칙, 개인 참가의 원칙, 책임의 원칙

07 ④ 공개의 원칙 : 개인정보에 관한 개발, 운용 및 정책에 관해서는 일반적인 공개정책을 취하여야 한다.

08 ③ 개인정보의 처리로 인하여 발생한 피해를 신속하고 공정한 절차에 따라 구제받을 권리이다.

09 ① 개인정보 보호위원회는 상임위원 2명(위원장 1명, 부위원장 1명)을 포함한 9명의 위원으로 구성한다.

10 ② 개인정보 피해평가에 관한 사항은 개인정보 보호위원회의 심의·의결사항에 해당되지 않는다.

11 ③ 보호위원회는 3년마다 법 제9조에 따른 개인정보 보호 기본계획을 그 3년이 시작되는 해의 전년도 6월 30일까지 수립해야 한다.

12 ① 개인정보처리자가 정보주체의 동의를 받은 경우 정보주체에게 알려야 하는 사항이다.

13 ④ 정보주체의 동의를 받지 않아도 개인정보 수집이 가능한 경우가 아니다.

14 ③ 개인정보처리자가 정보주체의 동의를 받아 개인정보를 수집·이용하는 경우 정보주체에게 알려야 하는 사항이 아니다.

15 　② 만 14세 미만 아동의 개인정보를 처리하기 위해 법정대리인의 동의를 받아야 하는 경우 법정대리인의 동의를 받기 위하여 필요한 최소한의 정보(성명, 연락처)는 법정대리인의 동의 없이 해당 아동으로부터 직접 수집할 수 있다.

16 　③ 다른 법률에 특별한 규정이 있는 경우이다.

17 　⑤ 다른 개인정보와 분리하여 저장·관리하여야 한다.

18 　④ 개인정보에 대하여 동의받은 보유기간 및 이용기간의 종료의 사례
　　①②③⑤ 개인정보의 수집 및 이용목적 달성(단기성 목적을 위해 제공된 정보)의 사례

19 　① 정보주체의 선호하는 음식은 민감정보의 범위에 해당되지 않는다.
　　※ 민감정보 : 사상·신념, 노동조합·정당의 가입·탈퇴, 정치적 견해, 건강, 성생활 등에 관한 정보, 그 밖에 정보주체의 사생활을 현저히 침해할 우려가 있는 개인정보로서 대통령령으로 정하는 정보(유전자검사 등의 결과로 얻어진 유전정보, 범죄경력자료에 해당하는 정보, 개인의 신체적, 생리적, 행동적 특징에 관한 정보로서 특정 개인을 알아볼 목적으로 일정한 기술적 수단을 통해 생성한 정보, 인종이나 민족에 관한 정보)

20 　② 정보주체가 운영하는 식당의 허가번호는 고유식별정보의 범위에 해당되지 않는다.

21 　② 누구든지 다음의 경우를 제외하고는 공개된 장소에 영상정보처리기기를 설치·운영하여서는 아니 된다.
　　　－ 법령에서 구체적으로 허용하고 있는 경우
　　　－ 범죄의 예방 및 수사를 위하여 필요한 경우
　　　－ 시설안전 및 화재 예방을 위하여 필요한 경우
　　　－ 교통단속을 위하여 필요한 경우
　　　－ 교통정보의 수집·분석 및 제공을 위하여 필요한 경우

22 　④는 물리적 안전조치, ①②③⑤는 기술적 안전조치에 해당한다.

23 　①은 관리적 안전조치, ②③④⑤는 기술적 안전조치에 해당한다.

24 　③ 개인정보 보호 전문가 양성은 개인정보 보호책임자의 업무가 아니다.

25 　⑤ 유출로 인하여 발생할 수 있는 피해를 최소화하기 위하여 정보주체가 할 수 있는 방법 등에 관한 정보이다.

26 　③ 개인정보처리자는 대통령령으로 정한 규모(1천 명) 이상의 개인정보가 유출된 경우에는 통지 및 조치 결과를 지체 없이 보호위원회 또는 대통령령으로 정하는 전문기관(한국인터넷진흥원)에 신고하여야 한다.

27 　② 7일 이상 게재하여야 한다.

28 　① 정보주체의 처리정지 요구를 거절할 수 있는 경우가 아니다.

29 　④ 개인정보처리자로 구성된 사업자단체의 임원으로 재직하고 있거나 재직하였던 사람이다.

30 　① 분쟁조정위원회는 분쟁조정 업무를 효율적으로 수행하기 위하여 필요하면 대통령령으로 정하는 바에 따라 조정사건의 분야별로 5명 이내의 위원으로 구성되는 조정부를 둘 수 있다.

# PART 03 컴퓨터 활용 기출유형

☑ Chapter 01 프레젠테이션

| | | | | | | | | | |
|---|---|---|---|---|---|---|---|---|---|
| **01** ② | **02** ① | **03** ⑤ | **04** ④ | **05** ③ | **06** ③ | **07** ③ | **08** ② | **09** ④ | **10** ① |
| **11** ② | **12** ⑤ | **13** ④ | **14** ③ | **15** ① | **16** ② | **17** ④ | **18** ⑤ | **19** ② | **20** ④ |
| **21** ② | **22** ① | **23** ③ | **24** ④ | **25** ④ | **26** ② | **27** ③ | **28** ① | **29** ② | **30** ⑤ |
| **31** ① | | | | | | | | | |

**01** ② 기업 교육훈련의 목적은 전 직원의 지식, 기능, 태도를 향상시킴으로써 기업을 발전 및 유지하는 데 있다.

**02** ① 신입사원은 입사교육훈련을 통해 기업의 방침과 규정 파악으로 기업에 대한 친근감과 안심감이 향상된다.

**03** ⑤ Off-JT에 대한 설명이다.

**04** ④ Off-JT를 실시해야 하는 경우에 해당한다.

**05** ③ Off-JT 교육방법이다.

**06** ③ OJT의 단점으로 고객이 함께 있을 때는 고객응대 서비스 질이 떨어진다.

**07** ③ OJT의 장점에 대한 설명이다.

**08** ② OJT의 필요성에 대한 설명이다.

**09** ④ 〈보기〉는 교수전략 개발자의 역할에 대한 내용이다.

**10** ① 〈보기〉는 교수프로그램 개발자의 역할에 대한 내용이다.

**11** ② 〈보기〉는 학습촉진자의 역할에 대한 내용이다.

**12** ⑤ 성인학습자는 선택적으로 학습 상황에 임한다.

**13** ④ 학습 적용시간이 많을수록 직무수행 효과는 반비례하므로 적정한 시간의 학습이 중요하다.

**14** ③ 엔드라고지의 실천원리에 대한 설명이다.

**15** ① 토의식 교수법의 장점에 해당한다.

**16** ② 강의식 교수법의 장점에 해당한다.

**17** ④ 〈보기〉는 브레인스토밍 기법에 대한 내용이다.

**18** ⑤ 준비 시간이 많이 소요된다.

**19** ② 경향적 프레젠테이션은 설득을 위한 프레젠테이션이다.
※ 설득을 위한 프레젠테이션과 정보 제공을 위한 프레젠테이션 구분

| 설득을 위한 프레젠테이션 | 정보 제공을 위한 프레젠테이션 |
|---|---|
| • 경향적 프레젠테이션 : 청중의 믿음, 태도, 가치 등 경향성에 영향을 주기 위한 방법<br>• 작용적 프레젠테이션 : 청중의 행동 변화에 영향을 주기 위해 활용하는 방법 | • 서술적 프레젠테이션 : '누가', '무엇을', '어디에서'와 같은 질문에 답을 제시하는 형태로, 청중의 마음속에 명확한 그림을 그릴 수 있도록 함<br>• 설명적 프레젠테이션 : '왜'라는 질문이나 이슈, 아이디어 등에 초점을 두고 청중에게 명확하게 해석할 수 있도록 함<br>• 논증적 프레젠테이션 : '어떻게'라는 질문에 답을 제시해 주는 형태로 절차나 과정 등을 명확하게 함<br>• 정보적 프레젠테이션 : 공식적 정보전달을 위한 정확성, 객관성, 완전성, 선별성, 공정성, 해석성, 명확성의 수반이 필요함 |

**20** ④ 〈보기〉는 설득을 위한 프레젠테이션에 대한 내용이다.

**21** ② 프레젠테이션의 3P 분석에는 청중(People) 분석, 목적(Purpose) 분석, 장소(Place) 분석이 있는데, ②는 목적 분석에 해당한다.

**22** ① 슬라이드 1장에 가급적 3개 이상의 요소를 담지 않는다.

**23** ③ 제스처는 의사소통의 자연스러운 일부로 사용하기에 좋지만 과도하게 사용하지 않도록 한다.

**24** ④ 〈보기〉는 단순성에 대한 내용이다.

**25** ④ 많은 장식 효과는 내용 파악에 방해가 되므로 장식 효과의 치중을 피한다.

**26** ② 동기부여는 도입단계에서뿐만 아니라 강의 중간에도 중요성 언급으로 이루어질 수 있다.

**27** ③ 본론부분 실수에 대한 부연설명, 정정은 혼란을 주므로 준비된 결론만 확실하게 말한다.

**28** ① 〈보기〉는 스피치의 목적과 목표 선정에 대한 내용이다.

**29** ② 주제와 연관된 질문을 통하여 청중의 관심을 끌어낸다.

**30** ⑤ 큐 카드는 키워드 중심으로 작성하며 지시 및 주의사항을 적어둔다.

**31** ①은 사례연구법의 장점에 해당한다.

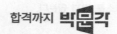

# CS리더스관리사
# 기출기반 모의고사
## 정답 및 해설

CS리더스
관리사

# 01형 기출기반 모의고사 정답 및 해설

## ☑ 제01과목 고객만족(CS) 개론

| 01 | ① | 02 | ⑤ | 03 | ② | 04 | ④ | 05 | ① | 06 | ⑤ | 07 | ④ | 08 | ② | 09 | ③ | 10 | ④ |
|----|---|----|---|----|---|----|---|----|---|----|---|----|---|----|---|----|---|----|---|
| 11 | ② | 12 | ① | 13 | ① | 14 | ③ | 15 | ② | 16 | ⑤ | 17 | ④ | 18 | ② | 19 | ② | 20 | ① |
| 21 | ⑤ | 22 | ⑤ | 23 | ② | 24 | ③ | 25 | ① | 26 | ① | 27 | ⑤ | 28 | ③ | 29 | ② | 30 | ① |

**01**
① 하워드와 쉬드에 해당한다.
② 코틀러 : 만족이란 사람들의 기대치와 그 제품에 대해 자각하고 있는 성능과 비교해 나타나는 즐거움이나 실망감
③ 헌트 : 소비경험이 최소한 소비자가 기대했던 만큼 훌륭했다고 명시적으로 나타낸 평가
④ 웨스트브룩 : 특정제품 또는 서비스를 사용, 소비 및 소유함으로써 얻는 경험의 평가결과에 따라 유발되는 정서적 반응
⑤ 올리버 : 제공된 제품 또는 서비스를 획득하거나 소비함으로써 유발되는 욕구 및 요구를 충족시키는 정도에 대한 소비자의 주관적인 판단

**02**
⑤ 새로운 고객의 창출 비용은 기존고객을 유지하는 데 소요되는 비용의 4배에 해당하므로 고객만족 관리를 통해 기존고객을 잃지 않도록 하는 것이 기업경쟁력의 중요한 과제이다.

**03**
② 1981년 스칸디나비아 항공사에서 고객만족경영을 도입하였다.

**04**
④ 고객만족은 수요곡선의 상향조정으로 고객이 가격에 대해 덜 민감하게 만든다.

**05**
① 고객만족경영 도입배경의 중요성에 해당한다.
② 과잉생산의 사회는 생산자보다 소비자가 더 중요한 요소로 부각되었다.
③ 소비자의 삶의 질 향상에 의해 하드웨어적인 요소보다 소프트웨어적인 요소가 더 중요한 요인이 되었다.
④ 소비자들의 다양한 욕구충족을 위해 소비자가 직접 소비자 문제에 적극적으로 참여·대응하는 소비자 주권의식이 확산되었다.
⑤ 다원적 경쟁시장으로 시장구조가 변화하면서 글로벌 경쟁시대가 도래되었다.

**06**
⑤ 소프트웨어의 내용에 해당한다.

**07**
④ 기업이 목표시장의 니즈를 파악하고 고객의 니즈와 기대를 만족시키려는 시장 지향성 기업경영이 요구되고 있다.

**08**
① 2000년대, ③ 1980년대, ④ 1990년대, ⑤ 2000년대

**09**
③ 단골고객에 대한 설명이다. 충성고객은 기업에 대한 충성도가 매우 높으므로 이는 입소문으로 이어질 수 있어 브랜드 로열티와 관계가 밀접하다.

**10**
④ 내부고객은 프로세스적 관점에 따른 고객 분류로, 동료, 부하직원 등 "나" 이외의 모든 기업 구성원이 해당된다. 가치체계에 따른 고객 분류 중 상사와 부하직원, 부서와 부서, 동료와 동료는 가치 생산 고객(사내고객)이다.

11 ② 그레고리 스톤은 고객을 경제적 고객, 윤리적 고객, 개인적 고객, 편의적 고객으로 분류하였는데, 설문은 개인적 고객에 대한 내용이다.

12 ① 한계고객은 기업의 이익에 손해를 입힘에 따라 고객명단에서 제외, 해약유도, 고객활동 가치를 중지할 대상이 되는 고객으로서 블랙 컨슈머가 이에 해당된다.

13 ① 고객의 행동에 영향을 미치는 요인은 크게 개인적 요인, 사회적 요인, 문화적 요인이 있다.
③⑤ 개인의 태도 및 행동에 직·간접적으로 영향을 미치는 집단을 준거 집단이라 하는데, 1차 준거 집단은 가족, 친구, 이웃, 동료 등이 해당되고, 2차 준거 집단은 정당, 종교단체, 전문가 집단, 학교, 회사 등이 해당된다.

14 ③ CRM Cycle의 순서는 신규고객 획득 – 우수고객 유지 – 고객가치 증진 – 잠재고객 활성화 – 평생 고객화이다.

15 ①⑤ 분석 CRM
③④ 협업 CRM

16 ⑤ CRM은 고객 DB에 근거하고 인터넷과 통신수단을 이용하기 때문에 기존의 매체에 비해 비용 측면에서 유리하다. 또한 수익성 낮은 고객의 유지비용은 절감시키고 우량고객의 수익증대 요소를 활성화함으로써 고객확보 비용의 절감이 가능하다.

17 ④ 차별화, 개별화된 서비스를 제공하는 것은 5단계에 해당된다.

18 ② 시장매력도의 영향요인에는 시장요인, 산업요인, 환경요인이 있으며, 산업요인에는 공급업자의 협상력, 경쟁자의 수준, 신규진입자의 위협이 해당되고, 환경요인에는 기술적 환경, 경제적 환경, 정치·사회적 환경이 해당된다.

19 ② 〈보기〉는 러브락 앤 비츠가 서비스에 대해 정의한 내용이다.

20 ① 〈보기〉는 애덤 스미스가 경제학적 측면에서 서비스를 정의한 내용이다.

21 ⑤ 〈보기〉는 스탠턴이 경영학적 측면에서 서비스를 활동론적 정의한 내용이다.

22 ⑤ 거래 현장에서 제공되는 서비스에 해당한다.

23 ② 거래 후 제공되는 서비스에 해당된다.

24 ③ 거래 전 서비스에 대한 설명이다.

25 ① 〈보기〉는 리더십 이론 중 특성론에 대한 내용으로, 특성론은 리더라는 특성을 선천적으로 가지고 태어날 것이라는 가정하에서 리더와 해당 구성원들 간의 특성상의 차이를 발견하려는 접근방법이다.
② 행동이론은 리더가 취하는 행동에 관심을 두고 어떠한 조직이나 상황에서 리더의 행동이 어떻게 발휘되느냐를 분석하는 접근방법이다.
③ 상황론은 리더의 행동과 스타일이 상황에 따라 바뀔 수 있다는 이론이다.
④ 성숙도 이론은 팔로워들의 성숙도에 따라 리더십 스타일을 적용해야 한다는 이론이다.
⑤ 변혁론은 구성원들이 외재적인 보상이 아닌 자아실현 또는 일에서의 의미를 찾아 자발적으로 일하게 되도록 리더십을 발휘하는 것이다.

**26** ① 신언서판(身言書判)은 관리를 등용하는 시험에서 풍채, 언변, 문필, 판단의 네 가지 재능을 인물평가의 기준으로 삼았던 말로, 특성론 관점에서 인재등용을 한 사례이다.

**27** ① 1단계(생리적 욕구) : 인간의 가장 기초적인 욕구
　② 2단계(안전의 욕구) : 위험과 위협으로부터 자기보존의 욕구
　③ 3단계(사회적 욕구) : 소속감, 사랑, 우정에 대한 욕구
　④ 4단계(존경의 욕구) : 타인으로부터 인정받으려는 욕구

**28** ③ 〈보기〉는 애덤스의 공정성 이론에 대한 내용이다.
　② 허츠버그의 동기위생 요인 : 동기(만족)요인은 개인의 동기자극과 관련하여 만족 여부에 영향을 미치는 요인이며, 위생(불만족)요인은 불만족 여부에 영향을 미치는 요인을 말한다.
　④ 알더퍼의 ERG이론 : 매슬로의 욕구체계론에 대한 설명과 경험적 타당성의 개선을 위해 제안한 이론으로서 각 수준의 욕구 간에 근본적인 차이가 있다는 이론이다.
　⑤ 기대이론 : 특정한 노력이 성과로 연결될 수 있다는 기대감을 믿을 때 동기부여가 된다는 이론이다.

**29** ② 서비스 리더십의 3요소 중 서비스 능력에 대한 설명이다.

**30** ① 도전적 목표 : 달성하기 어려운 목표 설정
　※ 커트 라이맨의 우수한 리더십 특성 7가지
　　– 도전적 목표 : 달성하기 어려운 목표 설정
　　– 고객에 대한 접근성 : 고객을 생각하는 리더십 발휘
　　– 일에 대한 열정 : 업무에 대한 애정과 열중하는 자세
　　– 솔선수범과 정확한 지식의 결합 : 무엇을 어떻게 해야 하는지를 잘 알고 솔선수범을 실천
　　– 기업문화의 변화 : 구성원에게 기업에서 추구하는 가치가 무엇인지 알려 주어 원하는 방향으로 기업문화를 변화
　　– 강력한 추진력 : 강력하게 일을 밀고 나아가는 능력
　　– 조직화 : 이상의 모든 요소를 잘 조직화하여 실천

## ☑ 제02과목 고객만족(CS) 전략론

| | | | | | | | | | |
|---|---|---|---|---|---|---|---|---|---|
| **01** ② | **02** ③ | **03** ④ | **04** ⑤ | **05** ③ | **06** ④ | **07** ⑤ | **08** ① | **09** ④ | **10** ② |
| **11** ② | **12** ⑤ | **13** ② | **14** ③ | **15** ① | **16** ① | **17** ① | **18** ③ | **19** ④ | **20** ② |
| **21** ① | **22** ③ | **23** ② | **24** ① | **25** ⑤ | **26** ⑤ | **27** ④ | **28** ③ | **29** ③ | **30** ① |

**01** ② 서비스 청사진은 서비스 시스템을 정확히 묘사하여 객관적으로 서비스 시스템을 이해하고 다룰 수 있도록 해주는 그림 또는 지도이다.

**02** ③ 정보전달 부족성은 린 쇼스텍이 제시한 그림이나 단순묘사에 대한 위험 요소 4가지에 해당되지 않는다.
※ 그림이나 단순묘사에 대한 위험 요소 4가지(린 쇼스텍)
 – 불완전성 : 서비스를 표현할 때 직원, 고객이 자신에게 익숙하지 않은 서비스의 요소나 세부항목을 빠뜨릴 수 있다.
 – 단순화 : 지나치게 단순화할 수 있다.
 – 편향된 해석 : 사람은 한 단어를 정확히 같은 뜻으로 해석하지 않는다.
 – 주관성 : 어떤 사람이 서비스를 말로 표현하는 것은 그 서비스에 대한 노출 정도와 개인적인 경험에 의해 왜곡될 수 있다.

**03** ④ 과정의 도식화 – 실패가능성의 확인 – 경과시간의 명확화 – 수익성 분석 – 청사진 수정

**04** ⑤ 종업원 개인별 직무에 대한 전체 과정을 연계하게 함으로써 전체 서비스 파악을 통해 고객지향적 사고를 취할 수 있다.

**05** ③ 판매 개념에 대한 설명이다. 제품 개념은 '잘 만들어야 팔린다'는 품질지상주의 방식으로서 소비자의 선택기준이 제품의 품질, 혁신적인 특성, 성능에 있다는 가정으로 기업은 최대의 과업으로 품질이 가장 중요한 핵심경쟁력이다.

**06** ④ 〈보기〉는 복합적 마케팅의 구성요소 중 사회적 마케팅에 대한 내용이다.
※ 복합적 마케팅의 네 가지 구성요소 : 관계 마케팅, 통합적 마케팅, 내적 마케팅, 사회적 마케팅
 – 관계 마케팅 : 사업을 형성·유지·발전시키기 위해 고객, 공급업자, 유통분배업장 등의 동반자를 비롯한 주요 당사자들을 만족시키는 관계를 구축하는 것이 목표이며, 당사자들 간에 강력한 경제적, 기술적, 사회적 연결을 구축한다.
 – 통합적 마케팅 : 마케팅 기업의 과업은 고객을 위한 가치를 창조하고 커뮤니케이션하여 전달하기 위해 통합된 마케팅 프로그램의 모든 형태를 취한다.
 – 내적 마케팅 : 내적 마케팅을 결합하는 데 조직 내의 모든 구성원들이 갖추어야 할 마케팅의 원칙으로서 특히 상위 경영층을 확실하게 신뢰해야 한다. 내적 마케팅은 고객을 잘 응대하는 능력 있는 종사원을 고용하고 훈련하여 동기를 부여하는 활동이다.

**07** ⑤ 위협을 회피하고 약점을 최소화하는 마케팅으로 축소, 철수전략은 WT전략이다.

**08** ① 대체 가능성은 코틀러가 제시한 바람직한 시장세분화가 갖추어야 할 5가지 조건에 해당하지 않는다.
※ 코틀러가 제시한 바람직한 시장세분화가 갖추어야 할 5가지 조건 : 접근 가능성, 측정 가능성, 실질적 규모, 실행 가능성, 차별화 가능성

**09** ④ 인지부조화는 제품 또는 서비스에 대한 정보에 관계없이 의사결정이 이루어진 후 발생한다.

**10** ② 표준화된 서비스가 아니라 차별화된 서비스 제공이 가능하다.

**11** ② 황금표준을 담은 접이식 포켓카드를 크레도 카드라고 부른다.

**12** ⑤ 루이스와 붐스가 정의한 내용이다. 레티넌은 서비스 품질을 서비스 수행 중의 행동, 서비스 후 얻는 결과로 정의하였다.

**13** ② 〈보기〉는 서비스 회복에 대한 내용이다.
　① 전문성과 기술 : 전문적인 방안을 이용해 자신들의 문제를 해결하는 데 필요한 지식과 기술을 가지고 있다고 고객들이 인식하는 것
　③ 태도와 행동 : 고객과 접촉하는 서비스 직원들이 친절하고 자발적으로 고객문제를 해결하려 한다고 고객이 느끼는 것
　④ 접근성과 융통성 : 서비스 공급자의 위치, 운영시간, 직원, 운영시스템 등이 서비스 받기 쉬운 위치에 설계되고 운영되며 고객의 요청에 따라 융통성 있게 운영되는 것
　⑤ 신뢰성과 믿음 : 무슨 일이 있어도 서비스 공급자, 직원, 운영시스템이 고객과의 약속을 지키고 고객들의 생각을 최우선으로 고려하여 서비스를 이행할 것이라고 고객이 알고 있는 것

**14** ③ 〈보기〉는 확신성에 대한 내용이다.
　① 유형성 : 물리적 시설, 장비, 직원의 외모, 커뮤니케이션 자료의 제공, 시설 내의 다른 고객 등 물리적 요소의 외형
　② 신뢰성 : 약속된 서비스를 정확하게 수행할 수 있는 능력
　④ 반응성 : 고객을 도와주고 즉각적이고 신속하게 서비스를 제공하려는 의지
　⑤ 공감성 : 고객에게 제공하는 개별적 주의와 관심

**15** ① 설문은 인지된 품질에 대한 내용이다.
　② 신뢰성 : 실패 또는 잘못될 가능성의 정도
　③ 적합성 : 고객의 욕구를 충족시킬 수 있는 정도
　④ 심미성 : 사용자 감각에 흥미를 일으킬 수 있는 외관의 미적 기능
　⑤ 특징 : 제품의 경쟁우위적인 차별적 특성

**16** ① 고객만족지수(CSI)는 고객 관점에서 기업의 제품 및 서비스를 평가하는 수단을 제공하는 설문의 형태이다.

**17** ① 자사의 경쟁력과 관련된 품질성과를 연구할 수 있다.

**18** ③ 고객만족측정의 3원칙에는 계속성의 원칙, 정량성의 원칙, 정확성의 원칙이 있는데, 〈보기〉는 계속성의 원칙에 대한 내용이다.
　④ 정량성의 원칙 : 항목별로 정량적 비교가 가능하도록 조사해야 한다.
　⑤ 정확성의 원칙 : 정확한 조사와 정확한 해석을 진행한다.

**19** ④ 혼합측정 방법에 대한 설명이다.

**20** ② NCSI에 대한 설명이다.

**21** ① 설문은 GAP1에 대한 내용이다.
　② GAP2 : 서비스 기준이 경영자의 인식과 일치하지 않을 때 발생
　③ GAP3 : 경영자가 기대하는 서비스 수준을 직원들이 실행하지 못할 때 발생
　④ GAP4 : 서비스 전달과 외부 커뮤니케이션의 차이에서 발생
　⑤ GAP5 : 고객의 기대된 서비스와 인식된 서비스가 일치하지 않을 때 발생

**22** ③ 과잉약속은 GAP4의 발생 원인이다.

**23** ② 고객에게 인식된 통제권한 제공은 GAP3의 해결방안이다.

**24** ① 〈보기〉는 서비스 기대 중 이상적 서비스에 대한 내용이다.
② 예측된 서비스 : 고객이 서비스 기업으로부터 실제로 받을 것이라고 기대하는 서비스 수준이며 이상적 서비스와 적정 서비스 수준 사이의 범위에 해당한다.
③ 적정 서비스 : 고객이 불만 없이 받아들일 만한 최소한의 허용 가능한 서비스 기대수준 또는 수용할 수 있는 서비스의 최하수준을 의미한다.
④ 희망 서비스 : 바람과 소망을 뜻하며 고객이 받기를 바라는 서비스이다.
⑤ 허용영역 : 희망 서비스 수준과 적정 서비스 수준 사이의 영역으로서 서비스 실패가 잘 드러나지 않는 미발각 지대이다.

**25** ⑤ 고객의 기분은 상황적 요인에 해당된다.

**26** ⑤ 〈보기〉는 프레이밍 효과에 대한 내용이다.
① 스놉 효과 : 다수의 사람들이 구매하는 제품을 구매하지 않고 희소성 있는 제품을 구매하는 소비 형태이다.
② 밴드왜건 효과 : 상품의 인기가 높을수록 판매가 증가하는 경향으로 스놉 효과와 반대 의미이다.
③ 베블런 효과 : 값이 오를수록 수요가 증가하는 현상으로 주로 부유층이나 상류층 소비자들에 의해 이루어지는 소비 형태이다.
④ 유인 효과 : 기존 대안보다 열등한 신규 대안을 출시하여 기존 대안을 상대적으로 돋보이게 하는 방법이다.

**27** ④ 고관여 제품의 특성에 대한 설명이다.

**28** ③ 기업에서 고객을 유지하는 비용을 파악한다.

**29** ③ 설문은 AIO 분석에 대한 내용이다.
① CLV(Customer Lifetime Value) 분석 : 고객 한 명이 평생 동안 산출할 수 있는 기대수익으로서 경쟁사로 이탈 없이 기업과 장기적인 관계를 유지했을 때 증가하는 가치를 계산한 것이다.
② RFM(Recency, Frequency, Momentary Value) 분석 : 최근성, 구매빈도, 구매금액의 세 가지 요소를 기초로 하여 고객의 등급을 분석하는 방법이다
④ CE(Customer Equity) 분석 : 고객 가치를 측정하는 방법으로 고객을 기업의 자산항목으로 간주하여 그 가치를 분석한다.

**30** ① '가, 다'는 다기준, '나, 라, 마, 바'는 단일기준에 의한 분류이다.

## ☑ 제03과목 고객관리 실무론

| 01 ① | 02 ② | 03 ③ | 04 ④ | 05 ⑤ | 06 ③ | 07 ② | 08 ② | 09 ③ | 10 ④ |
|---|---|---|---|---|---|---|---|---|---|
| 11 ① | 12 ② | 13 ③ | 14 ④ | 15 ① | 16 ④ | 17 ② | 18 ③ | 19 ① | 20 ① |
| 21 ① | 22 ⑤ | 23 ③ | 24 ② | 25 ① | 26 ③ | 27 ① | 28 ③ | 29 ① | 30 ⑤ |

**01** ① 지켜야 할 약속, 규범은 에티켓이다.

**02** ② 웃어른이 아랫사람의 절에 대해 답배할 때 하는 절은 반절이다.

**03** ③ 평상시 기본상황에서는 남자는 왼손이, 여자는 오른손이 위로 가도록 한다.

**04** ④ 사람을 가리키는 경우에는 양손으로 안내한다.

**05** ⑤ 이미지는 일련의 신념, 아이디어 및 인상 등 어떤 대상의 부분적이기보다 총체적인 평가이다.

**06** ③ 이미지 형성의 확장을 가져오는 것은 감정과정이다.

**07** ② 이미지 형성과정의 심리학적 이론에는 고정관념과 내현성격이론이 있는데, 〈보기〉는 고정관념에 대한 내용이다.
① 내현성격이론 : 도식의 일종으로 성격 특성들 간의 관계에 대해 개인이 가지고 있는 이론으로 일반인이 타인의 성격을 판단하는 데 사용하는 나름대로의 틀을 말한다.

**08** ② 〈보기〉는 메시지를 전달하는 데 사용하는 경로인 채널에 대한 내용이다.
① 메시지 : 전달하고자 하는 내용
③ 코드 : 전달하려는 생각을 말, 문자, 그림 등으로 전환하는 과정
④ 맥락 : 커뮤니케이션이 이루어지는 공간이나 행동이 일어난 상황
⑤ 환경 : 메시지를 송, 수신하는 분위기

**09** ③ 편견과 선입견은 수신인의 오류에 해당한다.
※ 발신인의 오류 : 목적에 대한 불명확한 인식, 메시지 전달능력 부족, 이중 메시지, 정확한 정보의 미제공, 미성숙한 대인관계 기술, 발신인의 편견

**10** ④ 말의 내용에 대한 나의 생각이나 판단 이유를 적극적으로 제시하는 등 말하기를 선호하는 것은 경청의 방해요인이 된다.
※ 효과적인 경청 스킬
   – 경청에 대해 온몸으로 반응한다.
   – 상대방의 말을 복창하며 의미를 확인한다.
   – 내용에 대한 부연설명을 한다.
   – 추가적인 의견 요청을 위한 질문을 한다.
   – 공감적 감정을 표현한다.

**11** ① 역지사지를 견지하며 상대방의 이야기를 듣는 것은 적극적인 경청자세이다.

**12** ② 비언어적 커뮤니케이션은 확인할 수 없으므로 오해가 발생할 수 있다.

13  ③ 긍정형 어법을 사용하고 거절 등 단정적으로 표현하는 것은 삼간다.

14  ④ 기계음은 평상시보다 한 톤 낮게 들리므로 평상시보다 한 톤 올려서 대화한다.

15  ① 정확한 이해를 위한 질문은 바람직한 태도이다.

16  ④ 소비자의 범위는 제공된 물품 또는 용역(이하 "물품 등")을 최종적으로 사용하는 자, 다만 제공된 물품 등을 원재료, 자본재, 또는 이에 준하는 용도로 생산활동에 사용하는 자는 제외한다.

17  ② 〈보기〉는 이치로가 소비자에 대해 정의한 내용이다.
    ① 폰히펠 : 소비자란 개인적인 용도에 쓰기 위하여 상품이나 서비스를 제공받는 사람
    ③ 타케우치 쇼우미 : 소비자란 타인이 공급하는 물자나 용역을 소비생활을 위하여 구입 또는 이용하는 자로서 공급자에 대립하는 개념
    ④ 이마무라 세이와 : 소비자는 생활자이며 일반 국민임과 동시에 거래과정의 말단에서 구매자로 나타나는 것

18  ③ 소비자기본법상 소비자의 8대 권리에 해당하지 않는다.
    ※ 소비자기본법상 소비자의 8대 권리
    – 물품 또는 용역(이하 "물품 등")으로 인한 생명·신체 또는 재산에 대한 위해로부터 보호받을 권리
    – 물품 등을 선택함에 있어서 필요한 지식 및 정보를 제공받을 권리
    – 물품 등을 사용함에 있어서 거래상대방·구입장소·가격 및 거래조건 등을 자유로이 선택할 권리
    – 소비생활에 영향을 주는 국가 및 지방자치단체의 정책과 사업자의 사업활동 등에 대하여 의견을 반영시킬 권리
    – 물품 등의 사용으로 인하여 입은 피해에 대하여 신속·공정한 절차에 따라 적절한 보상을 받을 권리
    – 합리적인 소비생활을 위하여 필요한 교육을 받을 권리
    – 소비자 스스로의 권익을 증진하기 위하여 단체를 조직하고 이를 통하여 활동할 수 있는 권리
    – 안전하고 쾌적한 소비생활 환경에서 소비할 권리

19  ① 〈보기〉는 소비자기본법 제12조(거래의 적정화) 제1항 및 제2항 내용이다.

20  ① 소비자기본법상 사업자의 책무에 해당하지 않는다.
    소비자기본법상 사업자의 책무에는 ②③④⑤ 외에 사업자는 물품 등의 하자로 인한 소비자의 불만이나 피해를 해결하거나 보상하여야 하며, 채무불이행 등으로 인한 소비자의 손해를 배상하여야 함도 포함된다.

21  ②⑤ 사물, 집단의 통계값, 상호명, 대표이사 성명, 임원의 정보, 법인 자산규모, 법인의 영업실적 등은 개인정보에 해당되지 않는다.
    ③ 사망자 및 실종자 관련 정보는 개인정보로 볼 수 없으나 유족, 후손과 관련되어 활용 가능 시에는 유족, 후손의 개인정보로 간주된다.
    ④ 혈액형은 고유 식별이 불가하므로 개인정보로 볼 수 없으나 성명, 가족관계, 주소 등 사실적 정보와 결합하여 개인 식별이 가능한 경우에는 개인정보로 간주된다.

22  ⑤ 〈보기〉는 소득정보에 대한 내용이다.
    ① 신용정보 : 대출 잔액 및 지불상황, 저당, 신용카드, 지불연기 및 미납의 수, 임금압류 통보에 대한 기록
    ② 기타 수익정보 : 보험가입현황, 회사의 판공비, 투자프로그램, 퇴직프로그램, 휴가, 병가
    ③ 일반정보 : 성명, 주민등록번호, 운전면허번호, 거주지 주소, 전화번호, 생년월일, 본적, 성별, 국적, 나이
    ④ 고용정보 : 현재의 회사명 및 고용주, 회사주소, 상급자의 이름, 직무수행평가기록, 훈련기록, 출석기록, 상벌기록, 성격 테스트결과, 직무태도

23  ① 개인정보처리자는 개인정보의 처리 목적을 명확하게 하여야 하고 그 목적에 필요한 범위에서 최소한의 개인정보를 적합하고 정당하게 수집하여야 한다.

모의고사 기반 정답 및 해설

② 개인정보처리자는 개인정보의 처리 목적에 필요한 범위에서 개인정보의 정확성, 완전성 및 최신성이 보장되도록 하여야 한다.

④ 개인정보처리자는 개인정보의 처리 방법 및 종류 등에 따라 정보주체의 권리가 침해받을 가능성과 그 위험 정도를 고려하여 개인정보를 안전하게 관리하여야 한다.

⑤ 개인정보처리자는 개인정보 처리방침 등 개인정보의 처리에 관한 사항을 공개하여야 하며, 열람청구권 등 정보주체의 권리를 보장하여야 한다.

**24** ② 위원의 임기는 3년으로 하되, 한 차례만 연임할 수 있다.

**25** ① 개인정보의 처리에 관한 공공기관 간의 의견조정에 관한 사항
※ 개인정보 보호위원회의 심의·의결사항은 ②③④⑤ 외에 개인정보 보호와 관련된 정책, 제도 및 법령의 개선에 관한 사항 / 개인정보 보호에 관한 법령의 해석·운용에 관한 사항 / 개인정보의 이용·제공에 관한 사항 / 의견제시 및 개선권고, 시정조치, 처리결과 공표에 관한 사항 / 소관 법령 및 보호위원회 규칙의 제정·개정 및 폐지에 관한 사항 / 개인정보 보호와 관련하여 보호위원회 위원장 또는 위원 2명 이상이 회의에 부치는 사항 / 그 밖에 이 법 또는 다른 법령에 따라 보호위원회가 심의·의결하는 사항 등이 있다.

**26** ③ 교육훈련은 승진에 대비한 능력 향상을 도모한다.

**27** ① 〈보기〉는 OJT에 대한 내용이다. OJT는 직장 내에서 실시하는 직무훈련으로, 기업교육의 목적달성을 위한 매우 유용한 방법이며, Off-JT의 단점을 극복 또는 보완하면서 업무현장에 근무하는 직원을 직접 학습자로 참여시키는 학습형태이다.

**28** ③ 코칭/멘토링은 OJT의 교육방법이다.
※ OJT와 Off-JT의 교육방법
– OJT 교육방법 : 코칭/멘토링, 직무교육훈련, 직무순환, 소집단 활동을 통한 능력개발
– Off-JT 교육방법 : 강의법, 토의법, 사례연구법, 역할연기법, 시범, 합숙연수

**29** ① 개인별 교육 필요사항에 대해 파악 후 집중교육이 가능한 것은 OJT의 장점이다.

**30** ①②는 학습촉진자, ③④는 교수전략 개발자의 역할이다.

# 02형 기출기반 모의고사 **정답 및 해설**

---

## ☑ 제01과목 고객만족(CS) 개론

| | | | | | | | | | |
|---|---|---|---|---|---|---|---|---|---|
| 01 ① | 02 ① | 03 ⑤ | 04 ② | 05 ③ | 06 ② | 07 ⑤ | 08 ① | 09 ① | 10 ② |
| 11 ③ | 12 ④ | 13 ⑤ | 14 ③ | 15 ⑤ | 16 ② | 17 ① | 18 ③ | 19 ⑤ | 20 ④ |
| 21 ③ | 22 ③ | 23 ① | 24 ② | 25 ① | 26 ⑤ | 27 ④ | 28 ③ | 29 ② | 30 ① |

---

**01**
① 〈보기〉는 고객만족의 결정요소 중 서비스 성패의 원인에 대한 내용이다.
② 고객의 감정 : 서비스가 시작되기 이전의 감정에서 시작해 소비 체험으로부터 얻은 감정이 서비스의 지각에 영향을 미친다.
③ 공평성의 자각 : 다른 고객 대비 공평한 서비스를 받았는가는 만족도에 영향을 미친다.
④ 다른 고객, 동료 등 : 다른 고객의 평가에 대한 구전에 의해 영향을 받는다.
⑤ 제품 또는 서비스 특징 : 제품 또는 서비스의 가격, 품질 등 특징에 대한 평가에 의해 만족도는 달라진다.

**02**
① 올리버의 기대불일치 패러다임에 대한 설명이다.

**03**
⑤ 호손효과 : 타인의 기대나 관심이 일의 능률이나 결과에 영향을 주는 현상

**04**
② 서비스 프로세스는 결과를 내야 하는 목적론이며 실제적인 과업성과를 중시한다.

**05**
①④ 하드웨어, ②⑤ 소프트웨어

**06**
② 노드스트롬의 경영원칙 : 최고의 서비스, 품질, 가치, 구색

**07**
⑤ 3S운동은 대량생산의 일반원칙으로 생산성 향상과 다양화를 위해 포드주의가 도입한 표준화(Standardization), 전문화(Specialization), 단순화(Simplification)의 경영 기본원리이다.

**08**
① 노드스트롬의 내부 고객의 만족을 위한 정책 중 권한위임은 모든 규칙과 규정을 없애고 고객의 이익만을 생각하는 원칙 이외 직원 스스로 결정하도록 하는 것이다.

**09**
① 그레고리 스톤이 분류한 고객의 유형에는 경제적 고객, 윤리적 고객, 개인적 고객, 편의적 고객이 있는데, 설문은 윤리적 고객에 대한 내용이다.

**10**
② 〈보기〉는 체리피커에 대한 내용이다. 체리피커는 '달콤한 체리만 골라먹는 사람'이라는 뜻으로 자신의 실속만을 챙기려는 소비자를 지칭한다.

**11**
③ 〈보기〉는 블랙 컨슈머에 대한 내용이다.
① 호모 에코노미쿠스 : 합리적으로 소비를 추구하는 소비자 유형으로 상품의 가격에 비례하는 효율에 큰 의미를 둔다.
② 프로슈머 : 생산자(Producer) + 소비자(Consumer) 즉, 생산에 참여하는 소비자 유형으로 소비는 물론 제품 생산과 판매에도 직접 관여하여 소비자의 권리를 행사하는 능동적 소비자의 개념에 가깝다.
⑤ 프리터족 : 프리(Free) + 아르바이트(Arbeit)를 줄인 말로, 안정적인 직업 없이 갖가지 아르바이트로만 생활하는 젊은 계층을 말한다.

**12** ④ 생활방식은 개인적 요인에 해당된다.

**13** ⑤ 정보원천의 영향력은 고객의 특성에 따라 다르게 나타난다.

**14** ③ 고객에게 무엇을 줄 것인지를 결정하는 단계는 고객 마케팅 결정 단계(4단계)이다.
① 고객분석 단계 : 자사 고객에 대한 심층적인 분석 실시, 고객평가와 고객 세분화가 핵심
② CRM 전략방향 설정단계 : CRM목적 달성을 위해 필요한 활동과 활동의 주체 등을 설정
④ 개인화 설계 단계 : 고객 개별적 특성에 적합한 제품 및 서비스 설계
⑤ 대화 설계 단계 : 고객에게 해당 제품 및 서비스를 어떻게 제공할 것인가의 방법 설계

**15** ⑤ 고객 중심의 CRM 구현

**16** ② 비판적인 자세로 방법론을 선택한다.

**17** ① • 퍼미션 마케팅(Permission Marketing) : 기업의 접근에 대해 고객에게 동의를 얻는 마케팅 행위
• 옵트 인 메일(opt-in-mail) : 사이트에 회원으로 가입할 때 광고 수신 여부와 필요로 하는 정보를 등록함으로써
  허가 받은 사람에게만 이메일을 발송하는 서비스
• 정크 메일(Junk Mail) : 일방적으로 전달되는 대량의 광고성 이메일
② 고객 창출 전략, ③ 고객 유지 전략, ④⑤ 고객 만족 전략이다.

**18** ③ 설문은 매스 커스터마이즈 서비스(Mass Customize Service)에 대한 내용이다.
① 어드바이스 서비스(Advice Service) : 고객이 상품 구입을 망설일 때 직접 조언 및 안내하는 서비스
② 서스펜션 서비스(Suspension Service) : 위시리스트 및 찜상품 기능 등을 추가하여 상품정보를 개인 홈페이지에
  기록한 개별 고객이 원하는 사양의 제품을 제공하는 서비스
④ 저스트 인 타임 서비스(Just-In-Time Service) : 시간이나 장소에 구애받지 않고 고객의 상황에 맞추어 상품을
  제공하는 서비스
⑤ 리마인드 서비스(Remind Service) : 고객의 과거 구매력 등의 속성으로부터 향후 행동을 예측하거나 생일, 기념일
  등을 등록하도록 하여 프로모션에 활용하는 상품구매 촉진 전략

**19** ⑤ 〈보기〉는 생산자 서비스에 대한 내용이다.

**20** ④ 설문은 소비자 서비스에 대한 내용이다.

**21** ③ 설문은 도 · 소매업에 대한 내용이다.

**22** ①②④ 제품위주, ⑤ 순수 서비스

**23** ① 유통편익 서비스 : 백화점, 도 · 소매업, 주유소 등
②⑤ 시설편익 서비스, ③ 인적편익 서비스, ④ 기타 편익 서비스

**24** ① 순수유형 재화, ③④ 서비스 수반의 유형 재화, ⑤ 유형재와 추가적 서비스가 수반된 서비스가 주요 제품인 경우

**25** ① '실천을 바탕으로 설득하라.'가 옳은 내용이다.

**26** ⑤ 전문가의 역할에 대한 설명이다. 챔피언 역할은 프로젝트에 대한 사명감을 가지고 자발적 몰입과 열성적 추진으로
구성원들로 하여금 프로젝트 수행에 능동적인 자세를 갖게 하는 것이다.

**27** ④ 참여적 리더의 역할이다.

**28** ③ 참여적 리더십의 리더는 구성원들과 공동으로 의사결정을 하고, 구성원들에게 더 많은 재량권을 부여하며 추가적인 관심과 지원을 제공한다.

**29** ② 참여적 리더의 장점으로 조직 목표에 대한 참여 동기를 증대시킨다.

**30** ① 설문은 동기부여 능력에 대한 내용이다.
② 감정이입 능력 : 다른 사람의 감정을 명확하게 이해하고 대처하는 능력
③ 대인관계기술 능력 : 인간관계를 효율적으로 구축하고 관계를 유지하는 능력
④ 자기인식 능력 : 자신의 감성을 명확하게 이해하고 타인에게 미치는 영향을 인식하는 능력
⑤ 자기통제 능력 : 자신의 감성을 효과적으로 관리하는 능력

모의고사반 기출

정답 및 해설

---

☑ **제02과목** 고객만족(CS) 전략론

| | | | | | | | | | |
|---|---|---|---|---|---|---|---|---|---|
| **01** ① | **02** ② | **03** ③ | **04** ④ | **05** ③ | **06** ⑤ | **07** ⑤ | **08** ① | **09** ① | **10** ① |
| **11** ① | **12** ② | **13** ④ | **14** ③ | **15** ① | **16** ② | **17** ① | **18** ④ | **19** ② | **20** ③ |
| **21** ② | **22** ③ | **23** ③ | **24** ④ | **25** ① | **26** ① | **27** ⑤ | **28** ④ | **29** ② | **30** ① |

---

**01** ① 종업원의 서비스 품질을 객관적으로 평가한다.

**02** ② 신뢰성 : 모든 대상은 같은 방법으로 모니터링해야 하며, 다른 누군가가 모니터링을 해도 그 결과값이 동일해야 한다. 이를 통해 객관적인 평가를 통한 신뢰성을 높일 수 있다.
※ 대표성 : 모니터링 대상접점을 통해 전체 접점서비스의 수준과 특성을 추정할 수 있어야 한다.

**03** ③ VOC 처리부서가 불명확하고 처리가 신속하지 않다는 단점이 있다.

**04** ④ 고객패널제도의 조사방법 : 현장 비교체험, 시장조사, 모니터링, 설문조사 등

**05** ③ 경쟁자의 자원이 아니라 전략이다.

**06** ⑤ 집중화 전략 : 표적시장 선정전략 중 자원이 한정되어 있는 기업에서 주로 펼치는 마케팅 전략으로 대량 시장에서 시장점유율을 추구하는 대신에 기업은 하나 또는 소수의 소규모 시장에서 큰 점유율을 획득하는 전략
① 선택적 전문화 전략 : 부분시장 도달전략 중 세분시장 중에서 매력적이고 기업의 목표에 적합한 소수의 세분시장에 진입하는 전략
② 시장 전문화 전략 : 부분시장 도달전략 중 특정소비자 집단의 다양한 요구를 충족시키기 위한 전략
③ 무차별화 전략 : 표적시장 선정전략 중 세분시장이 동일하다는 가정 아래 전체 시장에 하나의 시장 제품이나 서비스로 출시하는 전략으로, 대량 유통경로와 대량광고에 집중하며 제조에 있어서 표준화와 대량생산에 해당하는 마케팅
④ 차별화 전략 : 표적시장 선정전략 중 기업은 여러 개의 시장세분화를 표적으로 삼고 각 세분시장에 대하여 다른 제품이나 서비스를 설계하는 것

**07** ① 서비스 속성 : 기업이 가장 잘하는 것에 중점을 두고 차별화된 속성으로 포지셔닝하는 방법으로 가장 일반적인 방법
② 서비스 등급 : 서비스 등급이 높기 때문에 높은 가격을 매길 수 있다는 측면을 강조
③ 가격, 품질 관계 : 최고의 품질로 서비스를 제공하거나 가장 저렴한 가격을 제시
④ 경쟁사 : 경쟁사와 비교하여 자사의 서비스가 더 나은 점이나 차별화된 점을 부각

**08** ① 기업은 소비자들과의 신뢰관계를 통해 주요 경쟁자들의 공격을 방어할 수 있어야 한다.

**09** ① 제임스 헤스켓이 제안한 서비스 수익체인의 4가지 요소는 표적시장, 운영전략, 서비스 개념, 서비스 전달시스템이다.

**10** ① 모든 의사결정 단위에서 서비스 수익체인의 각 연관 관계에 대하여 측정한다.
• 6단계 : 각 개별 영업 부서 사이에서 결과에 대하여 소통한다.
• 7단계 : 내부적으로 성공사례에 대한 정보를 공유한다.

**11** ① 가치공동창출 : 고객이 공동창출자로서 가치창출 프로세스에 참여
②③④⑤ 투입단계

※ 서비스 시스템의 구성요소
 - 투입단계(Input) : 전문 인력(사람), 기술, 가치명제, 공유정보, 내/외부 시스템
 - 프로세스(Process) : 가치공동창출
 - 산출단계(Output) : 서비스 혁신, 고객경험

**12** ② 〈보기〉는 가치 중심적 접근에 대한 내용이다.
① 선험적 접근 : 품질을 고유한 탁월성과 동일한 개념으로 보며 경험을 통해서만 알 수 있는 다분히 분석하기 어려운 성질의 개념으로 본다.
③ 상품 중심적 접근 : 품질을 정밀하고 측정 가능한 변수로서 제품의 고유한 속성으로 본다.
④ 사용자 중심적 접근 : 고객들은 주관적이고 다양한 욕구, 필요를 가지고 있으므로 그들의 선호를 가장 잘 만족시켜 주는 상품이 높은 품질을 가진 것으로 간주한다.
⑤ 제조 중심적 접근 : 공급자 지향적이며, 상품의 설계와 규격의 기준이 일치되게 제조하면 고객의 신뢰성은 높아져 만족을 주게 된다.

**13** ④ 〈보기〉는 무관심 품질요소에 대한 내용이다.
① 매력적 품질요소 : 고객이 기대하지 못했던 것을 충족시켜 주거나 기대 이상으로 초과하는 만족을 주는 품질요소이다.
② 일원적 품질요소 : 고객의 명시적 요구사항이며 요구사항이 충족되면 만족하고 충족되지 않으면 불만을 일으키는 품질요소이다.
③ 당연적 품질요소 : 최소한 마땅히 있을 것으로 생각되는 기본적인 품질요소이다.
⑤ 역 품질요소 : 불필요한 품질이 충족되면 불만을 일으키고 충족되지 않으면 만족을 일으키는 품질요소이다.

**14** ③ 카노모델의 장점에 해당하지 않는다.

**15** ① 〈보기〉는 사용자 눈에 보이는 소프트웨어적 품질에 대한 내용이다.
② 사용자의 눈에 보이지 않는 내부적 품질 : 설비나 시설 등의 기능을 발휘할 수 있도록 보수가 잘 되고 있는지를 나타내는 품질이다.
③ 사용자 눈에 보이는 하드웨어적 품질 : 백화점 상품의 진열상태나 고객의 동선, 호텔의 실내장식, 요리의 맛, 항공기 좌석크기와 안락함 등이다.
④ 서비스 시간과 신속성 : 서비스를 제공받기 전까지 대기시간, 수리신청에 대한 회답 시간 등이다.
⑤ 심리적 품질 : 조직 구성원의 적절한 응대나 환대, 친절 등의 기본적인 품질이다.

**16** ② 〈보기〉는 NCSI에 대한 내용이다.
① ACSI : 미국의 소비자 고객만족지수의 대표적인 측정모델로서, 소비자의 지각된 품질, 고객의 기대가 지각된 가치에 영향을 미쳐 고객만족, 고객 충성도가 증가한다는 인과관계를 고려한 모형이다.
③ NPS : 베인&컴퍼니의 프레드릭 라이할이 2004년 하버드 비즈니스 리뷰에 발표한 고객 충성도 측정방법이다.
④ KCSI : 한국능률협회 컨설팅 주관하에 실시되고 있는 한국형 고객만족도 측정모델이다.
⑤ SSI : 서울시의 고품질 경쟁을 목적으로 개발된 서울시 행정서비스의 품질평가지표이다.

**17** ② 고객 충성도 : 재구매 가능성 평가, 재구매 시 가격인상 허용률, 재구매 유도를 위한 가격인하 허용률
③ 인지서비스 품질수준 : 구입 후 평가로서 전반적 품질수준, 개인적 니즈 충족 정도, 신뢰도
④ 인지가치수준 : 가격대비 품질수준, 품질대비 가격수준
⑤ 고객만족지수 : 전반적 만족도, 기대 불일치, 이상적인 제품 및 서비스 대비 만족수준

**18** ④ 인지가치수준에 해당하는 측정변수는 나. 가격대비 품질수준, 다. 품질대비 가격수준이다.
　　가 : 인지서비스 품질수준, 라, 마 : 고객만족지수, 바 : 고객 충성도

**19** ② 〈보기〉는 PCSI(공공기관 고객만족도지수)에 대한 내용이다.

모기의출고기사반 │ 정답 및 해설

**20**  ③ 공식은 'NPS(순 고객 추천지수) = P(추천고객) − D(비추천고객)'이다.

**21**  ② 경쟁대안은 외적요인에 해당된다.
※ 고객의 서비스 기대요인 중 기업요인 : 가격, 접근성과 이용가능성(유통), 촉진활동, 직원의 용모, 서비스 시설의 유행적 단서, 대기시간, 기업의 이미지 등

**22**  ③ 트렌드는 중장기적으로 이루어지는 동향이기 때문에 짧은 시간 급격히 인기를 끌다 금방 사라지는 Fad(For a day)와 구분을 해야 한다.

**23**  ③ 〈보기〉는 사회적 트렌드에 대한 내용이다.
① 메타 트렌드 : 문화 전반을 아우르는 광범위하고 보편적인 트렌드이며, 자연의 기본법칙이나 영원성을 지닌 진화의 법칙, 사회적으로 일어나는 현상을 의미한다.
② 메가 트렌드 : 현대 사회에서 일어나고 있는 트렌드가 모여 사회의 거대한 조류를 형성하는 현상이다.
④ 소비자 트렌드 : 남을 따라하는 모방심리나 유행과는 달리 어떤 욕구나 심리적 동기가 내재되어 있는 광범위한 행동에 의해 형성된다.

**24**  ④ 소비자 트렌드에 대한 설명이다.

**25**  ① 정보에 대한 거부감 증가

**26**  ② 스토리텔링 마케팅 : 브랜드의 특성과 잘 어울리는 이야기를 만들어 소비자의 마음을 움직이는 감성 마케팅의 일종이다.
③ 바이럴 마케팅 : 네티즌들이 이메일이나 다른 전파 가능한 매체를 통해 자발적으로 기업의 제품을 홍보할 수 있도록 제작하여 널리 퍼지는 마케팅 기법으로, 컴퓨터 바이러스처럼 확산시키는 기법이다.
④ 분수 효과 : 아래층에 방문한 소비자를 위층으로 올려 소비를 유도하는 마케팅 기법으로 샤워 효과의 반대이다.
⑤ 확증 편향 : 보고 싶은 것만 보고, 듣고 싶은 것만 듣는 심리로서 자기 생각과 일치하는 정보만을 받아들이는 현상이다.

**27**  ① 자이가르닉 효과, ② 바넘 효과, ③ 분수 효과, ④ 에펠탑 효과

**28**  ④ CSM(고객만족경영)의 목적에 해당한다.

**29**  ② 고객경험관리(CEM)의 특징에 해당된다.

**30**  ② 감각적 경험 : 시각, 청각, 촉각, 미각, 후각의 5가지 감각기관을 자극함으로써 즐거움, 아름다움, 만족감 등을 전달하여 소비자가 원하는 경험을 창출한다.
③ 인지적 경험 : 고객들이 창조적인 사고, 문제해결의 경험을 하도록 유도함으로써 기업과 브랜드에 대해 긍정적 인식을 하게 한다.
④ 행동적 경험 : 고객의 육체적인 경험과 라이프 스타일, 상호작용에 영향을 주는 것을 목표로 행동을 유발시킨다.
⑤ 관계적 경험 : 개인의 감각, 감성, 인지, 행동을 넘어 브랜드와 개인, 개인과 타인, 또는 사회적 연결요소를 통한 관계 형성을 의미한다.

## ☑ 제03과목 고객관리 실무론

| 01 ② | 02 ④ | 03 ③ | 04 ① | 05 ③ | 06 ② | 07 ① | 08 ③ | 09 ① | 10 ⑤ |
|------|------|------|------|------|------|------|------|------|------|
| 11 ① | 12 ① | 13 ⑤ | 14 ③ | 15 ① | 16 ① | 17 ② | 18 ① | 19 ③ | 20 ② |
| 21 ③ | 22 ④ | 23 ① | 24 ② | 25 ① | 26 ④ | 27 ③ | 28 ① | 29 ② | 30 ① |

**01** ② 인사를 할 때 시선은 상대방의 눈이나 미간을 바라본다.

**02** ④ 회사 사람을 고객 또는 외부 사람에게 소개한다.

**03** ③ 명함을 부득이하게 동시에 교환할 때는 오른손으로 주고 왼손으로 받는다.

**04** ① 계단에서 남성 직원이 남성고객을 안내 시 고객의 좌측 아래에서 안내한다.

**05** ③ 3단계 : 자신을 개발하라.
※ 이미지 메이킹의 단계별 전략
  - 1단계 : 자기 자신을 알라.
  - 2단계 : 모델을 설정하라.
  - 3단계 : 자신을 개발하라.
  - 4단계 : 자신을 연출하라.
  - 5단계 : 자신의 가치를 팔아라.

**06** ② 〈보기〉는 맥락효과에 해당하는 사례이다. 맥락효과는 처음에 인지된 정보가 이후에 접수된 정보들의 맥(준거)이 되어 인상을 형성하는 현상을 말한다.
① 초두효과 : 처음 제시된 정보가 나중에 제시된 정보보다 인상 형성에 더욱 강력한 영향을 미치는 현상을 말한다.
③ 최근효과 : 시간적으로 마지막에 제시된 정보가 인상 판단에 중요한 영향을 끼치는 현상을 말한다.
④ 후광효과 : 어떤 사람이 가지고 있는 한 가지 장점이나 매력으로 인해 다른 특성들도 좋게 평가되는 현상을 말한다.
⑤ 빈발효과 : 첫인상이 좋지 않더라도 반복해서 좋은 모습을 보여 주면 좋은 인상으로 변형되는 현상을 말한다.

**07** ① 밝은 표정의 효과 : 건강증진 효과, 호감형성 효과, 마인드컨트롤 효과, 실적향상 효과, 감정이입 효과, 신바람 효과

**08** ① 후광화법 : 유명인이 사용하고 있거나 많은 사람들이 사용하고 있음을 제시하여 고객의 저항을 반감하는 심리적 표현 기술
② 긍정화법 : 대화를 나눌 때 긍정과 부정을 혼합하여 말할 경우 긍정적 내용을 먼저 말하고 부정적 내용을 나중에 말함으로써 거부감 또는 저항을 줄이는 화법
④ 샌드위치 화법 : 설득화법으로 긍정, 맞장구 및 반대의견을 제시하거나 칭찬 – 충고 – 격려로 이어지는 화법
⑤ 보상화법 : 상대방이 저항요인을 지적하였을 때 다른 장점을 제시하여 저항의 강도를 줄이는 화법

**09** ① 적절한 질문은 말의 내용이 대화주제에서 벗어나지 않도록 통제한다.

**10** ⑤ 선택형 질문의 장점이다.

**11** ① 컴플레인에 대한 설명이다.

**12** ① 전화를 받으면 먼저 자신의 신분을 밝힌다(소속, 직책, 성명).

**13** ⑤ 상대방의 행위, 상태, 속하는 것에 대하여 높여 말하는 것이다.

**14** ① 웹 콜센터 : 인터넷, 컴퓨터 장치를 통한 고객 상담 콜센터
② 수동 콜센터 : 컴퓨터 장치나 콜 처리 자동장치가 거의 없이 수동적인 방법의 콜센터
④ 분산형 콜센터 : 각 영업이나 서비스 거점별로 별도의 콜센터를 운영하는 방식
⑤ 소호용 콜센터 : 동시 수용규모가 10석 이하가 되는 콜센터

**15** ① 고객 만족성은 콜센터 운용 시 고려할 사항이 아니다.
※ 콜센터 운용 시 고려할 사항 : 합목적성, 전문성, 적응성, 효율성과 생산성, 고객 서비스성, 복잡상황 대응성이 있다.

**16** ① 불공정 기업의 회생 및 퇴출기업의 구제 계획은 기본계획의 포함사항이 아니다.
※ 소비자정책에 관한 기본계획의 포함사항
    – 소비자정책과 관련된 경제·사회 환경의 변화
    – 소비자정책의 기본방향
    – 소비자정책의 목표
    – 소비자정책의 추진과 관련된 재원의 조달방법
    – 어린이 위해방지를 위한 연령별 안전기준의 작성
    – 그 밖에 소비자정책의 수립과 추진에 필요한 사항

**17** ② 정책위원회는 위원장 2명을 포함한 25명 이내의 위원으로 구성한다.

**18** ② 국가 및 지방자치단체의 소비자의 권익과 관련된 시책에 대한 심의가 아니라 건의이다.

**19** ③ 공정거래위원회 또는 지방자치단체의 장은 소비자단체가 거짓 그 밖의 부정한 방법으로 제29조의 규정에 따른 등록을 한 경우에는 등록을 취소하여야 한다.

**20** ② 의료기관에서 3주 이상의 치료가 필요한 골절의 부상

**21** ③ 개인정보 보호위원회는 매년 6월 30일까지 다음 해 시행계획의 작성방법 등에 관한 지침을 마련하여 관계 중앙행정기관의 장에게 통보해야 한다.

**22** ④ 사전에 정보주체에게 알려야 하는 항목에 해당되지 않는다.

**23** ① 서비스 사업 종료 및 사업 폐지 등 처리 목적 달성으로 그 개인정보가 불필요하게 되었을 때에 해당되는 사유이다.
②③④⑤ 개인정보의 수집 및 이용목적이 달성된 때에 해당되는 사유이다.

**24** ② 운전면허의 면허번호는 민감정보가 아니라 고유식별정보이다.
①③④⑤ 외 민감정보 범위에 해당하는 것은 노동조합·정당의 가입·탈퇴, 정치적 견해, 성생활 등에 관한 정보, 그 밖에 정보주체의 사생활을 현저히 침해할 우려가 있는 개인정보로서 대통령령이 정하는 정보 등이다.

**25** ① 영상정보처리기기의 설치 및 운영을 제한하는 경우이다.

**26** ④ Off-JT를 실시해야 하는 경우이다.

**27**  ③ 시범은 Off-JT 교육방법이다.
※ OJT 교육방법 : 직무교육훈련, 직무순환, 코칭/멘토링, 소집단 활동을 통한 능력개발

**28**  ① 앤드라고지 이론의 실천원리이다.

**29**  ② 강의식 교수법의 장점이다. 토의식 교수법은 1915년 파커의 회화법에서 시작되었으며, 문제해결방법 및 아이디어 개발 시 문제의식 공유에 적절한 방법이다.

**30**  ② 정보 제공을 위한 프레젠테이션의 목적 : 청중과의 지식 공유 및 상호간의 이해를 형성한다.
③ 동기부여를 위한 프레젠테이션의 목적 : 청중의 의욕을 환기하고 기대하는 행동을 수용한다.
④ 교육형 프레젠테이션의 목적 : 청중의 감정적인 면을 자극하여 감동을 느끼게 함으로써 의식변화를 준다.
⑤ 홍보를 위한 프레젠테이션의 목적 : 회사, 기관, 단체를 대외적으로 알리기 위함이다.

# 03형 기출기반 모의고사 정답 및 해설

---

## ☑ 제01과목 고객만족(CS) 개론

| 01 ① | 02 ② | 03 ③ | 04 ② | 05 ③ | 06 ③ | 07 ⑤ | 08 ② | 09 ③ | 10 ⑤ |
|------|------|------|------|------|------|------|------|------|------|
| 11 ② | 12 ④ | 13 ① | 14 ④ | 15 ① | 16 ① | 17 ③ | 18 ⑤ | 19 ① | 20 ③ |
| 21 ② | 22 ① | 23 ① | 24 ② | 25 ③ | 26 ② | 27 ⑤ | 28 ④ | 29 ② | 30 ① |

---

**01** ① 높은 고객 접촉 정도이다.

**02** ② 번호부여는 단일 대기열의 종류로 공정성이 보장되고, 부가적인 편익이 추가된다.

**03** ③ 피시본 다이어그램의 단계별 흐름 : 문제의 명확한 정의 – 문제의 주요원인 범주화 – 잠재원인 브레인스토밍 – 주요원인 범주의 세부사항 검토 – 근본원인 확인

**04** ② 고객접점에 있는 직원이 획득한 정보의 신속한 보고는 품질기능 전개의 효과에 해당되지 않는다.

**05** ③ 구전은 마케팅을 위해 기업이 제공하는 것이 아니라 고객의 직·간접 경험적 요소에 근거하므로 신뢰도가 매우 높다.

**06** ③ 올리버의 4단계 충성모델에는 인지적, 감정적, 능동적, 행동적 충성도가 있는데, 〈보기〉는 능동적 충성도에 대한 내용이다.
① 인지적 충성도 : 가장 충성도가 낮은 단계로, 소비자는 저가격, 더 나은 서비스 등에 대해 다른 상점이 유리한 조건 제시하면 이탈해 버리는 단계이다.
② 감정적 충성도 : 충성도가 훨씬 강해진 단계로, 해당 상점에 대한 이전의 태도에 의해 형성되며 나중에는 만족에 의해서 영향을 받게 된다.
④ 행동적 충성도 : 실제 행동을 반영한 것으로, 행동은 이전 3단계의 집합결과로 보고 방문횟수나 점유율을 평가지표로 한다.

**07** ⑤ 기업의 지나친 비용절감 강조는 고객만족경영의 혁신의 실패요인이다.

**08** ② 감성지능의 5가지 영역 : 자아 인식, 자기 조절, 동기부여, 감정이입, 대인관계 기술

**09** ③ 그레고리 스톤이 분류한 고객의 유형에는 경제적 고객, 윤리적 고객, 개인적 고객, 편의적 고객이 있는데, 설문은 편의적 고객에 대한 내용이다. 편의적 고객은 서비스 제공받을 때의 편의성을 중시하는 고객으로, 자신의 편의를 위해서는 추가로 비용을 더 지불하는 것에 거리낌이 없다.

**10** ⑤ 〈보기〉는 단골고객에 대한 내용이다. 단골고객과 충성고객은 기업의 제품 또는 서비스를 반복적으로 구매하지만, 단골고객은 충성고객과 달리 다른 사람들에게 적극적으로 추천행위를 하지 않는다.

**11** ② 유명 브랜드 등 상품 보증이 강한 제품을 찾는다.

**12** ① 고객프로필 정보 : 이름, 주소, 이메일, 직장명, 기념일, 전화번호, 출신학교 등
② 계약정보 : 구입 상품명/시기, 구입 빈도, 금액, 고객 지갑 점유율, 고객평생가치 등

③ 고객 니즈 정보 : 선호 브랜드, 선호 상품, 선호 디자인/컬러 등
⑤ 구매력 정보 : 소득 수준, 소득의 원천, 소득 변화, 재산 상태 등

13 ② 사고형 : 결정과 선택을 할 때 객관적이고 논리적이며 분석적인 과정을 선호하는 유형
③ 판단형 : 생활양식에 따른 유형으로 체계적이고 계획에 따른 생활양식을 선호하는 유형
④ 인식형 : 개방적이고 상황에 따른 생활양식을 선호하고, 목적과 방향은 상황에 따라 변화할 수 있다는 유형
⑤ 내향형 : 에너지 방향이 내부로 향해 있으며 관심과 주의를 내부로 향하는 것을 선호하는 유형

14 ① 공유적 관계 : 가족과 친구 사이에서 주로 나타나며 호혜성의 원칙이 무시됨
② 교환적 관계 : 거래적이고 교환적 성격의 관계로 호혜성과 형평성의 원칙을 요구
③ 종적 관계 : 사회적 지위가 서로 다른 사람들 사이의 상호작용이며 형식적이고 수단적인 속성 강함

15 ② 지배형 : 다른 사람들에게 주도적인 역할을 하려고 하며 자신을 중심으로 집단을 만들려고 하는 유형
③ 반목형 : 여러 인간관계에서 다름과 대립을 반복하는 사람들로 친구보다 적이 더 많은 유형
④ 유희형 : 유희를 위한 인간관계를 즐기며 진지하고 무거운 주제는 피하려는 유형
⑤ 경시형 : 인간관계에 대한 동기나 욕구가 적고 오히려 고독을 즐기는 유형

16 ① 자아의식 모델인 조하리의 창은 공개된 영역, 맹목 영역, 숨겨진 영역, 미지 영역으로 구분하는데, 〈보기〉는 숨겨진 영역에 대한 내용이다.
② 공개된 영역 : 인간관계가 넓고 자기표현과 경청을 잘하는 개방형
③ 맹목 영역 : 거침없이 이야기 하는 자기 주장형
④ 미지 영역 : 소극적이고 고민이 많으며, 감정표현 결여, 무감동, 무관심, 무감각한 고립형

17 ③ 개인적 거리는 45cm~120cm이다.
※ 의사소통과 공간 행동 : 에드워드 홀
  – 친밀한 거리(45cm 이하) : 가족이나 연인 등의 친밀한 거리
  – 개인적 거리(45cm~120cm) : 신뢰감을 가지고 마주보고 대화할 수 있는 친한 친구 또는 동료
  – 사회적 거리(120cm~360cm) : 사무실 또는 제3자와 대화하면서 유지하는 거리
  – 대중적 거리(360cm 이상) : 전혀 모르는 타인과의 거리

18 ① 폐쇄 : 타인으로부터 멀리하고 자신의 고유한 세계에 틀어박히거나 자신을 가두어 버리는 것
② 의식 : 전통이나 관습에 따라 프로그램된 단순한 정치적 교류
③ 활동 : 지금 여기서 행하고 있는 일을 통해 서로 스트로크를 주고받는 실용적인 시간 구조화 형태
④ 잡담 : 직업, 취미 등 무난한 화제를 대상으로 특별히 깊이 들어가지 않고 즐거운 스트로크를 교환하는 것

19 ① 유형물에 대한 유형적 서비스이다.

20 ③ 보험은 (나)에 해당한다.

| 수요와 공급의 관계에 따른 분류 | | 시간에 따른 수요의 변동성 | |
|---|---|---|---|
| | | 많음 | 적음 |
| 공급이 제한된 정도 | 피크 수요를 충족시킬 수 있음 | 전기, 전화, 소방 | 보험, 법률 서비스 |
| | 피크 수요에 비해 공급능력이 적음 | 호텔, 식당 | 위와 비슷하나 기본적으로 불충분한 설비능력을 가진다. |

21 ② 유형성이 큰 제품 순서는 '음료 – 세제 – 자동차 – 화장품 – 항공'이다.

**22** ① 소멸성의 특징이다.

**23** ① 물리적 증거는 서비스 스케이프(물리적 환경)와 유형적 요소로 구성된다.

**24** ② 관광 서비스의 가장 중요한 요인은 인적자원이다.

**25** ③ 서비스 경영의 패러다임에는 ①②④⑤ 이외에 혁신경영이 해당된다.

**26** ② 서비스 상품은 특허로 보호받기가 어렵고 경쟁사가 쉽게 모방할 수 있기 때문에 제조기업에 비해 진입장벽이 상대적으로 낮다.

**27** ⑤ 집중화 전략은 경쟁자와의 전면적 경쟁이 불리한 기업이나 보유하고 있는 역량이나 자원이 열세한 기업에게 적합하다.

**28** ④ 가치사슬 활동의 비용 측면의 효율성 제고를 위한 실천 방안이다.

**29** ② 다. 장기간의 계약기간, 라. 다양한 혜택 제공, 마. 판매촉진은 보복 전략에 해당한다.
'가, 나, 바, 사'는 저지 전략, '아, 자, 차'는 적응 전략이다.

**30** ② 감각 마케팅 : 오감을 통한 감각 체험을 창출할 목적으로 소비자의 오감에 호소하여 회사 제품의 차별화와 고객에게 동기부여, 제품의 가치를 더하기 위한 목적으로 이용한다.
③ 감성 마케팅 : 고객에게 정서적인 체험을 제공하는 데 목적이 있다.
④ 행동 마케팅 : 사람들과 상호작용을 통해 발생하는 체험을 비롯하여 소비자의 장기적인 행동유형, 사람의 신체 및 라이프 스타일에 관련된 고객의 체험을 창조하기 위해 수립한다.
⑤ 관계 마케팅 : 고객과 브랜드 사이에 타인 또는 다른 사회적 집단과의 연결을 통해 사회적 관계가 형성되도록 하는 것으로서 감각, 감성, 인지, 행동체험을 통해 이루어진다.

☑ **제02과목 고객만족(CS) 전략론**

| 01 ① | 02 ③ | 03 ② | 04 ① | 05 ② | 06 ① | 07 ③ | 08 ① | 09 ⑤ | 10 ③ |
|---|---|---|---|---|---|---|---|---|---|
| 11 ① | 12 ⑤ | 13 ② | 14 ③ | 15 ③ | 16 ① | 17 ④ | 18 ⑤ | 19 ② | 20 ② |
| 21 ③ | 22 ② | 23 ① | 24 ④ | 25 ② | 26 ④ | 27 ③ | 28 ② | 29 ② | 30 ① |

**01** ① 고객의 건의, 불평, 신고, 칭찬, 문의 등의 접수를 기록한다.

**02** ③ 직원이나 부서의 사기진작과 인센티브를 통한 동기부여가 미스터리 쇼핑의 목적이다.
※ 미스터리 쇼핑의 목적
　－ 고객에게 전달되는 서비스 수준의 측정
　－ 고객들의 요구사항에 대한 충족 여부 확인
　－ 서비스 실패 가능점의 탐색
　－ 직원들에 대한 교육효과 측정과 개선
　－ 본사에서 실시하는 새로운 전략·정책·판촉 또는 향상된 기능이 지점에서 적절히 수행되어 의사소통이 잘 되고 있는지에 대한 평가
　－ 직원이나 부서의 사기진작과 인센티브를 통한 동기부여
　－ 점포의 효율적인 관리
　－ 관리자와 직원들의 성과 향상
　－ 기업의 모든 부문에서 표준화된 규정이나 규칙이 잘 준수되는지 확인
　－ 경쟁업체 서비스 표준과 절차의 벤치마킹 및 강·약점 비교

**03** ② MOT 사이클 차트는 서비스 전달 시스템을 고객의 입장에서 이해하기 위한 방법으로 활용한다.

**04** ① MOT 사이클 차트 분석 5단계 : 서비스 접점 진단하기 – 서비스 접점 설계하기 – 고객 접점 사이클 세분화하기 – 고객 접점 시나리오 만들기 – 새로운 표준안으로 행동하기

**05** ② 서비스는 쌍방향 소통이 되어야 한다. 직원이 고객의 소리를 경청하고 요구를 반영할 수 있도록 노력한다.

**06** ① 수잔 키비니 교수가 제시한 고객 전환발생요인(고객이탈)별 유형의 영향도 순서는 1. 핵심서비스 실패 2. 서비스 접점 실패 3. 가격 문제 4. 이용 불편 5. 서비스 실패에 대한 반응 6. 경쟁자 7. 윤리적 문제 8. 불가피한 상황 또는 비자발적인 전환 순이다.

**07** ③ 서비스의 수정은 기업에 비용을 발생시키는 회복이다.
※ 고객이 추구하는 일곱 가지 서비스 회복 방안
　－ 기업에 비용을 발생시키지 않는 회복 : 기업의 진심어린 사과, 같은 문제를 반복시키지 않겠다는 기업의 확신, 고객의 불만사항을 기업에 표현할 수 있는 기회, 발생한 불만에 대한 기업의 설명
　－ 기업에 비용을 발생시키는 회복 : 제품의 수리, 불만족 서비스에 대한 금전적 보상, 서비스의 수정

**08** 영향요인은 ②③④⑤ 이외에 편의성, 직원의 태도와 행동, 정책, 처리시간이 있다.

**09** ⑤ • 레빗의 3가지 제품차원 : 핵심제품, 실체제품, 확장제품
　• 필립 코틀러의 5가지 제품차원 : 핵심제품, 기본제품, 기대제품, 확장제품, 잠재적 제품

**10** ③ 고객 맞춤형 제품은 고객과 기업의 관계에 기초한 차별화 수단이다.

**11** ① • 부오리의 의료서비스 품질요소 : 효과, 효율, 의학적/기술적 수준, 적합성
　　• 도나베디언의 의료서비스 품질요소 : 효능, 효과, 효율성, 적정성, 합법성, 수용성, 형평성

**12** ⑤ • 성과역역 : 본원적 서비스, 약속이행, 예상 외 부가서비스, 창의적 서비스
　　• 과정영역 : 신뢰성, 고객응대 시 친절성, 고객응대 시 적극지원성, 접근 용이성, 물리적 환경

**13** ② • 서비스 회복 시 e – 서비스 품질의 3가지 차원 : 반응성(응답성), 보상성, 접촉성
　　• 일상적 e – 서비스 품질의 4가지 핵심차원 : 신뢰성, 효율성, 실행성(이행성), 보안성(프라이버시)

**14** ③ 직무 표준화에 따른 권한 최소화가 아니라 권한위임이다.
　　※ 내부 마케팅의 선행되어야 할 영향요인(그뢴루스) : 내부 커뮤니케이션, 보상제도, 교육훈련, 복리후생 제도, 권한위임, 경영층 지원

**15** ① 상의하달식 의사소통으로 명확한 역할을 전달함으로써 역할모호성을 감소할 수 있다.

**16** ① 1단계 – 고객의 요구 파악 : 기존 VOC자료 분석과 서비스 전달 현상에 대한 진단을 통해 데이터를 수집하고 다양한 조사방법을 통해 고객요구 및 기대수준을 파악한다.
② 2단계 – 고객 만족도 조사 : 고객요구를 반영하여 설문지를 개발하고, 고객별 조사를 통해 고객의 기대와 만족의 정도를 파악한다.
④ 4단계 – CS 평가 시스템 실행체계 구축 : 각 지표별 데이터 수집방안 및 평가 설계를 구체적으로 계획하며, 테스트를 통해 문제점을 보완하여 완성한다. 이후 프레젠테이션을 실시하여 사내 공유한다.
⑤ 5단계 – CS 평가 시스템 실행 : 전사, 부문, 팀, 개인 단위의 지표별 목표를 설정하고, 구체적인 실행계획을 수립한다. 실행에 대한 성과를 분석하고 새로운 평가 시스템에 따라 평가와 보상을 시행한다.

**17** ① 패널조사 : 사회자의 진행으로 6~12명의 패널들이 주어진 주제에 대하여 토론하는 과정을 통해 자료를 수집하는 방법이다.
② 관찰법 : 조사대상의 행동패턴을 관찰하고 기록함으로써 자료를 수집하는 방법이다.
③ 서베이법 : 다수의 응답자를 대상으로 설문조사를 하여 자료를 수집하는 방법이다.
⑤ 실험법 : 가장 확실하고 과학적인 조사법으로 외부발생 변수를 통제하여 실험한다.

**18** ⑤ 심층면접법은 탐험조사방법이다.
①②③④ 투사법은 단어 연상법, 문장완성법, 그림묘사법, 만화완성법, 이야기 완성법 등과 같이 다양한 심리적 동기유발 기법을 사용한다.

**19** ① 표적집단면접법 : 사회자의 진행으로 6~12명의 패널들이 주어진 주제에 대하여 토론하는 과정을 통해 자료를 수집하는 방법으로 사회자는 가급적 많은 아이디어를 도출한다.
③ 문헌조사 : 조사문제의 명확한 정의나 가설의 설정을 위하여 이용할 수 있는 신속하고 쉬운 방법들 중의 하나이다.
④ 전문가 의견조사 : 조사의 주제에 대하여 상당한 식견을 가진 사람들을 대상으로 하는 것이다. 기업의 경영층, 판매관리자, 브랜드관리자, 판매원 등이 조사의 대상이 될 수 있다.
⑤ 정성조사 : 정량조사에서 파악할 수 없는 구체적인 내용을 얻고자 할 때 활용하는 기법이다.

**20** ② HUT(Home Usage Test) : 신제품 개발 후 전체 표적시장을 대상으로 신제품을 도입하기 전에 일부 가정에서 일정기간 소비 · 사용하도록 한 후 면접원이 직접 방문하여 설문조사를 하는 방법
③ CLT(Central Location Test) : 조사 대상자들이 많이 있는 지역에서 임시적으로 조사 자리를 마련하여 지나가는 사람들에게 선물, 현금 등의 보상을 하며 조사에 협조하도록 요청 및 조사를 실시하는 방법

④ 탐험조사 : 조사자가 주어진 문제에 대해 잘 모를 때 실시하는 조사 유형
⑤ 기술조사 : 조사 대상으로부터 수집한 자료를 분석하고 그 결과를 기술하는 방법

**21** ③ 마케팅 계획수립의 장점은 직원의 행동지침이 된다는 것이다.
※ 마케팅 계획수립의 장점
- 직원의 행동지침이 된다.
- 직원의 시간 관리를 용이하게 한다.
- 직원의 업무 집중도를 높이며 조직의 유연성을 향상시킨다.
- 조정의 역할을 한다.
- 구성원 통제의 근원이 된다.

**22** ② 계획은 구체적이어야 한다.

**23** ① 고객만족 계획 수립절차는 기업목표 기술 – 기업환경 분석 – 마케팅 목표 설정 – 목표달성을 위한 전략 수립 – 전략 수행을 위한 프로그램 작성 – 시행 및 재검토 순이다.

**24** ④ 계획수립을 위한 예측기법에는 상황대응 예측법과 시나리오 계획법이 있는데, 설문은 상황대응 예측법에 대한 내용이다. 시나리오 계획법은 미래에 전개될 시나리오를 예측하고 계획을 수립하는 것이다.

**25** ① 전략적 벤치마킹 : 성공한 우수기업의 장기적 전략과 방법, 핵심역량 등을 조사하며 회사의 전체성과를 향상시키는 것을 목표로 한다.
③ 경쟁력 벤치마킹 : 동일한 영역의 회사에 관해 핵심제품과 서비스 성능 특징에 대하여 경쟁사와 비교하는 방법이다.
④ 기능 벤치마킹 : 최신 제품과 서비스, 프로세스를 운영하는 기업을 대상으로 하는 벤치마킹으로 이업종일 경우 방법 이전에 어려움이 있다.
⑤ 포괄 벤치마킹 : 서로 다른 이업종 기업들에 대한 벤치마킹이다.

**26** ④ 소비자들에게 가치 있는 제품은 가격이 낮은 제품이다.

**27** ③ 가. 동적성 : 고객가치는 시간의 흐름이나 구매단계에 따라 변한다.
라. 주관성 : 고객가치는 추상적 개념이나 고객의 주관적 판단에 의해 결정된다.
바. 상황성 : 고객가치는 고객이 처한 상황에 따라 달라진다.
사. 다차원 : 고객가치를 결정하는 요인은 단계적이며 다양하다.

**28** ② 연간 누적 구매비용은 고객가치 측정요소에 해당되지 않는다.
※ 고객가치 측정요소 : 고객 점유율, 고객 구매력, 고객추천 가치, 할인율, 공헌마진 등

**29** ② 브랜드명의 요건에는 독특성, 연관성, 기억용이성, 유연성이 있다. 고급화는 해당하지 않는다.

**30** ① 상사와 양방향 커뮤니케이션을 통해 팀워크를 키울 수 있다.

| 01 ⑤ | 02 ④ | 03 ③ | 04 ① | 05 ④ | 06 ② | 07 ① | 08 ① | 09 ⑤ | 10 ③ |
|---|---|---|---|---|---|---|---|---|---|
| 11 ① | 12 ② | 13 ④ | 14 ① | 15 ① | 16 ④ | 17 ③ | 18 ⑤ | 19 ③ | 20 ① |
| 21 ② | 22 ③ | 23 ④ | 24 ② | 25 ① | 26 ② | 27 ④ | 28 ③ | 29 ② | 30 ① |

01  ⑤ 차는 면담 시작 전에 내며 차의 온도는 70~80도, 찻잔의 70~80%를 채운다.

02  ④ 출근 시에는 정해진 출근 시간보다 30분 전에 도착할 수 있도록 한다.

03  ③ 상급자가 요구하거나 결과에 대해 묻기 전에 보고한다.

04  ① 예약된 레스토랑 입구에 도착하면 이름과 예약내용을 확인 후 반드시 안내를 받는다.

05  ④ 면대면 커뮤니케이션에서의 정보량은 언어적 요소(말의 내용) < 청각적 요소 < 시각적 요소 순이다. 따라서 정보량이 가장 많은 것은 시각적 요소이다.

06  ② 셔츠의 소매와 깃은 슈트로부터 1~1.5cm 정도 나오도록 한다.

07  ① 스타킹은 살구색이 기본이며 치마 등에 어울리는 회색, 검은색은 착용하여도 좋다.

08  ① 화내는 불평자에 대한 설명이다.

09  ⑤ 관계 불만은 고객 불만 발생의 유형에 해당하지 않는다.
　　※ 고객 불만 발생의 유형
　　　－ 효용 불만 : 경제적 효용 측면에서 고객의 욕구 미충족 시 발생하는 불만
　　　－ 심리적 불만 : 제품의 성능보다는 개인존중, 자아실현 측면의 불만
　　　－ 균형 불만 : 고객이 제품, 서비스 사용 시 기대치 대비 만족도가 낮은 경우의 불만
　　　－ 상황적 불만 : 소비생활에 있어서 시간, 장소, 목적에 의한 불만

10  ③ 언어절제의 원칙은 불만고객 응대의 기본원칙이다.

11  ① 컨설팅의 필요성이 요구되는 상황이다.

12  ② 근속연한에 따른 임금체계가 아니라 공정한 평가와 합리적인 보상체계이다.

13  ④ 직접적인 제품설명보다 제품 사용에 대한 니즈 파악 및 받게 되는 서비스 설명으로 욕구를 자극하는 접근이 유리하다.
　　①②③⑤ 이외의 상담진행 방법에는 거부고객 응대를 위한 새로운 질문을 모색하여 질문하는 것이 있다.

14  ② 콜센터 리더 : 콜센터 매니지먼트의 직접적인 관리를 하는 텔레마케팅의 슈퍼바이저, 매니저를 말한다.
　　③ 유니트 리더 : 텔레마케터 10여 명 정도 규모의 소조직의 리더로서의 업무수행과 고객 상담업무를 수행한다.
　　④ 텔레마케터 : 콜센터 신규고객 확보 및 기존 고객관리를 위한 고객 상담업무를 수행한다.
　　⑤ 통화품질 관리자 : 상담내용을 모니터링하여 평가, 관리, 감독을 통해 통화품질을 향상시키는 업무를 수행한다.

15 ② 개별 코칭 : 상담원 개인에 대하여 1:1로 만나는 방식이다.
③ 스팟 코칭 : 상담원을 대상으로 수시로 주의를 집중시켜 성취를 향상시키는 고도의 기술을 요하는 형태이다.
④ 프로세스 코칭 : 일정한 형식을 유지하면서 진행되는 방식으로 가장 흔히 사용하는 형태이다.
⑤ 그룹 코칭 : 적정 수준의 통화품질을 유지하기 위해서 시행되는 코칭으로 일대다수의 형태로 이루어진다.

16 ④ 대한상공회의소는 공정거래위원회가 위해정보 제출기관으로 지정·운영할 수 있는 기관이 아니다.
①②③⑤ 외 그 밖에 위해정보수집이 가능한 기관이나 단체를 위해정보 제출기관으로 지정·운영할 수 있다.

17 ③ 사업자는 소비자로부터 피해구제의 신청을 받은 날로부터 30일이 경과하여도 합의에 이르지 못하는 경우 한국소비자원에 처리를 의뢰할 수 있다.

18 ⑤ 위원장은 상임위원 중에서 공정거래위원회위원장이 임명한다.

19 ③ 조정위원회는 분쟁조정을 신청받은 때에는 그 신청을 받는 날부터 30일 이내에 그 분쟁조정을 마쳐야 한다.

20 ① 정관에 따라 상시적으로 소비자의 권익증진을 주된 목적으로 하며, 단체의 정회원수가 1천 명 이상이고, 등록 후 3년이 경과한 소비자단체이어야 한다.

21 ② 인터넷 홈페이지 게재가 불가능할 경우 개인정보처리자의 사업장 등의 보기 쉬운 장소에 게시한다.

22 ③ 1,000명 이상의 정보주체에 관한 개인정보가 유출된 경우에는 서면 등의 방법과 함께 인터넷 홈페이지에 정보주체가 알아보기 쉽도록 법 제34조 제1항의 정보유출 시 통지사항을 7일 이상 게재하여야 한다.

23 ④ 손해배상책임에 대한 내용이다. 개인정보의 분실, 도난, 유출, 위조, 변조, 훼손으로 손해가 발생한 때에는 그 손해액의 3배를 넘지 않는 범위에서 손해배상액을 정할 수 있으나 개인정보처리자의 중대한 과실이 없음을 증명하는 경우 정보주체의 손해가 발생한 때라도 손해배상액을 정할 수 없다.

24 ② 위원장은 위원 중 공무원이 아닌 사람으로 보호위원회 위원장이 위촉한다.

25 ① 분쟁조정위원회는 분쟁조정 신청을 받은 날부터 60일 이내에 이를 심사하여 조정안을 작성하여야 한다.

26 ② OJT는 현장직무교육의 약자로 일상 업무 수행과정을 통해 지식, 기능, 태도를 향상시키려는 교육활동으로 〈보기〉는 OJT의 필요성에 대한 내용이다. 이 외에도 현장 경험이 있는 선임자의 지식과 기능을 생생하게 전달하고자 할 때, 장시간에 걸쳐 학습자에게 임무를 숙달시킬 필요가 있을 때, 업무현장에서 학습자를 시급히 투입할 필요가 있을 때, 일의 내용이나 방식의 급격하고 대폭적 변화로 인해 현재의 지식 및 경험만으로 불충분할 경우 등의 필요성에 의해 실시된다.

27 ④ 학습의 결과가 업무현장의 과제 해결로 연결되는 것은 SML의 장점이다.

28 ③ 그림, 표, 도형 등의 도해활용은 내용 이해에 용이하므로 가급적 도해를 이용한다.

29 ② 클로징에 대한 설명이다.

30 ① 주제와 연관된 질문과 이슈 등을 소개함으로써 청중의 관심을 끌어내는 것은 오프닝에서 한다.

# 04<sup>형</sup> 기출기반 모의고사 정답 및 해설

☑ **제01과목 고객만족(CS) 개론**

| 01 ① | 02 ② | 03 ① | 04 ③ | 05 ④ | 06 ④ | 07 ⑤ | 08 ③ | 09 ③ | 10 ① |
|------|------|------|------|------|------|------|------|------|------|
| 11 ② | 12 ④ | 13 ② | 14 ② | 15 ⑤ | 16 ② | 17 ③ | 18 ① | 19 ① | 20 ② |
| 21 ③ | 22 ④ | 23 ③ | 24 ① | 25 ④ | 26 ② | 27 ③ | 28 ① | 29 ⑤ | 30 ② |

**01** ① 올리버(Oliver)는 만족의 개념에 대하여 '만족이란 소비자의 성취반응으로 판단된다.'라고 제시하였다.

**02** ② 귀인은 돌아갈 귀, 인할 인의 뜻으로 귀인이론은 사람들이 왜 특정한 행동을 했는가에 대한 이해와 설명에 적절한 이론으로 사람들의 행동원인을 찾아내기 위해 추론하는 과정이다.

**03** ① 합의성에 해당한다.
- 특이성 : 사람의 행동은 특정한 상황 또는 다양한 상황에서 나타나 결정되는 차별성을 갖는다.
- 지속성 : 사람들은 지속적으로 특정한 행동을 일관성 있게 보인다.

**04** ③ 지원 프로세스에 해당하는 것은 '가, 나, 다'이다.
- 지원 프로세스 : 재무회계, 인적자원관리, 교육훈련, 비즈니스 전략개발 구현, 리스크 관리

**05** ④ 높은 노동집중도는 서비스 샵 내용에 해당하지 않는다.
- 서비스 샵 : 낮은 노동 집약도, 고객과의 높은 상호작용 / 개별화 병원, 수리센터, 기타 정비회사

**06** ④ 고객관계관리(CRM) 경영기업의 보편화는 2000년대 내용에 해당한다.

**07** ⑤는 노드스트롬의 원칙에 해당하지 않는다.
※ <u>노드스트롬의 내부 고객만족을 위한 원칙</u>
- 동기부여를 위해 판매 수수료 제도를 도입하여 능력에 따라 보수를 지급
- 종업원들의 주인의식에 의한 행동은 기업가적인 종업원의 면모를 위해 권한을 위임
- 고객의 접점은 직원으로서 고객서비스에 관한 모든 일은 독립적으로 결정
- 고객의 이익만을 생각하는 원칙 이외 직원 스스로가 결정

**08** ③ 구매중단 및 부정적 구전의 전파는 사적 반응에 해당한다.

**09** ③ 유형화, 우량화는 '3S'로 보기 어렵다.
※ 포드주의가 도입한 3S
- 표준화 : 실행절차, 규격 등의 요소들에 대한 기준
- 전문화 : 문제 또는 목표에 대한 지식과 기술을 전문화하여 적용
- 단순화 : 수익 창출이 미미한 제품을 축소

**10** ① 반복 구매 또는 접촉이 없는 사람을 지칭하는 말은 구매자이다.

11  ② 보기에 해당하는 것은 웹시족이다.
- 딩크족 : 결혼하여 수입은 늘어났지만 아이를 갖지 않으려는 맞벌이 부부의 가족형태
- 슬로비족 : 되도록 이직을 하지 않고 주식투자 대신 위험부담이 낮은 저축을 하며 사회적 성취보다 가정생활을 중시하는 유형
- 보보스족 : 부르주아의 물질적 실리와 보헤미안의 정신적 풍요를 동시에 누리는 미국의 상류계급
- 얼리어답터 : 신제품을 가장 먼저 구입해 평가를 내린 뒤 다른 사람들에게 제품정보를 알려주는 고객 유형

12  ④ 사회적 위험에 해당한다.

13  ② 기업 및 제품 선택에 영향을 미치는 위험은 '가, 나, 다, 마'이다.

14  ② MBTI는 개인이 쉽게 응답할 수 있는 95개의 자기 보고식 문항을 통해 개인의 선천적인 선호경향을 알아볼 수 있도록 하여 일상생활에 유용하게 활용하도록 고안하였으며 4가지 이분 척도에 따라 16개의 성격유형으로 구성되어 단순 명료하다.

15  ⑤ 고객생애가치 제고를 위한 핵심활동 3가지는 고객 유지, 추가 판매, 교차 판매이다.

16  ② 인프라 구축 단계에 해당한다.
※ 고객관계관리 시스템 구축 단계
  1단계 전략수립 → 2단계 인프라 구축 → 3단계 데이터마이닝 → 4단계 판매과정 적용 → 5단계 서비스 & 피드백

17  ③ 상표에 충성심이 없는 경우가 의미 없는 데이터에 해당한다.

18  ① e-Sales에 해당한다.
② e-Service : 인터넷상에서 고객에게 제공되는 서비스를 관리하는 활동
③ e-Security : 인터넷의 전자 보안 서비스
④ e-Marketing : 인터넷을 활용하여 전통적인 마케팅 기능 및 새로운 마케팅 개념을 구현하는 전략
⑤ e-Community : 가상소통 공간으로 개인 간의 정보 교환, 개인과 기업 간의 정보교환의 매개체 역할

19  ① 대조효과에 해당한다.
② 투영효과 : 판단을 함에 있어 자신과 비교하여 남을 판단하는 경향
③④ 고정관념(스테레오 타입) : 어떤 특정한 대상이나 집단에 대하여 많은 사람이 공통으로 가지는 비교적 고정적 견해와 사고로 집단 특성에 근거하여 판단하는 경향(직무, 인종상 특성)
⑤ 관대화 경향 : 자기와 가까운 사람에게 관대한 평점을 주게 되는 성향 및 오류

20  ② ①은 맹목영역, ③은 공개된 영역, ④는 맹목영역, ⑤는 공개된 영역에 해당한다.

21  ③ 가치판단에 해당한다.
※ 의사소통의 장애 요인 : 개인의 특성에 따른 선택적 지각, 개인의 감정상태 또는 가치관, 준거 틀의 차이, 조직 내 위신관계, 정보원에 대한 신뢰도, 가치판단과 고정관념, 청취태도, 정보의 여과, 집단의 응집력, 지나치게 많은 정보
  • 정보의 여과 : 수신자가 더욱 선호하도록 발신자가 정보를 조작하는 현상

22  ④ 내사에 해당한다.
※ 게슈탈트 접촉경계혼란 : 내사, 투사, 융합, 반전, 자의식
  • 투사 : 자신의 욕구, 감정 혹은 생각, 가치관 등을 타인의 것으로 왜곡해 지각하는 것

모기의출고기사반

정답 및 해설

**23** ③ 베솜(Bessom)이 주장한 내용이다.

**24** ① ②③④는 거래 후 서비스, ⑤는 거래현장 서비스에 해당한다.

**25** ④ (가) : 전기, 전화, 소방, 경찰, (나) : 보험, 법률 서비스, (다) : 회계, 호텔, 식당,
(라) : (나)의 업종과 비슷하나 기본적으로 불충분한 설비능력 가진 업종이 해당한다.

**26** ② 관광객의 만족은 관광 서비스 종사원의 역량, 태도 등 서비스 품질에 영향을 크게 받으며 정보에 대한 의존성은 한계가 있다. 그밖에 관광 서비스는 고급화를 지향, 타 관광 서비스와 상호보완적, 지역 관광자원 및 환경과의 높은 연계성의 특징이 있다.

**27** ③ 자아실현의 욕구에 해당한다.
※ 매슬로우 욕구 5단계
1단계 : 생리적 욕구, 2단계 : 안전의 욕구, 3단계 : 사회적 욕구, 4단계 : 존경의 욕구, 5단계 : 자아실현의 욕구

**28** ① 자아의식에 해당한다.
② 자기통제 : 자신의 감정을 효과적으로 관리하는 능력
③ 감정이입 : 다른 사람의 감정을 명확하게 이해하고 대처하는 능력
④ 대인관계 기술 : 인간관계를 효율적으로 구축하고 관계를 유지하는 능력
⑤ 동기부여 : 목표를 위해 일하는 열정, 에너지와 끈기를 갖고 목표를 추구하는 성향

**29** ⑤는 서비스 기업과 일반 제조 기업의 차이점에 해당하지 않는다.

**30** ② 체험 마케팅의 5가지 구성요소는 감각, 감성, 인지, 행동, 관계 마케팅이다.

## ☑ 제02과목 고객만족(CS) 전략론

| 01 ① | 02 ② | 03 ③ | 04 ④ | 05 ① | 06 ⑤ | 07 ② | 08 ⑤ | 09 ⑤ | 10 ④ |
|---|---|---|---|---|---|---|---|---|---|
| 11 ④ | 12 ② | 13 ① | 14 ② | 15 ④ | 16 ① | 17 ① | 18 ② | 19 ① | 20 ③ |
| 21 ② | 22 ④ | 23 ① | 24 ② | 25 ⑤ | 26 ③ | 27 ④ | 28 ⑤ | 29 ⑤ | 30 ④ |

**01** ① 고객과 각 부서가 참여하여 전체 부서의 작업으로 이루어져야 한다.

**02** ② 표준화된 서비스 응대를 통해 고객의 기대를 충족시킬 수 있다.

**03** ③ 서비스 제공자에게 필요한 명백하고 정확한 지침을 구체적으로 작성·제공해야 한다.

**04** ④ 단일제품 전체시장 도달 전략은 전체시장 도달 전략이다.

**05** ① (가)에 들어갈 내용은 '경쟁자'이다.

**06** ⑤ 웹사이트는 커뮤니케이션의 도구이므로 웹(Web)전략은 Promotion에 해당한다. Promotion의 내용에는 광고, 판매촉진, 인적 커뮤니케이션, 홍보, 커뮤니케이션 도구, 기업 디자인 등이 있다.
① 고객 개입 및 접촉 : People
② 할부거래 조건 : Price
③ 시설 설계 : Physical Evidence
④ 판매 수익 : Performance

**07** ②는 서비스 패러독스의 발생원인에 해당하지 않는다.
※ 서비스 패러독스 : 서비스는 발전했지만 고객이 체감하는 서비스의 품질이 더 악화되고 있는 아이러니한 현상. 서비스 획일화로 인해 서비스의 핵심인 개별성을 상실하고 직원과 고객의 상호작용으로 이루어지는 서비스의 경우 서비스 직원의 인간성 상실은 품질에 영향을 미치며 제품기능의 다양성과 복잡성으로 인해 소비자나 직원이 기술의 진보를 따라가지 못하는 경우가 발생하게 되었으며 인력 수급의 어려움으로 충분한 교육을 제공받지 못한 직원이 현장에 투입되는 현상의 악순환이 발생하게 되었다.

**08** ⑤ 상호작용 공정성에 해당한다.
※ 공정성 개념의 하위요소 : 분배적, 절차적, 상호작용적 공정성
• 분배적 공정성 : 불만 수준에 맞는 결과물인 보상을 기대하는 것
• 절차적 공정성 : 불평 혹은 개인의 의사결정을 형성하는 데 적용되는 과정이나 절차적 타당성에 관한 것

**09** ⑤ 상호작용 품질에 해당하는 것은 태도 및 처리시간이다. ①, ④는 물리적 환경 품질, ②, ③은 결과 품질에 해당한다.

**10** ④ 고객인지 프로그램은 잠재 고객 확보보다는 기존 고객 유지를 위한 프로그램이다.

**11** ④는 프로젝트 위주의 서비스 전달 시스템에 대한 설명이다.

**12** ② 충동제품에 대한 설명이다.
① 비탐색품 : 소비자가 보편적으로 구매하지 않으며 마케팅 노력이 많이 필요한 제품(장례보험 등)
③ 선매품 : 소비자가 제품의 질 등 제품의 특성을 비교 후 구매(가구, 냉장고 등)

④ 필수제품 : 정기적 구매제품(샴푸, 화장지 등)
⑤ 긴급제품 : 긴급할 때 구매하는 제품(소나기 내릴 때 우산 등)

**13** ① 의료서비스는 수요예측이 불가능하며 비용은 간접 지불 형태를 갖는다. 기대와 실제 성과와의 불일치가 크며 무형적인 특성을 갖는다.

**14** ② 경험품질에 해당하는 내용이다. 탐색품질은 제품 구매 전 소비자가 제품에 대하여 결정할 수 있는 속성이다.

**15** ④는 공감성에 대한 내용과 거리가 멀다.
• 공감성 : 접근의 용이성, 원활한 의사소통, 고객 이해를 위해 고객에게 제공하는 개별적 주의와 관심, 고객의 문제와 어려움에 대한 공감

**16** ① (가) 역품질, (나) 매력적 품질, (라) 당연적 품질

**17** ① 직원들이 따라야 할 공식 지침과 커뮤니케이션을 통해 구성원들의 행동을 통제한다.

**18** ② 계속성의 원칙에 해당한다.
① 정량성의 원칙 : 항목별로 정량적 비교가 가능하도록 조사해야 한다.
③ 정확성의 원칙 : 정확한 조사와 정확한 해석을 진행한다.

**19** ① 유연성은 정성조사의 장점에 해당한다.
• 정성조사의 장점 : 유연성, 현장성, 신속성, 심층적, 저비용

**20** ③ ①은 GAP 1, ②는 GAP 2, ④⑤는 GAP 3이 발생되었을 때의 해결 방안이다.

**21** ② 정보에 대한 승인과 거부감이 증가한다.
※ 7가지 추세에 포함된 사항 : 정보 활용도의 변화, 산업의 변화에 따른 기업의 포커싱 변화

**22** ④ 예측기법에 해당하는 유형은 상황대응 계획법, 시나리오 계획법이다.
• 상황대응 계획법 : 계획이 부적절할 때 새로운 환경에 대응할 수 있도록 행동 수정
• 시나리오 계획법 : 미래를 예측하고 계획 수립

**23** ① 바넘 효과에 대한 내용이다.
• 바넘 효과 : 사람들이 보편적인 성격이나 심리적인 특징을 자신만의 특성으로 여기는 경향

**24** ② 고관여도 관점의 소비자에게 집단의 규범과 가치는 제품 구매에 중요하다.

**25** ⑤ 기업의 목표에 초점을 두고 마케팅 및 교차판매를 목적으로 고객의 정보를 수집하고 분석하는 것은 고객관계관리(CRM)의 특징이다.

**26** ③ 4단계 : 현재가치 수준, 핵심 가치를 추출

**27** ④ 시장침투가격 전략은 낮은 가격으로 시장 점유 후 가격을 상향조정하는 전략이다.

**28** ⑤ PCSI에 대한 설명이다.
① NCSI : 한국생산성본부가 미국 미시간대학교 국가품질연구소와 공동 개발하였으며 국내외에서 생산되어 국내 최종 소비자에게 판매된 제품 및 서비스에 대해 직접 사용한 고객이 평가한 만족의 정도를 측정해 계량화 한 지표
② ACSI : 스웨덴 고객만족지표를 기초로 클라스 포넬과 미시간대학 연구소에 의해 개발된 미국의 소비자 고객만족지수의 대표적 측정 모형
③ NPS : 베인&컴퍼니의 프레드릭 라이할트가 2004년 하버드 비즈니스 리뷰에 발표한 고객충성도 측정방법
④ KCSI : 한국능률협회 주관 하에 실시되고 있는 한국형 고객만족도 측정 모델

**29** ⑤ 서베이법은 시간이 오래 걸리고 응답률이 낮다.

**30** ④ Barnacles에 해당하는 내용이다.
② True Friends : 소비자의 욕구와 제공 서비스의 적합도가 높고 잠재이익이 높다.
③ Strangers : 소비자의 욕구와 제공 서비스의 적합도가 낮다.
⑤ Butterflies : 소비자의 욕구와 제공 서비스의 적합도가 높고 잠재이익도 높다.

☑ **제03과목 고객관리 실무론**

| 01 ① | 02 ① | 03 ② | 04 ⑤ | 05 ② | 06 ① | 07 ③ | 08 ① | 09 ② | 10 ① |
|------|------|------|------|------|------|------|------|------|------|
| 11 ② | 12 ④ | 13 ③ | 14 ② | 15 ④ | 16 ④ | 17 ② | 18 ① | 19 ⑤ | 20 ③ |
| 21 ③ | 22 ① | 23 ② | 24 ② | 25 ① | 26 ① | 27 ⑤ | 28 ③ | 29 ⑤ | 30 ② |

**01** ① 전자우편 네티켓으로 옳은 내용이다.
② 약어나 속어는 사용하지 않도록 하고 언어는 신중하게 선택한다.
③ 유머나 경고성 메시지는 발송 전 상대방에게 수신의 의지를 확인 후 발송한다.
④ 메시지창의 내용은 간결하게 핵심만 작성하고 내용이 많은 경우 첨부파일로 보내되 꼭 필요한 경우에만 보낸다.
⑤ 대용량 또는 여러 개의 파일은 압축하여 첨부한다.

**02** ① 살아있는 사람에게는 기본 횟수만 하는 것이 옳다.
② 의식행사에서는 기본 횟수의 배를 한다.
③ 남자는 기본 횟수로 한 번을 한다.
④ 여자는 기본 횟수로 두 번을 한다.
⑤ 고인에게는 기본 횟수의 배를 한다.

**03** ② 정중례를 해야 하는 경우에 해당한다. ①③은 보통례, ④⑤는 목례를 하면 된다.

**04** ⑤ 동시에 주고받을 때는 오른손으로 주고 왼손으로 받는다.

**05** ② 홈스테드의 문화차원이론에서 말하는 국가적 문화 차이의 범주에는 '시간에 대한 인식, 개인주의와 집단주의, 남성적 또는 여성적 성향, 불확실성에 대한 인식, 권위주의와 평등주의'가 포함된다.

**06** ① Agenda에 해당한다.

**07** ③ 음식에 대해 궁금한 것은 종업원에게 물어본다.

**08** ① 초두효과에 해당한다.
② 맥락효과 : 처음에 인지된 정보가 이후에 접수된 정보들의 맥이 되어 인상을 형성
③ 최신효과 : 시간적으로 마지막에 제시된 정보가 인상 판단에 중요한 영향을 끼치는 현상으로 초두효과의 반대 의미
④ 후광효과 : 어떤 사람이 가지고 있는 한 가지 장점이나 매력으로 인해 다른 특성들도 좋게 평가되는 현상
⑤ 부정성 효과 : 부정적인 특성이 긍정적인 특성보다 더 강력한 인상을 형성

**09** ② 시선처리 방법과 무관한 사항이다.

**10** ① 판매자 측의 잘못으로 인한 것이 아니라 고객 자신의 문제이다.

**11** ②는 기업문제의 원인에 대한 처리방법으로 보상과 대안을 제시하고 수긍 시 신속하고 적극적으로 문제를 해결한다.

**12** ④ 코치와 내담자의 고용계약의 관계 또는 상하관계는 코칭의 기법이 방향성을 잃어 컨설팅 또는 교육의 모습을 띠게 될 경우 학습에 나쁜 영향을 끼칠 수 있는 단점이 있다.

**13** ③ 도중에 전화가 끊기면 먼저 건 사람이 먼저 전화를 다시 거는 것이 원칙이나 고객 또는 상사인 경우에는 내가 먼저 전화를 한다.

**14** ② 높임 대상의 신체, 성품, 심리, 소유물 등 주어와 밀접한 관계를 맺고 있는 대상을 통하여 주어를 간접적으로 높인다. 수선한 옷은 착용하고 있는 소유물이 아니므로 부적절하다.

**15** ④ 인바운드형 콜센터는 고객으로부터 전화를 받는 고객주도형 콜센터이며, 아웃바운드형 콜센터는 기업이 뚜렷한 목적을 위해 전화를 거는 기업 주도형 콜센터이다. 고객 만족도 조사는 아웃바운드형 콜센터의 업무내용이다.

**16** ④ 스크립트는 고객 중심, 회화체를 활용하는 것이 원칙이다. '가, 나, 라, 바' 외의 스크립트 작성 원칙으로는 이해하기 쉽게 작성, 간결·간단하고 명료하게 작성, 유연하게 작성, 스크립트 작성의 변화상황 관리 등이 있다.

**17** ② 비정규직과 정규직 간의 보이지 않는 커뮤니케이션의 장벽이 있다.

**18** ① 모니터링은 잘못된 점을 정정해주는 QC와 잘된 점을 찾아 칭찬하는 PI가 있다.

**19** ⑤ 소비자의 범위에 해당하며 원양산업발전법에 따라 해양 수산부장관의 허가를 받아 원양어업을 하는 자는 제외한다.

**20** ③ 소비자에의 정보제공(제13조)에 해당한다.

**21** ③ 정당한 사유없이 이를 거부, 방해, 기피하거나 거짓으로 제출한 경우에는 그 사업자 또는 사업자 단체의 이름을 포함한 거부 등의 사실과 사유를 방송문화진흥회법에 따른 일간 뉴스에 게재할 수 있다.

**22** ① 4급 이상의 공무원 또는 이에 상응하는 공공기관의 직에 있었던 자가 해당한다.

**23** ② '나, 마'는 단체소송 대상으로서 비영리 민간단체의 요건이다.

**24** ② 신용평가 및 신용정보, 채무채권관계 등 경제관계의 정보는 개인정보에 포함된다.

**25** ① 개인정보처리자는 정보주체의 사생활 침해를 최소화하는 방법으로 개인정보를 처리하여야 한다.

**26** ① 개인통관 고유부호는 고유식별정보의 범위에 포함되지 않는다.

**27** ⑤ 왓킨스(Watkins)가 정의한 내용이다.

**28** ③ OFF-JL에 대한 내용으로 직무 외 자기계발을 의미한다.
　① OJT : 현장직무교육의 약자로 일상업무 수행과정을 통해 지식, 기능, 태도를 향상시키는 교육활동
　② OFF-JT : 집합교육은 주로 지식교육을 중심으로 불특정 다수인을 모아놓고 실시하는 교육
　④ SD : 개인 수준의 자주적 능력개발
　⑤ OJL : 직무와 관련된 자기계발

**29** ⑤ 내용이해를 용이하게 하기 위해 그림, 표, 도형 등의 도해활용을 한다.

**30** ② 페다고지 이론 내용이다.

# CS리더스관리사

## 기출기반 문제집

제2판인쇄 | 2024. 9. 25.  제2판발행 | 2024. 9. 30.  편저자 | 강정민, 조윤진, 강종혁
발행인 | 박 용  발행처 | (주)박문각출판 등록 | 2015년 4월 29일 제2019-000137호
주소 | 06654 서울시 서초구 효령로 283 서경 B/D 4층
팩스 | (02)723-6870  전화 | (02)723-6869

정가 24,000원
ISBN 979-11-7262-141-4